U0925849

本系列丛书由马克思主义理论与中国实践湖北省协同创新中心、
武汉大学马克思主义学院资助出版

新时代思想政治教育创新发展研究

佘双好◎著

人民出版社

出版说明

新时代10年，中国共产党团结带领中国人民，全面贯彻习近平新时代中国特色社会主义思想，全面贯彻党的基本路线和治国方略，采取系列战略举措，以伟大自我革命引领伟大社会革命，党和国家事业取得全方位的开创性成就、发生深层次的根本性变革。新时代10年中国经济社会高质量发展、国家治理体系和治理能力现代化的伟大实践，是中国共产党百年奋斗历程格外璀璨绚丽的篇章，在党史、新中国史、改革开放史、社会主义发展史、中华民族发展史上具有里程碑意义。系统总结新时代10年中国共产党治党治国理论创新、实践创新、制度创新的重大成就和新鲜经验，有利于全党全社会深刻领悟“两个确立”的决定性意义，不断增强“四个意识”，持续坚定“四个自信”，切实做到“两个维护”，汇聚起推进中国特色社会主义伟大事业的磅礴力量。

马克思主义理论与中国实践湖北省协同创新中心、武汉大学马克思主义学院组织出版“新时代马克思主义与中国实践研究”系列丛书，主要目的就在于深入研究新时代马克思主义中国化时代化的理论创新成果，尤其是经济建设、政治建设、文化建设、社会建设、生态文明建设、党的建设等领域的原创性思想和变革性实践，努力深化对“新时代坚持和发展什么样的中国特色社会主义、怎样坚持和发展中国特色社会主义，建设什么样的社会主义现代化强国、怎样建设社会主义现代化强国，建设什么样的长期执政的马克思主义政党、怎样建设长期执政的马克思主义政党”等重大时代课题的理论认识，积极探索“中国奇迹”背后的道理学理哲理，助力于马克思主义的中国化时代。

目 录

导 论

思想政治教育是中国共产党的优良传统、鲜明特色和突出政治优势，在革命、建设、改革时期发挥了重要的作用，是党的一切工作的“生命线”。中国共产党百年征程中对思想政治教育的探索有一个发展的过程。在新中国成立之前，尽管党有思想政治教育实践活动，但并没有明确提出思想政治教育概念；在新中国成立初期，尽管使用了思想政治教育概念，但没有形成思想政治教育理论；在社会主义改造基本完成以后，党提出思想政治教育理论，但没有提升到科学和学科的层面进行研究；改革开放以后，思想政治教育被提升到科学的高度从学科层面进行探索，形成思想政治教育专业和学科，但也存在领域化、部门化的问题；新时代思想政治教育在总结党思想政治教育百年探索经验与教训的基础上，实现了理论与实践的升华与创新发展。本书着重探讨新时代思想政治教育理论和实践的创新发展，在此之前，有必要对党的百年思想政治教育发展历史作一个回溯。

一、新民主主义革命时期党对思想政治教育的探索

中国共产党在成立初期，就在中国大地上开启了对思想政治教育的实践探索；到新中国成立前，虽然没有形成完整的思想政治教育理论形态，但是中国共产党在残酷的革命斗争中开展了卓有成效的思想政治教育实践

活动，使得思想政治教育初具雏形，为新中国成立后思想政治教育的发展奠定了坚实的根基。

宣传工作是党对思想政治教育探索的第一个实践形态。中国共产党对思想政治教育探索的起点可以追溯到中国共产党成立之时，在《中国共产党第一个决议》中就明确规定加强党对宣传工作的领导，提出宣传马克思主义的阶级斗争精神，成立工人学校，教育工人、提高工人觉悟，明确了思想政治教育的原则、对象、内容和目的，开启了党对思想政治教育探索的历程。此后，党对思想政治教育的探索便与宣传、传播、鼓动等工作联系在一起，通过宣传传播马克思主义理论，唤起广大人民群众的思想觉悟，动员人民群众参与革命斗争，为实现自身解放而奋斗。在中共中央制定的《宣传问题决议案》中就指出，“群众鼓动的第一种形式——便是某种‘宣传动员’，这便是说集中全国各阶级（首先当然是党员及工人阶级）的注意于某一事件或问题。这种宣传动员必须要征调全党的力量及一切势力”①，强调党要动员全员的力量参与宣传鼓动工作。这个时期共产党人甚至一度认为，通过宣传鼓动工作动员人民参加革命，就能够夺取政权、改造世界。比如当时党的早期领导人恽代英就在《怎样做一个宣传家?》中指出：“我们怎样改造世界呢？我们靠宣传的工作；靠一张嘴，一支笔，宣传那些应当要求改造世界的人起来学我们一同改造世界。”②但是，国民党反动派发动的反革命政变给年轻的中国共产党带来深刻的教训，使得中国共产党认识到“须知政权是由枪杆子中取得的”③，由此开启了以军队为载体的思想政治教育实践探索。

军队思想政治工作是中国共产党思想政治教育探索的第二个实践形态。大革命时期，中国共产党在黄埔军校和国民革命军中通过设立党代表

① 《建党以来重要文献选编(1921—1949)》第2册，中央文献出版社2011年版，第528页。

② 《恽代英全集》第七卷，人民出版社2014年版，第199页。

③ 《毛泽东文集》第一卷，人民出版社1993年版，第47页。

和政治部、宣传党的政治主张等形式进行军队思想政治教育的探索。但是，真正意义上以军队为载体的思想政治教育实践活动是南昌起义以后，中国共产党创建了人民军队，开始独立领导革命战争的时候。军队思想政治工作发端于南昌起义、奠基于三湾改编、全面展开于古田会议、成熟和定型于延安时期。古田会议形成的军队政治工作对军队生存发展起到了决定性作用，会议通过的“古田会议决议”指出：“红军的打仗，不是单纯地为了打仗而打仗，而是为了宣传群众、组织群众、武装群众，并帮助群众建设革命政权才去打仗的，离了对群众的宣传、组织、武装和建设革命政权等项目标，就是失去了打仗的意义，也就是失去了红军存在的意义”①，明确党领导的人民军队既是战斗队，也是先锋队，还是宣传队。“古田会议决议”确立了党的军队政治工作的方针、原则、方法和制度，奠定了军队政治工作的基础，成为党以军队为载体开展思想政治教育的纲领性文献。1934年2月，中国红军第一次全国政治工作会议召开，明确提出“政治工作是我们红军的生命线”②，确立了军队政治工作的地位、方向和原则。1944年4月，谭政在西北局高级干部会议上作《关于军队政治工作问题》的报告，报告在强调“共产党领导的革命的政治工作是革命军队的生命线”③的基础上，主张把革命的政治工作摆在合适的位置，处理好政治工作与军事工作的关系。报告确立了“团结自己、战胜敌人”的总方针，总结了军队政治工作联系群众和实事求是的优良作风和典型示范、耐心感化的教育方法，概括了军队政治工作存在主观教条主义的缺点。《关于军队政治工作问题》的报告形成了包括地位作用、方针原则、内容任务、方式方法、领导管理和队伍建设在内的完整系统的军队思想政治工作理论，

① 《毛泽东文集》第一卷，人民出版社1993年版，第79页。
② 《王稼祥选集》，人民出版社1989年版，第90页。
③ 《建党以来重要文献选编（1921—1949）》第21册，中央文献出版社2011年版，第214页。

正如叶剑英后来指出的那样："一九四四年，毛主席主持写成的留守兵团政治部《关于军队政治工作问题》的报告，是继古田会议决议之后，我军政治工作的又一历史性文献。"[①]这也标志着党以军队为载体的思想政治工作理论的成熟。

党在局部执政环境下的思想政治教育是中国共产党思想政治教育探索的另一实践形态。1931 年，中华苏维埃红色政权建立以后，中国共产党开启在局部执政条件下思想政治教育的实践探索。在中央苏区，以毛泽东同志为主要代表的中国共产党人从人民群众的切身利益出发，宣传动员人民参与革命战争和苏区建设，"尝试把群众生活同革命战争联合起来，初步探索了说服教育的思想政治教育方法和解决思想问题与实际问题的思想政治教育原则"[②]。与此同时，党在局部执政环境下开始思考党的自身建设问题，特别是在到达延安以后，党开创以整风运动为主要方式的党内教育的伟大壮举，开展声势浩大的党内思想政治教育活动。整风运动作为全党范围内的马克思主义的思想政治教育运动，把学习马克思列宁主义、整顿学风党风文风作为主要内容，提倡调查研究，注重党史学习研究，确立"团结—批评—团结"、"惩前毖后、治病救人""批判与自我批评"的思想政治教育原则和方法，成为解决党内矛盾乃至党同人民群众之间的矛盾的方法。在抗日战争和解放战争期间，党的领导人关于思想政治教育的认识逐渐成形，发表了系列涉及思想政治教育的论著和讲话，如周恩来《抗战军队的政治工作》(1938 年 1 月)、刘少奇《论共产党员的修养》(1939 年 7 月)、张闻天起草《党的宣传鼓动工作提纲》(1941 年 6 月)、毛泽东《在延安文艺座谈会上的讲话》(1942 年 5 月) 等理论著作以及中国共产党领导的爱国学生运动、土地改革运动、新式整军运动等实践活动，基本涵盖

① 《叶剑英选集》，人民出版社 1996 年版，第 487—488 页。

② 参见佘双好、王军：《毛泽东对思想政治教育理论的构建探析》，《毛泽东思想研究》2021 年第 3 期。

了军队、党内、学校、农村等思想政治教育领域。特别是在《论联合政府》（1945年4月）和《论人民民主专政》（1949年6月）中，毛泽东把思想政治教育放在战略全局的高度，开始思考夺取政权以后在全国范围内和全体规模上如何进行思想政治教育的问题，强调“掌握思想教育，是团结全党进行伟大政治斗争的中心环节。如果这个任务不解决，党的一切政治任务是不能完成的”[①]。这为新民主主义革命的胜利、为夺取全国政权奠定了思想理论基础，也为新中国成立、党执政之后开启全国范围内的思想政治教育探索打下了根基。

新民主主义革命时期党对思想政治教育的探索是开天辟地的，取得了丰富的理论和实践成果，呈现出一些明显的特点：一是宣传性。思想政治教育主要以宣传工作的形态出现，一方面对人民群众宣传传播马克思列宁主义和党的政治纲领、政治主张，用马克思列宁主义教育广大群众，提高群众的阶级觉悟和思想水平，动员群众参加革命斗争，为实现新民主主义革命的胜利打下思想基础。另一方面对敌对势力展开思想斗争，通过在理论、主张、教育、文化和文艺活动的宣传渗透达到瓦解敌对势力、改造思想的目的。二是革命性。在残酷的革命斗争中，思想政治教育是围绕革命展开的，为推翻旧的政权、建立新的政权，为新民主主义革命服务，具有明显的推翻反动统治的革命特点。三是策略性。党在长期革命战争和宣传实践中积累了经验，形成了一些制度，逐步明确了思想政治教育的领域，比如党外宣传鼓动、党内教育，指导国民教育、文化活动、新闻出版、对敌策略、自身建设等，形成了一套行之有效的战略策略，形成了适应革命战争时期的思想政治教育模式。

新民主主义革命时期党对思想政治教育的探索也存在着一些局限性：一是笼统性。由于当时思想政治教育还处于萌芽时期，处于初步摸索探讨

① 《毛泽东选集》第三卷，人民出版社1991年版，第1094页。

阶段，还没有形成较为系统明确的思想政治教育概念，关于思想政治教育任务还没有与党的其他工作、任务区分开来，不明晰。二是局部性。思想政治教育的探讨主要在党内、党领导的军队和党局部执政的地区展开，在其他地区的思想政治教育活动还处于非法状态，从事党的宣传工作还有“被抓到监牢里，甚至有杀头的危险”①。三是不稳定性。受到革命战争和人们思想观念的影响，思想政治教育的探索受到冲击和干扰，呈现不稳定的特点。因此，我们既要看到新中国成立之前党在思想政治教育探索过程中展现出来的优势，也要看到其中的不足。总的来说，新中国成立之前党的思想政治教育为新中国成立之后系统探索思想政治教育奠定了根基。

二、社会主义革命和建设时期党对思想政治教育的探索

中华人民共和国的成立，新的人民政权的建立，中国社会发生翻天覆地大变化，这为党开启执政环境下在全国范围内和全体规模上进行思想政治教育探索提供了政治条件和社会条件。正如习近平总书记在庆祝中国共产党成立 100 周年大会上指出：社会主义革命和建设“为实现中华民族伟大复兴奠定了根本政治前提和制度基础”②。社会主义革命和建设时期党对思想政治教育的探索在继承和发扬新民主主义革命时期思想政治教育奠定的基础上，利用掌握的政权的力量逐步建立起系统完整的思想政治教育理论和与社会主义制度相适应的思想政治教育制度，确定了新中国思想政治教育发展的大局。

新中国成立初期，为了巩固新生的人民政权，在全社会开展马克思主义教育和思想改造工作、把党的意识形态上升为国家的意识形态成为思

① 《刘少奇选集》下卷，人民出版社 1985 年版，第 80 页。

② 习近平：《在庆祝中国共产党成立 100 周年大会上的讲话》，人民出版社 2021 年版，第 5 页。

想政治教育最紧迫的任务。1949 年 10 月 24 日，毛泽东在《同绥远负责人的谈话》中明确提出了思想政治教育的概念，他提出："要按照他们的具体情况和能够接受的程度进行思想政治教育，不能强迫灌注。"①毛泽东不仅提出思想政治教育这个概念，而且还对思想政治教育的内容、步骤、方法和任务进行了初步的勾勒，比如开展马列主义教育，以马列主义思想代替国民党反动思想；根据对象情况和实际开展日常思想政治教育；参加生产指挥和劳动；先做思想改造工作，后改革旧制度，有步骤地达到目的。②在政权相对稳定以后，中国共产党着手从制度和体制上对思想政治教育进行构建，逐步构建起全员覆盖的思想政治教育体制，确立了新中国思想政治教育的基本制度。1951 年 1 月 1 日，中共中央下发《关于在全党建立对人民群众的宣传网的决定》，要求"在党的每个支部设立宣传员，在党的各级领导机关设立报告员，并建立关于宣传员报告员工作的一定制度"③，对全员覆盖的宣传思想工作网络进行制度性构建。1951 年 2 月，中共中央下发《关于加强与调整各级党委宣传部的工作和机构的指示》，对宣传思想工作从体制机制上进行搭建。1951 年 3 月，中共中央下发《关于加强理论教育的决定（草案）》，对理论教育、理论学习的步骤、方法、内容和理论教员队伍建设提出要求，对党内理论教育和学习从制度上进行规定。1951 年 5 月，中国共产党召开第一次全国宣传工作会议，刘少奇作了《党在宣传战线上的任务》的重要讲话，讲话深刻分析了宣传工作面临的形势，明确了中心工作与宣传工作的关系，对利用组织机构开展经常性宣传工作进行部署，对加强党的宣传工作提出要求，提出全党从事宣传工作的任务，强调"必须发动与指导全党一切干部、党员、党外积极分子去进行他们所能够做、又需要做的宣传教育工作。宣传部应当作为一个

---

① 《毛泽东文集》第六卷，人民出版社 1999 年版，第 11 页。

② 参见《毛泽东文集》第六卷，人民出版社 1999 年版，第 10—11 页。

③ 《建国以来重要文献选编》第 2 册，中央文献出版社 1992 年版，第 2 页。

计划机关、指挥机关、领导机关来推动全党做宣传工作”[①]。这是中国共产党执政以后，如何运用党掌握的政权和宣传思想工具开展思想政治教育的第一次系统全面阐述。同时，会议通过《关于加强党的宣传教育工作的决议（草案）》，以党内法规的形式对思想政治教育的内容、结构、原则和方法进行总体部署，是推进思想政治教育的规范化和制度化的纲领性文件。第一次全国宣传工作会议及其通过的决议，标志着党对思想政治教育的探索由局部向全国、由分散向系统、由临时向经常、由随意向规范的历史性转变。

1954 年 5 月，中国共产党召开第二次全国宣传工作会议，习仲勋作《党的宣传工作为贯彻党的总路线和四中全会决议而斗争》的报告，部署了过渡时期思想政治教育的主要任务，强调围绕马克思列宁主义、社会主义思想和党在过渡时期的总路线展开宣传教育。过渡时期总路线的宣传教育活动，是新中国成立以来规模最大、范围最广、时间最长、效果也最好的一次思想政治教育运动。[②] 实现了“由过去着重于新民主主义纲领和方针政策的宣传，配合各方面的新民主主义建设进行思想教育工作，转向用党在过渡时期的总路线和社会主义的思想来宣传教育全国人民”[③]。1957 年 2 月 27 日，毛泽东在最高国务会议上作《关于正确处理人民内部矛盾的问题》的报告，对思想政治教育的基本内容、方针原则、方式方法和任务要求进行了全面的论述和系统的部署，使得社会主义建设时期党处理人民内部非对抗性思想问题的矛盾成为思想政治教育的主题，标志着党在新中国成立初期思想政治教育理论的形成，开启了思想政治教育思想治国的一个新阶段。在此之后的一段时间内，毛泽东先后召开宣传思想文化各界代表座谈会，发表《在普通教育工作座谈会上的讲话》（1957 年 3 月 7 日）、《同文艺界代表的谈话》（1957 年 3 月 8 日）、《同新闻出版界代表的谈话》

① 《刘少奇选集》下卷，人民出版社 1985 年版，第 85 页。
② 参见王树荫主编：《中国共产党思想政治教育史》，高等教育出版社 2018 年版，第 151 页。
③ 《习仲勋传》下卷，中央文献出版社 2013 年版，第 213 页。

（1957年3月10日）、《在中国共产党全国宣传工作会议上的讲话》（1957年3月12日），密集系统地就社会主义条件下人民内部思想政治问题发表讲话，涉及思想政治教育重要性、内容方法、领导管理、方针原则和领域途径等，进一步丰富和完善了思想政治教育理论，标志着党的思想政治教育理论的集中化系统化。在这个时期，党也开展了思想政治教育制度性探索，比如《中国人民解放军政治工作条例（草案）》《农业六十条》《工业七十条》《高教六十条》等，对社会主义条件下思想政治教育规律进行了初步总结，奠定了新中国成立后社会主义条件下思想政治教育的理论基础和制度基础。

党在社会主义革命和建设时期对思想政治教育的探索是改天换地的，构建起了权威主义、全面主义和社会动员的思想政治教育模式，呈现出以下显著的特点：一是权威性。新中国成立以后，党在人民群众中享有崇高的威信和威望，人民群众听党话、跟党走，全党绝对服从中央。通过党领导的优势和制度的力量，以掌握的政权为依托，以政治和行政为手段，借助党和政府的权威，从中央到地方自上而下开展思想政治教育。二是全面性。新中国的成立，打破了局部执政环境下面向局部人群进行思想政治教育的局面，开启了全国范围内面向全体人民开展思想政治工作的新格局。在毛泽东“思想政治工作，各个部门都要负责任。共产党应该管，青年团应该管，政府主管部门应该管，学校的校长教师更应该管”①的要求下，做思想政治教育工作成为各个方面都需要从事的工作。三是动员性。这个时期的思想政治教育围绕党的中心工作采取大规模的社会动员、社会实践、社会运动等方式来调动广大人民群众的参与。

新中国成立初期的思想政治教育也显现出一定的局限：一是单向性。这一时期思想政治教育过多强调党和政府的主导作用和权威性，对教育对

① 《毛泽东文集》第七卷，人民出版社1999年版，第226页。

象主体性重视不够。二是强制性。思想政治教育主要采取说理的方式展开，处理不好也使说理变成说教、灌输，变为强制、压服。三是运动性。由于这一时期党的思想政治教育主要与中心工作结合在一起，采取社会动员的运动式方式展开，思想政治教育的系统性和制度化程度并不高，稳定性也不足。

三、改革开放和社会主义现代化建设新时期党对思想政治教育的探索

“文化大革命”结束后，党结合改革开放以后社会经济结构、生活方式和人们思想观念发生的翻天覆地的变化，乘着世界科技化的东风，在拨乱反正、开拓创新的过程中，使思想政治教育逐渐走上了科学化、专业化、制度化的发展道路，构建了科学主义、专业主义和专门化的思想政治教育模式。

党的十一届三中全会实现了党和国家指导思想上的拨乱反正，如何重新认识思想政治教育的地位和作用，建立与改革开放和社会主义现代化建设新时期相适应的思想政治教育体系，成为当时思想理论战线一个紧迫的任务。1979 年 3 月，邓小平在党的理论工作务虚会上发表《坚持四项基本原则》的重要讲话，对思想理论工作提出明确要求，指出：思想理论工作“需要根据新的丰富的事实作出新的有充分说服力的论证。这样才能够教育全国人民，全国青年，全国工人，解放军全体指战员，也才能够说服那些向今天的中国寻求真理的人们。这是一项十分重大的任务，既是重大的政治任务，又是重大的理论任务。这决不是改头换面地抄袭旧书本所能完成的工作，而是要费尽革命思想家心血的崇高的创造性的科学工作”①。

① 《邓小平文选》第二卷，人民出版社 1994 年版，第 180 页。

1980年5月，第一机械工业部政策研究室和全国机械工会在北京召开思想政治工作座谈会，会议纪要中提出“研究掌握人们思想活动的规律，使思想政治工作系统化、理论化，成为一门科学”①。这次会议引发全国关于思想政治教育是一门科学的大讨论，直接推进了思想政治教育的科学化进程。1983年1月，全国职工思想政治工作会议召开，中国职工思想政治工作研究会成立并创办《思想政治工作研究》期刊，使得思想政治教育建立起科学研究的载体，标志着思想政治教育科学化取得突破性进展。1983年7月，中共中央批转《国营企业职工思想政治工作纲要（试行）》的通知，明确提出“思想政治工作是科学性、政治性、政策性很强的工作，思想政治工作干部是专业干部”②，并要求国营企业逐步建立起思想政治教育的领导体制和管理体系。同年，中共中央下发《关于加强党员教育工作的通知》和《关于加强农村思想政治工作的通知》，标志着党在改革开放后对思想政治教育探索在各领域的全面展开。

1984年4月，教育部下发《关于在十二所院校设置思想政治教育专业的意见》，把思想政治教育作为一个专业，开始培养从事思想政治教育工作的专门专业人才，通过专业的力量进行思想政治教育，开启了思想政治教育专业化、职业化的进程。1987年，中共中央下发《关于改革和加强高等学校思想政治工作的决定》，明确指出，“思想政治教育是一门以马克思主义理论为基础、综合性和实践性都比较强的科学”③，对思想政治教育进行马克思主义理论的学科定位。1987年9月，国家教育委员会印发《关于思想政治教育专业培养硕士研究生的实施意见》的通知，决定从1988年开始在首批十所高校招收硕士研究生，推进思想政治教育高层次专门人

---

① 王树荫主编：《中国共产党思想政治教育史》第2版，高等教育出版社2018年版，第272—273页。

② 《十二大以来重要文献选编》（上），人民出版社1986年版，第381页。

③ 《十二大以来重要文献选编》（下），人民出版社1988年版，第1419页。

才的培养，推动思想政治教育专业发展和学科建设。这是思想政治教育作为一门科学、一门专业和一门学科的正式确立，标志着党对思想政治教育的探索进入新阶段。

随着改革开放的不断推进，党对思想政治教育科学化、专业化和制度化探索也在不断推进。1990 年，中共中央正式批准《企业思想政治工作人员专业职务试行条例》，条例明确指出思想政治工作是一门专业，也是一门科学；要求设立企业思想政治工作专业职务，并对相关的任职资格条件、职务设置和职责、资格评审和职务聘任予以规定，推动思想政治教育朝着专业化、正规化方向发展。1994 年 8 月，中共中央下发《关于进一步加强和改进学校德育工作的若干意见》，进一步明确："思想政治教育是一门科学，有其自身的规律。要把思想政治教育作为人文社会科学的重点学科加强建设，把德育重大问题研究项目列入国家教育科学研究规划和国家哲学社会科学研究规划"①，这就从学科建设和科学研究的层面进行部署，推进思想政治教育的科学化。1995 年 11 月，为了贯彻意见的落实，国家教委颁布《中国普通高等学校德育大纲》，对德育的目标、内容、原则、途径、考评和实施予以明确规定，思想政治教育制度化进程取得奠基性成果。

20 世纪 90 年代末，我国社会发生复杂而深刻的变化，思想政治教育面临诸多新情况新问题，中共中央于 1999 年 9 月出台《关于加强和改进思想政治工作的若干意见》，从党和国家工作的全局和大局的战略高度，强调思想政治教育"必须坚持在党的领导下，依靠全社会共同来做"②。该文件对新形势下思想政治教育进行明确定位，确立了思想政治教育方针原则和主要内容，要求积极探索新形势下思想政治教育规律和方法，并对思

① 《加强和改进大学生思想政治教育重要文献选编（1978—2008）》，中国人民大学出版社 2008 年版，第 205 页。

② 《十五大以来重要文献选编》（中），人民出版社 2001 年版，第 1040 页。

想政治教育落实到企业、农村、学校、社区等广大领域进行部署，是新时期思想政治教育的纲领性文件，初步勾勒了新世纪思想政治教育的工作格局和制度框架。为了进一步推进思想政治教育发展，2000 年 6 月，中共中央召开思想政治工作会议，江泽民在会议上发表重要讲话，强调“党的思想政治工作，是经济工作和其他一切工作的生命线，是团结全党全国各族人民实现党和国家各项任务的中心环节，是我们党和社会主义国家的重要政治优势”①，明确新形势下思想政治教育在党和国家全局工作中的地位；指出“党的思想政治工作绝不是可有可无、无所作为，而是必不可少、大有可为”②，提出“思想政治工作是全党的工作，所有党员和领导干部都要做。同时，又必须建设一支政治强、业务精、纪律严、作风正的专兼结合的思想政治工作队伍”③。江泽民的讲话是对新形势新情况下党的思想政治教育的全面部署，为党的思想政治教育提供了基本遵循。2004 年 8 月，中共中央、国务院下发《关于进一步加强和改进大学生思想政治教育的意见》，2005 年 1 月，中共中央召开了全国加强和改进大学生思想政治教育工作会议，胡锦涛发表重要讲话，对高校学生思想政治工作进行了总体部署。中宣部、教育部、共青团中央等相关部委出台一系列配套文件贯彻落实文件和讲话精神，比如《中共中央宣传部、教育部关于进一步加强高等学校学生形势与政策教育的通知》（2004 年 11 月）、《教育部、共青团中央关于加强和改进校园文化建设的意见》（2004 年 12 月）、《教育部、共青团中央关于进一步加强高等学校校园网络管理工作的意见》（2004 年 12 月）、《教育部、卫生部、共青团中央关于进一步加强和改进心理健康教育的意见》（2005 年 1 月）、《教育部关于加强高等学校辅导员班主任队伍建设的意见》（2005 年 1 月）、《共青团中央、教育部关于加强和改进大学生

① 《江泽民文选》第三卷，人民出版社 2006 年版，第 74 页。
② 《江泽民文选》第三卷，人民出版社 2006 年版，第 84 页。
③ 《江泽民文选》第三卷，人民出版社 2006 年版，第 96 页。

社团工作的意见》(2005年1月)、《教育部关于进一步加强和改进师德建设的意见》(2005年1月)、《中共中央宣传部、中央文明办、教育部、共青团中央关于进一步加强和改进大学生社会实践的意见》(2005年2月)、《中共中央宣传部、教育部关于进一步加强和改进高等学校思想政治理论课的意见》(2005年2月)、《共青团中央、教育部关于进一步加强和改进高等学校共青团建设的意见》(2005年4月)、《中共中央宣传部、教育部关于加强和改进高等学校哲学社会科学学科体系与教材体系建设的意见》(2005年5月)、《国务院学位委员会、教育部关于调整增设马克思主义理论一级学科及所属二级学科的通知》(2005年12月)等,标志着思想政治教育专业化、制度化的深入推进。

改革开放和社会主义现代化建设新时期党对思想政治教育的探索与社会主义革命和建设时期相比,发生了翻天覆地的变化,走上了一条科学化、专业化、制度化发展的新路,这一时期的思想政治教育呈现出以下特点:一是科学化。改革开放以后,思想政治工作者深感"文化大革命"对思想政治教育带来的伤害,举起了思想政治教育科学化的旗帜,提出"思想政治工作是一门科学,各级领导干部和政工干部都要努力认识和掌握它的基本知识和规律"①,通过建立思想政治教育研究机构、创立思想政治教育专业和学科,把思想政治教育的科学性建立在科学研究、认识和把握其规律的基础之上,使得科学化成为改革开放新时期思想政治教育探索的基本理念。二是专业化。思想政治教育是专业性很强的工作,从事思想政治教育工作需要经过专业的训练,专职人员要具备专业能力和职业素养。改革开放以后,明确思想政治教育"必须有专职人员作为骨干,并且要培养和造就一批思想政治教育的专家、教授和理论家"②。思想政治教育更多通

① 《江泽民文选》第三卷,人民出版社2006年版,第97页。

② 《十二大以来重要文献选编》(下),人民出版社1988年版,第1419页。

过专业的力量、职业的力量进行；通过建立思想政治教育专业，开展思想政治教育工作者专业职称评定，使得思想政治教育不仅是一项伟大的事业，而且是一项专门的职业。三是制度化。改革开放以前，思想政治教育受到运动的冲击和影响而缺乏稳定性；新时期思想政治教育重视制度建设，开始逐步推进思想政治教育制度化、法制化。从中央有关文件精神，到学校德育大纲，再到各个领域的思想政治教育配套文件，思想政治教育体制和制度日益明确规范，思想政治教育向制度化、体制化迈出坚实步伐。四是多样性。与改革开放以前思想政治教育的单向性形成对比，改革开放以后思想政治教育更加重视教育对象的主体地位，关注教育对象的实际情况，在交流沟通中突出思想政治教育工作者与教育对象的双向互动。

这个时期思想政治教育在科学化、专业化、多样化的引导下，也出现了领域化、部门化、微观化等问题。一是领域化。思想政治工作是涉及所有工作领域的工作，但伴随思想政治教育科学化进程，思想政治教育领域日益局限于教育工作领域，甚至局限于学校领域，使思想政治教育领域局限于特定领域。因此，全国范围内全体人民的思想政治教育受到了削弱。正如邓小平在总结改革开放以来经验教训时指出："十年最大的失误是教育，这里我主要是讲思想政治教育，不单纯是对学校、青年学生，是泛指对人民的教育"①，"所以要加强对人民进行思想政治工作，提倡艰苦奋斗。这是中国从几十年的建设中得出的经验"②。二是部门化。思想政治工作是关涉党的全局性工作，但由于成立了专门的思想政治工作部门，有了专门的思想政治工作人员和队伍，使得思想政治教育逐步成为专业部门和专门人员的工作。三是微观化。伴随着思想政治教育向制度化、体制化转变，思想政治教育日益微观具体，大范围、调动全员、激动人心的活动日益减

① 《邓小平文选》第三卷，人民出版社 1993 年版，第 306 页。
② 《邓小平文选》第三卷，人民出版社 1993 年版，第 290 页。

少。伴随着领域的分化，思想政治教育关注视野日益微观，思想政治教育宏观生态环境优化成为问题。领域化、部门化、微观化等问题，表明改革开放和社会主义现代化建设新时期思想政治教育依然相对比较封闭、相对单一、相对静态。走出思想政治教育内部局限，在更广阔舞台上发挥作用和功能是思想政治教育未来的发展方向。

党的十八大以来，以习近平同志为核心的党中央正是在中国共产党百年思想政治教育理论和实践探索的基础上，把握新时代中华民族伟大复兴的战略全局和世界百年未有之大变局提出的时代要求，把思想政治教育提升到党和国家战略全局的高度，提升到党的治国理政的方式方法的重要地位，极大地丰富和发展了思想政治教育的内涵和模式，开启了新时代思想政治教育的伟大事业。

第 一 章

新时代思想政治教育的动员令

2013年8月19日，习近平总书记在全国宣传工作会议上发表重要讲话（以下简称“8·19”讲话）。这是中国共产党宣传思想工作史上的一次重要讲话，如果我们把这篇重要讲话放在中国特色社会主义新时代历史背景下、放在改革开放30多年中国特色社会主义接力探索的发展背景下来看待，我们会越来越感受到它所关涉问题的重要性紧迫性，越来越感受到它的深刻的理论逻辑和内在魅力，越来越感受到讲话中提出的方向目标、重点的任务、基本原则和重要遵循的现实指导意义。可以说，“8·19”讲话开启了宣传思想工作的一个新时代，它反映我国国民经济和社会发展到一个新的历史阶段后意识形态和宣传思想政治工作领域的深刻变化，是党中央积极主动谋划新时代宣传思想工作的明确信号，是一份向宣传思想工作人员发出打好意识形态主动战的动员令，新时代思想政治教育的大幕在这次讲话以后全面拉开。

第一节　新时代宣传思想工作的时代境遇

深刻理解习近平总书记“8·19”讲话的重大意义，需要把讲话放在当时特定的历史发展节点，放在党的治国理政的宏观大背景下，放在党的宣传思想工作的继承与创新的发展脉络中。

一、新的历史发展阶段的一次思想动员

习近平总书记“8·19”讲话是党的十八大以后关于宣传思想工作的第一次讲话。一方面，在经过改革开放30多年的发展，我国经济建设取得显著成就，经济总量已经稳居世界第二，中华民族伟大复兴的步伐日益坚实。“现在，我们比历史上任何时期都更接近中华民族伟大复兴的目标，比历史上任何时期都更有信心、有能力实现这个目标。”[①]“行百里者半九十。中华民族伟大复兴，绝不是轻轻松松、敲锣打鼓就能实现的。”[②]越是在这样的关键阶段，越需要全党全国人民做好思想准备。讲话就是在这样的关键历史时刻，对全党全国人民的一次思想动员、对宣传思想工作进行总体布局。

另一方面，经过改革开放30多年的高速发展，我国国民经济和社会发展已经积累了十分丰富的基础，为下一步改革开放和社会发展奠定了坚定的物质基础。但是，经过改革开放30多年的高速发展，传统的粗放式的经济发展模式和经济增长方式难以为继，我国经济发展已经进入“新常态”，伴随着人民群众物质生活水平的日益提高，人们对精神文化需求日趋多样，社会发展进入“矛盾和问题凸显期”，我国改革开放进入到“深水区”，正如党的十八大报告指出：“发展中不平衡、不协调、不可持续问题依然突出，科技创新能力不强，产业结构不合理，农业基础依然薄弱，资源环境约束加剧，制约科学发展的体制机制障碍较多，深化改革开放和转变经济发展方式任务艰巨；城乡区域发展差距和居民收入分配差距依然较大；社会矛盾明显增多，教育、就业、社会保障、医疗、住房、生态环境、食品药品安全、安全生产、社会治安、执法司法等关系群众切身利益的问题较多，部分群众生活比较困难；一些领域存在道德失范、诚信缺失

① 《习近平谈治国理政》第一卷，外文出版社2018年版，第35—36页。

② 《习近平谈治国理政》第三卷，外文出版社2020年版，第12页。

现象；一些干部领导科学发展能力不强，一些基层党组织软弱涣散，少数党员干部理想信念动摇、宗旨意识淡薄，形式主义、官僚主义问题突出，奢侈浪费现象严重；一些领域消极腐败现象易发多发，反腐败斗争形势依然严峻。”①

在新的历史发展条件下，中国共产党以什么样的创新思想引领社会发展，以什么样的精神状态砥砺前行，以什么样的形象展示于当代中国和世界，这是宣传思想工作需要回应的问题；在中国特色社会主义进入新时代，如何用党的创新理论武装全党教育人民，形成最广泛的社会共识，凝聚最广大的社会力量，把中国特色社会主义推向新时代，这是宣传思想工作应该回应的问题；如何根据新时代要求，更新党的宣传思想工作的理念、模式、方式、方法等，这是宣传思想工作应该回应的问题；面对新时代、新要求、新使命，宣传思想工作应以什么样的态度和精神状态，完成新时代赋予宣传思想工作使命，这是宣传思想工作应该回应的问题。

习近平总书记“8·19”讲话既是回应上述问题的响亮答案，也是对全党和全国人民在新的历史条件下开创美好未来的一次全方位的思想动员。

二、人们长期困惑思想理论问题的集中回应

“8·19”讲话集中回应了一段时间以来长期存在于人们心目中的思想问题，这些问题既是长期束缚人们发展的思想理论问题，也是制约改革开放和社会主义现代化建设的重大理论和实践问题，这些问题不解答，就很难把握党和国家发展的历史方位，影响党和国家的事业的全面推进。比如，关于经济建设与意识形态建设的关系，党的十一届三中全会以来，我们始终坚持以经济建设为中心，但是以经济建设为中心并不是说经济建设

① 《十八大以来重要文献选编》（上），中央文献出版社 2014 年版，第 4 页。

搞好了，意识形态建设就自然而然地搞好了，在经济建设与意识形态建设方面，存在着“一手硬一手软”的现状，意识形态领域党的领导被忽视、主流思想主导地位受侵蚀、思想问题被放任、阵地建设受侵占等问题突出。再比如，关于共产主义理想问题，我们党从诞生之日起就把马克思主义写在自己的旗帜上，把实现共产主义确立为最高理想。马克思主义、共产主义信仰是共产党人的命脉和灵魂。“革命理想高于天”，但在我们党员、干部队伍中，信仰缺失是一个需要引起高度重视的问题。在一些人那里，有的以批评和嘲讽马克思主义为“时尚”、为噱头；有的精神空虚，认为共产主义是虚无缥缈的幻想，“不问苍生问鬼神”，热衷于算命看相、求神拜佛，迷信所谓的“气功大师”；有的信念动摇，把配偶子女移民到国外、钱存在国外，给自己“留后路”，随时准备“跳船”；有的心为物役，信奉金钱至上、名利至上、享乐至上，心里没有任何敬畏，行为没有任何底线。还比如党性和人民性的关系，本来是一个有着明确答案的问题，现在反倒成为一个所谓复杂而敏感的问题了。比如关于“不争论”的问题，对一时拿不准的问题不要进行无谓的争论，影响中心工作的推进，但这并不是在重大的原则问题上不表态，不进行斗争，让错误思想蔓延。但是在宣传思想工作领域，有一个奇怪的现象，就是谁发表正面的言论，谁发表支持党和政府的言论，谁驳斥那些攻击、污蔑党和政府的言论，谁就会受到围攻，而且有些围攻充满污言秽语、不堪入耳，而正面的观点常常是鸦雀无声或者声音不大。这些很不正常的现象都表明宣传思想工作的复杂、混乱局面，需要进行正本清源，从思想观点的源头进行回应和回击，以确保宣传思想工作的健康发展。

三、宣传思想工作思想观点的全面阐发

党的十八大以后，党的宣传思想工作应以什么样的姿态迎接新时期的

挑战，这是广大宣传思想工作者十分关注的问题。“8·19”讲话，系统阐发以习近平同志为核心的党中央对宣传思想工作新理念新思想新观点：一是充分论述宣传思想工作的重要性。“意识形态工作是党的一项极端重要的工作。”① 二是明确宣传思想工作的任务。“宣传思想工作就是要巩固马克思主义在意识形态领域的指导地位，巩固全党全国人民团结奋斗的共同思想基础。”② 三是指明宣传思想工作重点内容。“要把马克思主义作为必修课，成为马克思主义学习、研究、宣传的重要阵地”，“要深入开展中国特色社会主义宣传教育，把全国各族人民团结和凝聚在中国特色社会主义伟大旗帜之下”，“要加强社会主义核心价值体系建设，积极培育和践行社会主义核心价值观，全面提高公民道德素质，培育知荣辱、讲正气、作奉献、促和谐的良好风尚”③。四是明确宣传思想工作的原则。“所有宣传思想部门和单位，所有宣传思想战线上的党员、干部都要旗帜鲜明坚持党性原则。”④ 五是提出宣传思想工作的方针。“坚持团结稳定鼓劲、正面宣传为主，是宣传思想工作必须遵循的重要方针。”⑤ 六是提出宣传思想工作的理念。“要树立大宣传的工作理念，动员各条战线各个部门一起来做，把宣传思想工作同各个领域的行政管理、行业管理、社会管理更加紧密地结合起来。”⑥ 七是拓展宣传思想工作的领域。“在全面对外开放的条件下做宣传思想工作，一项重要任务是引导人们更加全面客观地认识当代中国、看待外部世界。”⑦ 八是提出宣传思想工作的方式方法。“把握好时、度、

① 《习近平谈治国理政》第一卷，外文出版社 2018 年版，第 153 页。
② 《习近平谈治国理政》第一卷，外文出版社 2018 年版，第 153 页。
③ 《习近平谈治国理政》第一卷，外文出版社 2018 年版，第 154 页。
④ 《习近平谈治国理政》第一卷，外文出版社 2018 年版，第 154 页。
⑤ 《习近平谈治国理政》第一卷，外文出版社 2018 年版，第 155 页。
⑥ 《习近平谈治国理政》第一卷，外文出版社 2018 年版，第 156 页。
⑦ 《习近平谈治国理政》第一卷，外文出版社 2018 年版，第 155 页。

效，增强吸引力和感染力。”① 九是指出宣传思想工作创新途径。“宣传思想工作创新，重点要抓好理念创新、手段创新、基层工作创新。”② 十是提出宣传思想工作基本职责。“宣传思想工作一定要把围绕中心、服务大局作为基本职责”③，“必须守土有责、守土负责、守土尽责。”④ 十一是提出宣传思想工作队伍建设要求。“各级宣传部门领导同志要加强学习、加强实践，真正成为让人信服的行家里手。”⑤ 十二是强调宣传思想工作的党的领导。“各级党委要负起政治责任和领导责任，加强对宣传思想领域重大问题的分析研判和重大战略性任务的统筹指导，不断提高领导宣传思想工作能力和水平。”⑥“8·19”讲话是习近平总书记对宣传思想工作思路的全面展开，为全面展开宣传思想工作提供了指标和基本遵循。

第二节　新时代宣传思想工作的重要主题

习近平总书记在“8·19”讲话中，着重阐述了涉及党的宣传思想工作发展的一系列重大理论和实践问题，如中心工作与意识形态工作、远大理想和现实目标、党性和人民性、正面宣传和舆论斗争、总结经验和改革创新、中国特色和国际比较、全党动手和部门负责等，从而为新时代思想政治工作提供了基本原则和遵循，这里我们重点讨论中心工作与意识形态工作、党性和人民性、总结经验和改革创新、中国特色和国际比较、全党

① 《习近平谈治国理政》第一卷，外文出版社 2018 年版，第 155 页。
② 《习近平谈治国理政》第一卷，外文出版社 2018 年版，第 155 页。
③ 《习近平谈治国理政》第一卷，外文出版社 2018 年版，第 153 页。
④ 《习近平谈治国理政》第一卷，外文出版社 2018 年版，第 156 页。
⑤ 《习近平谈治国理政》第一卷，外文出版社 2018 年版，第 156 页。
⑥ 《习近平谈治国理政》第一卷，外文出版社 2018 年版，第 156 页。

动手和部门负责等关系。

一、关于中心工作与意识形态工作的关系

习近平总书记明确指出："经济建设是党的中心工作，意识形态工作是党的一项极端重要的工作。"[①]这一论述既讲明了经济建设在党的各项工作中的中心地位，也指出了意识形态工作的极端重要性。

（一）经济建设是中心工作

十一届三中全会以来，党一直把经济建设作为中心工作，并将此作为我们开展一切工作的出发点。"只要国内外大势没有发生根本变化，坚持以经济建设为中心就不能也不应该改变。这是坚持党的基本路线100年不动摇的根本要求，也是解决当代中国一切问题的根本要求。"[②]因为，其一，从我国国情看，新中国成立以来，特别是改革开放以来我国社会主义建设和发展，我国社会生产力、综合国力、人民生活水平实现了历史性跨越。但是，我国还是一个相对落后和不发达国家，我国社会主要矛盾也没有变，作为发展中国家的国际地位没有变。"当代中国最大的客观实际，就是我国仍处于并将长期处于社会主义初级阶段，这是我们认识当下、规划未来、制定政策、推进事业的客观基点，不能脱离这个基点。"[③]现实国情要求继续以经济建设为中心，为我国实现社会主义现代化奠定强大的物质经济基础。其二，从解决我国当前面临各种问题的要求看，我国在发展过程中出现了一系列问题，比如分配不公严重、环境日益恶化、区域城乡

① 《习近平谈治国理政》第一卷，外文出版社2018年版，第153页。

② 《习近平谈治国理政》第一卷，外文出版社2018年版，第153页。

③ 《习近平在中共中央政治局第二十次集体学习时强调　坚持运用辩证唯物主义世界观方法论　提高解决我国改革发展基本问题本领》，《人民日报》2015年1月25日。

发展失衡、社会道德水平下降等。这些问题的产生并非是以经济建设为中心导致的，而是在经济建设的同时，忽视科学发展、协调发展、忽视了社会公平和思想道德建设等导致的。而解决这些问题，必须以经济持续发展、科学发展为基础。要“保证人民平等参与、平等发展权利，维护社会公平正义，在学有所教、劳有所得、病有所医、老有所养、住有所居上持续取得新进展，不断实现好、维护好、发展好最广大人民根本利益，使发展成果更多更公平惠及全体人民，在经济社会不断发展的基础上，朝着共同富裕方向稳步前进”①。这些都要求我们坚持以经济建设为中心，把经济社会发展作为中心工作，长期坚持、不能动摇。

（二）意识形态工作是党的一项极端重要的工作

意识形态是为国家立心、为民族立魂的工作。中国特色社会主义新时代，我国意识形态建设面临着复杂国际国内环境，面临着艰巨的建设任务。从国际看，当今世界正处于百年未有之大变局中，增强国际话语权，提升国家文化软实力任务之艰巨前所未有。西方国家凭借经济技术强势带动文化强势和价值强势，在诸多领域掌握话语权，利用我国的对外开放，以多种方式加大对我国的意识形态渗透，意识形态建设领域面临着前所未有的挑战。从国内看，实现中华民族伟大复兴正处于关键时期，统一思想、凝聚力量任务之艰巨前所未有。党的十八大以后，我国经济社会发生深刻变革、利益格局发展深刻调整，进入到发展关键期、改革攻坚期、多种矛盾叠加期，各种深层次矛盾和问题不断显现，社会热点易发多发频发，并表现出许多新的特点，巩固全党全国人民围绕奋斗的思想基础的难度增加。从意识形态领域看，思想文化相互激荡、价值观多元多样，建设具有强大凝聚力和引领力的社会主义意识形态任务之艰巨前所未有。如何

① 《十八大以来重要文献选编》（上），中央文献出版社 2014 年版，第 236 页。

在多元中立主流，在多变中谋共识，就需要把意识形态引导放在突出的重要位置。从信息化发展的趋势看，新一轮科技革命带来传播格局深刻变革，改进创新宣传思想工作任务之艰巨前所未有。云计算、大数据、物联网、区块链、人工智能等快速发展，移动应用、社交媒体、问答社区、网络直播、聚合类平台、自媒体公众号等新应用新业态不断涌现，在更广范围内推动着思想、文化、信息的传播和共享，媒体格局和舆论生态正在重塑。特别是互联网迅速发展，互联网的开放性和管理方式的去中心化，使社会主义意识形态、社会主义核心价值观念传播的可控性和强制性大大降低，难度大幅提升。因此，习近平总书记强调："能否做好意识形态工作，事关党的前途命运，事关国家长治久安，事关民族凝聚力和向心力。"①如果轻视、忽视意识形态工作，丧失意识形态工作的领导权、管理权和话语权，就有可能犯下不可挽回的历史性错误。

（三）正确处理经济建设与意识形态工作的关系

中心工作与意识形态工作的辩证关系表明，在建设中国特色社会主义的实践中，要遵循经济建设和意识形态工作相统一的规律，正确处理经济建设与意识形态工作的关系。"只有物质文明建设和精神文明建设都搞好，国家物质力量和精神力量都增强，全国各族人民物质生活和精神生活都改善，中国特色社会主义事业才能顺利向前推进。"②

坚持以经济建设为中心，为意识形态工作提供物质基础和条件。马克思指出，人们为之奋斗的一切，都与他们的利益相关。而"'思想'一旦离开'利益'，就一定会使自己出丑"③。经济建设的发展、国家的富强、

① 《习近平总书记系列重要讲话读本（2016 年版）》，学习出版社、人民出版社 2016 年版，第 193 页。

② 《习近平谈治国理政》第一卷，外文出版社 2018 年版，第 153 页。

③ 《马克思恩格斯文集》第 1 卷，人民出版社 2009 年版，第 286 页。

人民生活水平的提高，才能证实社会主义意识形态的科学性和实践性；经济建设的不断推进，纷繁多样的经济现象不断涌现，一方面推动意识形态工作与时俱进，进行理论创新，提高工作水平，一方面也为社会主义意识形态的发展提供了大量的素材。

意识形态工作是经济建设的主要保障。做好意识形态工作，能够排除各种错误思想对我国改革的引导和破坏，在纷繁复杂的乱象中为经济建设指明正确的政治方向，保证经济体制改革和各项经济政策措施有利于巩固社会主义制度，有利于满足广大人民群众的利益要求，维护公平正义，以免在经济体制改革中出现颠覆性的错误；做好意识形态工作，能够深入研究、把握经济建设中出现的各种问题及其实质，从而探索解决各种经济发展问题的科学路径；做好意识形态工作，以科学的理论和正确的舆论、作品调动人们的积极性和创造性，激发人们的工作干劲和进取精神，有利于建设充满活力的社会主义市场经济。

要反对将经济建设与意识形态工作脱离乃至对立的思想和做法，坚持“两手抓，两手都要硬”，既要做好中心工作，为意识形态工作提供坚实物质基础，也要做好意识形态工作，为中心工作提供精神动力和思想保障。在当前，最重要的是把意识形态工作做实、做强，并且“一定要把围绕中心、服务大局作为基本职责，胸怀大局、把握大势、着眼大事，找准工作切入点和着力点，做到因势而谋、应势而动、顺势而为”①。

二、关于党性和人民性的关系

党性和人民性都是整体性的政治概念，党性是从全党而言的，是中国共产党作为一个马克思主义政党所体现的最根本的特性。人民性也是从全

① 《习近平谈治国理政》第一卷，外文出版社2018年版，第153页。

体人民而言的，不能简单从某一级党组织、某一部分党员、某个党员来理解党性，也不能简单从某一阶层、某部分群众、某一个具体人来理解人民性。“党性和人民性从来都是一致的、统一的”，“从本质上说，坚持党性就是坚持人民性，坚持人民性也就是坚持党性”。①

（一）党性和人民性从来都是一致的、统一的

共产党的党性和人民性的统一，是马克思主义的一个基本观点。马克思主义认为，无产阶级政党与人民有着天然的利益一致性。因为，无产阶级的阶级性质和历史使命决定了它是最大公无私的阶级，“无产阶级的运动是绝大多数人的，为绝大多数人谋利益的独立的运动”②。共产党作为无产阶级的先锋队，“没有任何同整个无产阶级的利益不同的利益”、“始终代表整个运动的利益”，③党的存在、发展和奋斗目标都与无产阶级和广大劳动人民联系在一起。因此，无产阶级政党与人民群众的关系，决定了党性和人民性的不可分离。坚持党性和人民性的统一，是马克思主义政党的内在本质，是工人阶级政党制定理论、路线、政策并付诸行动的根本要求。

中国共产党是在马克思主义指导下建立的中国工人阶级政党，既是中国工人阶级的先锋队，也是中华民族的先锋队。中国共产党的党性是中国工人阶级的阶级性、中国人民的根本利益和中华民族优秀品质的集中体现，是中国共产党明显区别于其他政党的特性。党性表现在党的整体上，就是党坚持以马克思主义为指导，坚持为人民服务的宗旨，制定正确纲领、路线、方针和政策，作风优良。表现在每一个党员身上，就是“牢记自己的第一身份是共产党员，第一职责是为党工作，做到忠诚于组织，任

① 《习近平总书记系列重要讲话读本（2016年版）》，学习出版社、人民出版社2016年版，第193页。

② 《马克思恩格斯文集》第2卷，人民出版社2009年版，第42页。

③ 《马克思恩格斯文集》第2卷，人民出版社2009年版，第44页。

何时候都与党同心同德”①,“自觉加强党性修养，增强党的意识、宗旨意识、执政意识、大局意识、责任意识，切实做到为党分忧、为国尽责、为民奉献”②。中国共产党倡导的人民性，就是把群众观点贯彻落实到党的思想路线、组织路线和工作路线当中，尊重人民群众，不断实现人民群众的根本利益，满足人民群众物质文化生活要求，推动中华民族走向伟大复兴。在中国共产党的奋斗历程中，坚持党性和人民性的统一，是党能够最终获得人民群众支持和拥护的重要原因。

（二）实现党性和坚持人民性统一的内在要求

“党性是党员干部立身、立业、立言、立德的基石”。③“坚持党性，核心就是坚持正确政治方向，站稳政治立场，坚定宣传党的理论和路线方针政策，坚定宣传中央重大工作部署，坚定宣传中央关于形势的重大分析判断，坚决同党中央保持高度一致，坚决维护中央权威。所有宣传思想部门和单位，所有宣传思想战线上的党员、干部都要旗帜鲜明坚持党性原则。坚持人民性，就是要把实现好、维护好、发展好最广大人民根本利益作为出发点和落脚点，坚持以民为本、以人为本。”④

坚持党性和人民性的统一，就要在思想政治工作中树立以人民为中心的工作导向，这体现在以下方面：在哲学社会科学研究中，要“坚持人民是历史创造者的观点，树立为人民做学问的理想，尊重人民主体地位，聚焦人民实践创造”⑤，坚持以马克思主义为指导，坚持以人民为中心的研究导向；在文艺创作中，坚持以人民为中心的创作导向，把人民作为文艺表

① 《习近平谈治国理政》第一卷，外文出版社 2018 年版，第 395—396 页。
② 习近平：《认真学习党章　严格遵守党章》，《人民日报》2012 年 11 月 20 日。
③ 《习近平在指导河北省委常委班子专题民主生活会时强调　坚持用好批评和自我批评的武器　提高领导班子解决自身问题能力》，《人民日报》2013 年 9 月 26 日。
④ 《习近平谈治国理政》第一卷，外文出版社 2018 年版，第 154 页。
⑤ 习近平：《在哲学社会科学工作座谈会上的讲话》，人民出版社 2016 年版，第 13 页。

现的主体，把人民作为文艺审美的鉴赏家和评判者，把为人民服务作为文艺工作者的天职；在新闻宣传中，“多宣传报道人民群众的伟大奋斗和火热生活，多宣传报道人民群众中涌现出来的先进典型和感人事迹，丰富人民精神世界，增强人民精神力量，满足人民精神需求”①；在网信事业发展中，要让互联网更好造福人民，“贯彻以人民为中心的发展思想”，“本着对社会负责、对人民负责的态度，依法加强网络空间治理，加强网络内容建设，做强网上正面宣传，培育积极健康、向上向善的网络文化，用社会主义核心价值观和人类优秀文明成果滋养人心、滋养社会，做到正能量充沛、主旋律高昂，为广大网民特别是青少年营造一个风清气正的网络空间”②。总之，思想宣传工作要把对党负责和对人民负责统一起来，把服务群众和教育引导群众结合起来，把满足需求同提高素养结合起来，把体现党的主张和反映人民心声统一起来，使思想宣传的内容和实际效果让党放心、让人民满意。

三、关于总结经验和改革创新的关系

宣传思想工作是我们党的政治优势。“在长期实践中，我们党的宣传思想工作积累了十分丰富的经验。这些经验来之不易、弥足珍贵，是做好今后工作的重要遵循，一定要认真总结、长期坚持，并在实践中不断丰富和发展。”③概括而言，宣传思想工作的主要经验包括坚持马克思主义的理论指导，用马克思主义特别是中国化的马克思主义最新成果武装全党全国人民；始终围绕党的中心工作，开展宣传；根据形势的发展变化，积极推进思想政治工作的理论和实践创新；积极动员广大人民群众参与，把先进

① 《习近平谈治国理政》第一卷，外文出版社 2018 年版，第 154 页。
② 《习近平谈治国理政》第二卷，外文出版社 2017 年版，第 337 页。
③ 《习近平谈治国理政》第一卷，外文出版社 2018 年版，第 155 页。

性与广泛性结合起来；积极运用多种载体，采用群众喜闻乐见的方式；等等。这些经验反映了宣传思想工作的基本规律。充分总结经验、遵循经验，有利于提升宣传思想工作的效果，也为创新打下基础。

在新的历史条件下，“做好宣传思想工作，比以往任何时候都更加需要创新”①，宣传思想工作应“因时而变，随世而制”，“要积极推进理念创新、手段创新、基层工作创新，特别要把握好舆论引导的时、度、效”②。这体现在：新闻工作要探索内容创新、形式创新和手段创新，“必须创新理念、内容、体裁、形式、方法、手段、业态、体制、机制，增强针对性和实效性”③。哲学社会科学研究“不断推进学科体系、学术体系、话语体系建设和创新，努力构建一个全方位、全领域、全要素的哲学社会科学体系”④。文艺要适应新的文艺形态，“要通过深化改革、完善政策、健全体制，形成不断出精品、出人才的生动局面”⑤。“要顺应互联网发展大势，勇于创新、勇于变革，利用互联网特点和优势，推进理念、内容、手段、体制机制等全方位创新”⑥。积极适应网络新媒体的发展，做到“读者在哪里，受众在哪里，宣传报道的触角就要伸向哪里，宣传思想工作的着力点和落脚点就要放在哪里”⑦。

四、关于中国特色与国际比较的关系

在全面对外开放的条件下做宣传思想工作，一项重要任务是引导人们

① 《习近平关于全面深化改革论述摘编》，中央文献出版社 2014 年版，第 84 页。
② 《习近平关于全面深化改革论述摘编》，中央文献出版社 2014 年版，第 86 页。
③ 《习近平谈治国理政》第二卷，外文出版社 2017 年版，第 333 页。
④ 习近平：《在哲学社会科学工作座谈会上的讲话》，人民出版社 2016 年版，第 22 页。
⑤ 习近平：《在文艺工作座谈会上的讲话》，人民出版社 2015 年版，第 29 页。
⑥ 《习近平新闻思想讲义（2018 年版）》，人民出版社、学习出版社 2018 年版，第 29 页。
⑦ 《习近平新闻思想讲义（2018 年版）》，人民出版社、学习出版社 2018 年版，第 139 页。

更加全面客观地认识当代中国、看待外部世界。要以世界眼光，做好对内宣传和对外宣传，既“引导人们更加全面客观地认识当代中国、看待外部世界”①，也对外塑造我国的国家形象，提高我国的国际话语权。

对内宣传和对外宣传是紧密联系的，有相同的方面。其中最主要的是解释好中国现象，讲好中国故事。在宣传内容上突出“四个讲清楚”，即“要讲清楚每个国家和民族的历史传统、文化积淀、基本国情不同，其发展道路必然有着自己的特色；讲清楚中华文化积淀着中华民族最深沉的精神追求，是中华民族生生不息、发展壮大的丰厚滋养；讲清楚中华优秀传统文化是中华民族的突出优势，是我们最深厚的文化软实力；讲清楚中国特色社会主义植根于中华文化沃土、反映中国人民意愿、适应中国和时代发展进步要求，有着深厚历史渊源和广泛现实基础”②。“四个讲清楚”的要求具有严密的逻辑。第一个“讲清楚”从一般规律的意义上，阐明每个国家社会发展道路受到既有的历史传统、文化积淀、基本国情的综合影响；第二个“讲清楚”则具体说明中华文化对中华民族发展的滋养；第三个“讲清楚”更加具体说明中华优秀传统文化的地位；第四个“讲清楚”说明中国特色社会主义与中华优秀传统文化的关系。按照这“四个讲清楚”，就能从历史与现实的结合、文化与社会发展道路的关联上，说明“独特的文化传统，独特的历史命运，独特的基本国情，注定了我们必然要走适合自己特点的发展道路。”③“四个讲清楚”强调了对历史和事实的尊重，突出了中国的文化传统、历史命运和基本国情是判断中国发展道路合理性的前提，是将中国与西方国家对比的出发点，对内有助于帮助人们清醒客观地认识我们的国家，对我国的道路、理论、制度的特色和优势有科学把握，对中国在世界的地位变化、中国与世界关系的变化有正确判断，从而

① 《习近平谈治国理政》第一卷，外文出版社 2018 年版，第 155 页。
② 《习近平谈治国理政》第一卷，外文出版社 2018 年版，第 155—156 页。
③ 《习近平谈治国理政》第一卷，外文出版社 2018 年版，第 156 页。

增强“四个自信”；对外有助于掌握国际话语权，讲好中国故事，传播好中国声音，阐释好中国特色，树立中国维护国际公平正义、为人类作贡献的负责任大国形象。

当然，对外宣传与对内宣传也有不同之处。对外宣传与对内宣传的对象不同，所面对的环境也不同，关系到经济利益、政治、文化传统和意识形态等多方面的问题，自然不能照搬对内宣传的方式方法和话语体系。面对我国在改革开放中硬实力显著增强，而国家文化软实力和与之相适应的话语体系建构相对滞后的状态，“要精心做好对外宣传工作，创新对外宣传方式，着力打造融通中外的新概念新范畴新表述，讲好中国故事，传播好中国声音”①。“要加强国际传播能力建设，精心构建对外话语体系，发挥好新兴媒体作用，增强对外话语的创造力、感召力、公信力，讲好中国故事，传播好中国声音，阐释好中国特色。”②“要加强国际传播能力建设，增强国际话语权，集中讲好中国故事，同时优化战略布局，着力打造具有较强国际影响的外宣旗舰媒体。”③也就是说，要以讲好中国故事为目的，以建设融通中外的话语体系为突破口，通过打造国际一流的媒体和提升国家传播能力，在中国道路、中国制度等重大问题的对外传播上掌握主导权，在国际热点的新闻竞争中占据主动权，让国际社会对中国有一个客观、充分、理性的认识。

五、关于全党动手和部门负责的关系

在日益复杂的国际国内环境中更好地坚持党的领导、坚持和发展中国特色社会主义，是对当代中国共产党人的严峻考验。在这个大背景下

① 《习近平谈治国理政》第一卷，外文出版社 2018 年版，第 156 页。
② 《习近平谈治国理政》第一卷，外文出版社 2018 年版，第 162 页。
③ 《习近平谈治国理政》第二卷，外文出版社 2017 年版，第 333 页。

来做好宣传思想工作，既需要全党动手，实现宣传思想工作的全员化，又需要部门负责，实现宣传思想工作的专门化，做到全员化与专门化的统一。

（一）做好宣传思想工作必须全党动手

“要树立大宣传的工作理念，动员各条战线各个部门一起来做。”①要实现各条战线、各个部门齐动手，全党上下共同参与，把宣传思想工作同各个领域的行政管理、行业管理、社会管理更加紧密地结合起来，形成上下互通、协作联合、齐抓共管的大宣传工作格局。

（二）各级党委切实担负起政治责任和领导责任

“各级宣传部门领导同志要加强学习、加强实践，真正成为让人信服的行家里手。”②各级党委要增强抓意识形态工作的积极性和主动性，改变“不想抓”、“不会抓”、“不敢抓”的状态，树立宣传思想工作的整体思维和战略思维，加强对宣传思想领域重大问题的分析研判和重大战略性任务的部署指导，做好统筹谋划、整合资源，不断提高领导宣传思想工作能力和水平。

（三）宣传工作部门要切实担负起守土的责任

做好新时代宣传思想工作，宣传工作部门责无旁贷，必须守土有责、守土负责、守土尽责。宣传思想部门工作要有力有成效：一是领导权要掌握在坚定的马克思主义者手中；二是要在宣传思想工作中把握好时、度、效，增强吸引力和感染力，不断壮大主流思想舆论；三是要找准宣传思想

① 《习近平谈治国理政》第一卷，外文出版社 2018 年版，第 156 页。

② 《习近平谈治国理政》第一卷，外文出版社 2018 年版，第 156 页。

工作的切入点和着力点，增强主动性、掌握话语权。

第三节　新时代宣传思想工作的重大影响

深刻理解“8·19”讲话的重要价值，还需要把它与党的十八大以来宣传思想工作的重大举措和创造性实践结合起来，从“8·19”讲话对国家和社会发展，特别是党宣传思想工作的重大影响来认识讲话的重要价值。

一、宣传思想工作得到高度重视

党的十八大以来，宣传思想工作受到高度重视，意识形态工作成为考核各级领导干部的重要指标，建立意识形态责任制，加强意识形态阵地管理，加强意识形态队伍建设，意识形态建设面貌焕然一新。

习近平总书记亲自主持召开了一系列宣传思想工作、意识形态建设的会议，对意识形态、宣传思想工作进行总体部署。2014 年 10 月 15 日，习近平总书记主持召开文艺工作座谈会，专门就文艺领域发表讲话，明确提出中国精神是社会主义文艺的灵魂，文艺工作者要高扬社会主义核心价值观的旗帜，唱响爱国主义主旋律，追求真善美，继承弘扬中华民族优秀传统文化，学习借鉴世界优秀文化成果，创作无愧于时代的优秀作品。2015 年 12 月 11 日，在全国党校工作会议上，习近平总书记发表重要讲话，明确党校的性质，确立党校工作的根本原则，指明党校的工作重心。2016 年 2 月 19 日，习近平总书记主持召开党的新闻舆论工作座谈会并发表讲话。阐述党的新闻舆论工作的重要性，明确党的新闻舆论工作的职责和使命，党的新闻舆论工作的党性原则，党的新闻舆论工作必须遵循的基本方针，党的新闻舆论工作的理念和方法。2016 年 4 月 19 日，习近平总书记主持召开网络安全和信息化工作座谈会并发表重要讲话，阐明网络作为宣传思想工作的重要领域，要营造良好的网络空间。2016年5月17日，习近平总书记在主持召开的哲学社会科学工作座谈会上发表重要讲话，充分论述了哲学社会科学的重要作用，深刻阐述坚持马克思主义在我国哲学社会科学领域的指导地位，提出我国哲学社会科学建设的总体原则和主要内容，并提出加强和改善党对哲学社会科学领导的明确要求。2016年12月7—8日，主持召开全国高校思想政治工作会议，站在办什么样的高校、如何办高校和培养什么样的人、如何培养人以及为谁培养人的战略高度，进一步阐明高校思想政治工作的重要地位、任务、内容、途径和要求，为高校思想政治工作提供了基本遵循。2017年10月，党的十九大报告对全面开启社会主义现代化新征程意识形态建设、宣传思想工作和社会主义先进文化建设进行全面规划。2018年8月21日，全国宣传思想工作会议全面系统总结党的十八大以来宣传思想工作新思想新观点新论断，提出新时代宣传思想工作举旗帜、聚民心、育新人、兴文化、展形象的使命任务。

中央还出台了一系列文件和制度，进一步加强意识形态建设和宣传思想工作，比如，2013年12月，中共中央办公厅印发《关于培育和践行社会主义核心价值观的意见》和系列配套文件；2015年1月，中共中央办公厅、国务院办公厅印发《关于进一步加强和改进新形势下高校宣传思想工作的意见》；2016年12月，中共中央办公厅、国务院办公厅印发《关于加强和改进新形势下高校思想政治工作的意见》。高校宣传思想工作《意见》明确指出：意识形态工作是党和国家一项极端重要的工作，高校作为意识形态工作前沿阵地，肩负着学习研究宣传马克思主义，培育和弘扬社会主义核心价值观，为实现中华民族伟大复兴的中国梦提供人才保障和智力支持的重要任务。提出高校宣传思想工作的指导思想、基本原则和主要任务，提出改进和加强高校宣传思想工作的若干具体措施。高校思想政治工作《意见》进一步明确了高校思想政治工作的原则、途径、方法、具体要求。两个《意见》是贯彻落实“8·19”讲话的具体体现。比如，出台意识形态责任制相关文件等，在2015年全国宣传部长会议上，中央主管宣传和意识形态建设的刘云山同志指出：“掌握意识形态工作的领导权和主动权，说到底是个责任问题。党要管党，理所当然要管宣传、管意识形态，这是党委（党组）必须抓好的本职工作，也是我们党长期以来一直强调的。各级党委（党组）要对意识形态工作负总责……各级党委（党组）书记要承担起第一责任人的责任，真正做到带头抓意识形态工作……各级党委宣传部、意识形态工作相关部门和单位要结合各自职能，把责任细化、实化、具体化。落实责任，关键要问责。……切实做到有责必行、执责必严、失责必究。”①2016年10月党的十八届六中全会通过的《关于新形势下党内政治生活的若干准则》《中国共产党党内监督条例》，既是党章规定和要求的具体化，是新形势下加强党内监督的顶层设计，同时也对加强和规范党的宣传思想工作提供制度保障。在党的十八届六中全会第二次全体会议上，习近平总书记还特别强调：“要认真落实意识形态工作责任制，纳入巡视工作安排，加强对意识形态阵地的管理，落实谁主管谁主办和属地管理，防止给错误思想观点传播提供渠道。”②

从这些工作举措和政策文件，以及领导人的讲话来看，“8·19”讲话以后，意识形态建设得到了高度重视，提升到与中心工作同等重要的工作高度。党的十九大报告把“牢牢掌握意识形态工作领导权”作为中国特色社会主义文化建设的第一条重要举措，强调“意识形态决定文化前进方向和发展道路”，提出：“必须推进马克思主义中国化时代化大众化，建设具

① 《十八大以来重要文献选编》（中），中央文献出版社2016年版，第301—302页。

② 《习近平关于社会主义文化建设论述摘编》，中央文献出版社2017年版，第54页。

有强大凝聚力和引领力的社会主义意识形态”，“落实意识形态责任制，加强阵地建设和管理”① 等明确要求。意识形态建设成为习近平新时代中国特色社会主义思想的有机组成部分和鲜明特色。

二、讲话的主题的反复出现不断强化深化

“8・19”讲话以后，讲话的思想内容在其他很多场合不断重提，并且不断深化。比如，关于经济工作与意识形态工作、物质文明与精神文明的关系问题，关于共产主义远大理想与现实目标、中国梦问题，关于社会主义核心价值观和中华民族优秀传统文化的问题，都反复在多个场合不断论述，并不断深化，形成党的十八大以来关于宣传思想工作的符号化的表征。

比如关于党性与人民性的问题，习近平总书记在文艺工作座谈会、在全国党校工作会议、在新闻舆论工作座谈会等讲话，进行了进一步深化，把坚持以人民为中心的创作导向作为文艺基本原则，中国精神是社会主义文艺的灵魂。强调党性与人民性的统一，在党的十九大报告中，明确“必须坚持以人民为中心的发展思想”，“中国特色社会主义最本质的特征是中国共产党领导，中国特色社会主义制度的最大优势是中国共产党领导”②是习近平新时代中国特色社会主义思想的重要内容，并把“坚持以人民为中心”和“坚持全面从严治党”作为中国特色社会主义基本方略的重要组成部分。在纪念马克思诞辰 200 周年大会上，习近平总书记把马克思主义总体特征归纳为马克思主义是科学的理论、人民的理论、实践的

① 习近平：《决胜全面建成小康社会　夺取新时代中国特色社会主义伟大胜利——在中国共产党第十九次全国代表大会上的报告》，人民出版社 2017 年版，第 41—42 页。

② 习近平：《决胜全面建成小康社会　夺取新时代中国特色社会主义伟大胜利——在中国共产党第十九次全国代表大会上的报告》，人民出版社 2017 年版，第 19—20 页。

理论、不断发展的开放的理论①，强调马克思主义理论的人民性特征，进一步强调党的指导思想的党性和人民性的关系。

关于马克思主义学习、宣传、教育的问题，党的十八大以后，习近平总书记不仅主持中央政治局带头集体学习马克思主义，而且在多次会议和讲话中反复强调马克思主义学习、宣传、教育的重要性。在全国党校工作会议讲话中，他要求："党校姓党，决定了党校工作的重心必须是抓党的理论教育和党性教育。"② 在哲学社会科学工作座谈会讲话中，他要求："坚持以马克思主义为指导，首先要解决真懂真信的问题"，"核心要解决好为什么人的问题"，"最终要落实到怎么用上来"。③ 在高校思想政治工作会议讲话中，他又强调："要坚持不懈传播马克思主义科学理论，抓好马克思主义理论教育，为学生一生成长奠定科学的思想基础。"④在纪念马克思诞辰 200 周年大会上，他又进一步指出："全党同志特别是各级领导干部要更加自觉、更加刻苦地学习马克思列宁主义，学习毛泽东思想、邓小平理论、'三个代表'重要思想、科学发展观，学习新时代中国特色社会主义思想。要深入学、持久学、刻苦学，带着问题学、联系实际学，更好把科学思想理论转化为认识世界、改造世界的强大物质力量。共产党人要把读马克思主义经典、悟马克思主义原理当作一种生活习惯、当作一种精神追求，用经典涵养正气、淬炼思想、升华境界、指导实践"，"真正把马克思主义这个看家本领学精悟透用好"。⑤

---

① 参见习近平：《在纪念马克思诞辰 200 周年大会上的讲话》，人民出版社 2018 年版，第 7—9 页。

② 习近平：《在全国党校工作会议上的讲话》，人民出版社 2016 年版，第 13 页。

③ 习近平：《在哲学社会科学工作座谈会上的讲话》，人民出版社 2016 年版，第 11、12、13 页。

④ 《习近平谈治国理政》第二卷，外文出版社 2017 年版，第 377 页。

⑤ 习近平：《在纪念马克思诞辰 200 周年大会上的讲话》，人民出版社 2018 年版，第 25—26 页。

关于新闻宣传与舆论引导的问题，习近平总书记不仅在新闻舆论座谈会上专门论述，而且在经济工作会议和其他场合也多次阐述，如2014年10月23日，在党的十八届四中全会第二次全体会议上讲话中指出："随着我国经济持续健康发展、综合国力和国际影响力不断提升，国际社会对中国的关注在加深，中国道路愈来愈成为人们研究的对象。这为我们做好思想舆论工作提供了重要机遇。我们要因时而动、顺势而为，把思想舆论工作大大向前推进一步。"①2015年12月18日，在中央经济工作会议上的讲话，专门有一段谈舆论引导："在经济发展形势比较复杂的情况下，要提高舆论引导能力。经济发展有自身的规律，引导舆论要遵循规律，是成绩就是成绩，是问题就是问题，在坚持实事求是中体现我们的自信。要善于把握本质、主流和趋势，善于把握社会心理，善于把握时、度、效，深度分析，主动发声，澄清是非，更有针对性做好舆论引导工作。"②

关于中国特色和国际比较问题，"8・19"讲话首次明确提出"四个讲清楚"以后，在多个场合对中国优秀传统文化与中国特色社会主义先进文化、社会主义核心价值观、中国特色治国理政的智慧等关系作了系统阐述，把中华优秀传统文化的创新性发展与创造性转化提升到前所未有的高度。关于对外宣传的问题，在新闻舆论工作座谈会和多个场合，提出要加强国际传播能力建设，增强国际话语权，集中讲好中国故事，同时优化战略布局，着力打造具有较强国际影响的外宣旗舰媒体。关于全党动手和部门负责的关系，可以从意识形态责任制和对各级党委（组）要求以及对宣传思想工作人员要求中得到体现。

从上述分析来看，"8・19"讲话中所阐述的内容，所阐明的思想和观点，都经过各种方式，在各种场合反复出现，并且不断强化和深化，所以

① 《习近平关于社会主义文化建设论述摘编》，中央文献出版社2017年版，第209页。
② 《习近平关于全面建成小康社会论述摘编》，中央文献出版社2016年版，第200页。

说，把“8 · 19”讲话，看成是习近平总书记关于宣传思想工作总纲，是十分合适的。

三、宣传思想工作局面的深刻变化

“8 · 19”讲话以后，党的宣传思想工作局面发生了深刻变化，党中央主动创设宣传思想工作议题，创新宣传思想工作的内容和形式，引领宣传思想工作的发展。比如：一是中华民族伟大复兴中国梦的提出，尽管实现中华民族伟大复兴一直是近现代以来中华民族优秀儿女的伟大梦想，但把它命名为“中国梦”，运用这样一个新的概念来描述中国特色社会主义伟大目标，赋予了中国梦新的时代内涵。“中国梦”一经提出，就成为全世界广泛关注的新的议题和话语，引领思想政治工作的发展。二是对社会主义发展进程的重新解释，把社会主义历史拓展到500年，从500年的历史跨度认识社会主义，不仅拓宽了社会主义的发展历史，为正确认识社会主义的历史发展提供了素材，更有益认识社会主义长期性、曲折性和艰巨性，坚定对中国特色社会主义理想信念。三是社会主义核心价值观的凝练和提出，凝练全党全国人民广泛认同的“最大公约数”是党的十六届六中全会提出社会主义核心价值体系以后一直开展的工作，以习近平同志为核心的党中央把党的十八大凝练的“三个倡导”作为社会主义核心价值观的基本内容，并出台培育和践行社会主义核心价值观的文件，习近平总书记多次针对不同群体阐述社会主义核心价值观，使社会主义核心价值观的培育和践行成为社会普遍关注的重要议题。把社会主义核心价值观上升到国家层面，把培育和弘扬社会主义核心价值观作为国家治理体系和治理能力的重要方面，从国家礼仪、国家制度设计层面宣示核心价值，实现国家层面核心价值。“培育和弘扬核心价值观，有效整合社会意识，是社会系统得以正常运转、社会秩序得以有效维护的重要途径。”[①] 四是对中华优秀传统文化与中国特色社会主义先进文化关系的重新认识，尽管中国共产党历来注重对中华优秀传统文化的扬弃，但未明确强调把中华民族优秀传统文化作为中国特色社会主义文化的独特资源进行积极挖掘。五是国家设立和规范一些仪式制度，组织开展形式多样的纪念庆典活动，传播主流价值，增强人们的认同感和归属感。2014年8月27日，由全国人大常委会专门作出决定，以法律形式设立烈士纪念日。2014年8月31日，十二届全国人大常委会第十次会议经表决，以法律形式将9月30日设立为中国烈士纪念日；2014年9月30日上午，习近平总书记等7位党和国家领导人来到天安门广场，与首都各界代表一起，向人民英雄敬献花篮。六是开展一些大型的纪念活动，彰显核心价值。如在南京大屠杀死难者国家公祭仪式上，习近平总书记指出：“我们为南京大屠杀死难者举行公祭仪式，是要唤起每一个善良的人们对和平的向往和坚守，而不是要延续仇恨。”[②] 在纪念中国人民抗日战争暨世界反法西斯战争胜利70周年大会上，习近平总书记指出：“我们纪念中国人民抗日战争暨世界反法西斯战争胜利70周年，就是要铭记历史、缅怀先烈、珍爱和平、开创未来。”[③] 七是开展一些履职宣誓仪式，增加履职尽职的崇高感和庄严感，提升履职尽职的神圣性。如2014年11月，全国人大常委会决定将每年12月4日设立为国家宪法日。2015年7月，正式建立宪法宣誓制度，从2016年1月1日起，新任国家主席、国务院总理及其他国家工作人员应公开进行宪法宣誓。

当然，党的十八大以来中央宣传思想工作的积极主动措施并不局限于上述方面，从上述习近平总书记关于宣传思想工作的论述和宣传思想工作

① 《习近平谈治国理政》第一卷，外文出版社2018年版，第163页。

② 习近平：《在南京大屠杀死难者国家公祭仪式上的讲话》，人民出版社2014年版，第4页。

③ 《习近平谈治国理政》第二卷，外文出版社2017年版，第446页。

的积极变化来看，党的十八大以来，党的宣传思想工作的局面已经发生了变化。党的十八大以来宣传思想工作的变化既可以看成是以习近平同志为核心的党中央对宣传思想工作谋局布篇，砥砺推进，不断开创宣传思想工作新局面的实践探索，也可以看成是进一步落实习近平总书记在宣传思想工作会议讲话的积极进取、主动担当、奋发有为的结果。习近平总书记关于宣传思想工作的系列论述成为新时代中国特色社会主义建设生动实践的重要组成部分，是新时代中国特色社会主义思想的重要组成部分，应从习近平新时代中国特色社会主义思想的大局，来充分认识“8 · 19”讲话精神的深刻内涵和重大意义。

第二章

新时代思想政治教育理论发展

党的十八大以来，以习近平同志为核心的党中央把思想政治工作提到全局性重要地位，把思想政治工作作为全面加强党的领导的重要体现和加强党的执政能力建设的重要手段，作为党的治国理政的重要方式，来加以高度重视。习近平总书记围绕思想政治工作发表了一系列重要讲话，深刻阐述了新时代思想政治教育的地位、功能、内容、途径、渠道、载体、队伍建设和领导管理等问题，构建了相对系统完善的新时代思想政治理论。2021 年 4 月，中共中央、国务院印发《关于新时代加强和改进思想政治工作的意见》，标志着新时代思想政治教育理论的形成。本章以习近平总书记关于思想政治教育的重要论述为线索，探讨新时代思想政治教育理论的创新发展。

第一节　新时代思想政治教育理论的基本呈现

习近平总书记关于思想政治教育的重要论述十分丰富，既有总体论述，也包括分专题论述；既有直接论述，也包含间接论述；既有全面系统阐述，又包含在各种场合发表重要讲话中体现思想政治教育内容，呈现多样化的状态。

一、关于思想政治工作的直接论述

习近平总书记关于思想政治工作的直接论述可以归纳为“两总”和“多分”，“两总”是指两次在全国宣传思想工作会议上的重要讲话。2013 年 8 月 19 日，习近平总书记在全国宣传思想工作会议上的重要讲话，发出了打响新时代思想政治教育主动战的动员令。2018 年 8 月 21 日，习近平总书记在全国宣传思想工作会议上的重要讲话，下达了推动宣传思想工作强起来的任务书。两次重要讲话对思想政治教育的重要范畴，思想政治教育的战略地位，思想政治教育的基本原则、内容、途径、方法、载体，思想政治教育队伍建设和领导管理，推进新时代思想政治教育的着力点进行了全面系统阐述。特别是 2018 年习近平总书记在全国宣传思想工作会议上的讲话，对党的十八大以来宣传思想工作取得的历史性成就和历史性变革进行全面总结，对党的十八大以来宣传思想工作形成的新思想新观点新论断，从九个方面进行了系统凝练。一是坚持党对意识形态工作的领导权。二是坚持思想工作“两个巩固”的根本任务。三是坚持用习近平新时代中国特色社会主义思想武装全党、教育人民。四是坚持培育和践行社会主义核心价值观。五是坚持文化自信是更基础、更广泛、更深厚的自信，是更基本、更深沉、更持久的力量。六是坚持提高新闻舆论传播力、引导力、影响力、公信力。七是坚持以人民为中心的创作导向。八是坚持营造风清气正的网络空间。九是坚持讲好中国故事、传播好中国声音。这九个方面的重要思想阐明了宣传思想工作的地位作用、目标任务、职责使命、实践要求，回答了宣传思想工作方向性、全局性、战略性的重要问题，是做好新时代宣传思想工作的根本遵循。讲话还在深刻分析宣传思想工作形势的基础上，提出新时代宣传思想工作使命任务和工作重点。对新时代推进宣传思想工作进行总体布局和指导。

“多分”是指习近平总书记分别针对宣传思想工作的具体领域发表重

要讲话。主要包括：一是在文艺工作座谈会上的重要讲话。2014 年 10 月 15 日，习近平总书记主持召开文艺工作座谈会，专门就文艺领域发表讲话，明确提出中国精神是社会主义文艺的灵魂，文艺工作者要高扬社会主义核心价值观的旗帜，唱响爱国主义主旋律，追求真善美，继承和弘扬中华民族优秀传统文化，学习借鉴世界优秀文化成果，创作无愧于时代的优秀作品。二是在全军政治工作会议上的讲话。2014 年 10 月 31 日，在全军政治工作会议上，习近平总书记提出：军队政治工作的时代主题是紧紧围绕实现中华民族伟大复兴的中国梦，为实现党在新形势下的强军目标提供坚强政治保证。三是在中央统战工作会议上的讲话。2015 年 5 月 18—20 日，中央统战工作会议召开，习近平总书记出席会议并发表重要讲话。提出统战工作的本质要求是大团结大联合，解决的就是人心和力量问题，这是我们党治国理政必须花大心思、下大气力解决好的重大战略问题。四是在全国党校工作会议上的重要讲话。2015 年 12 月 11 日，习近平总书记在全国党校工作会议上发表了重要讲话，讲话明确党校的性质，提出党校工作的基本原则，党校的工作重心以及关于党校建设的具体要求。五是在党的新闻舆论工作会议上的重要讲话。2016 年 2 月 19 日，习近平总书记主持召开党的新闻舆论工作座谈会并发表重要讲话。讲话充分论述新闻舆论工作的重要性，明确新闻舆论工作的职责和使命，阐述新闻舆论工作坚持的根本原则、必须遵循的基本方针、工作的理念和方法、工作队伍建设，党对新闻舆论工作的领导等重大问题。六是在网络安全和信息化工作座谈会上的重要讲话。2016 年 4 月 19 日，习近平总书记主持召开网络安全和信息化工作座谈会并发表了重要讲话，他对网络信息工作取得的成绩给予充分肯定，对网信工作在国家社会发展的作用作了充分阐述，并明确网信工作的指导思想、主要作用、重点任务、人才队伍建设等问题。七是在哲学社会科学工作座谈会上的重要讲话。2016 年 5 月 17 日，习近平总书记在主持召开的哲学社会科学工作座谈会上发表重要讲话，充分论述了哲学社会科学的重要作用，深刻阐述坚持马克思主义在我国哲学社会科学领域的指导地位，提出我国哲学社会科学建设的总体原则和主要内容，并提出加强和改善党对哲学社会科学领导的明确要求。八是在全国高校思想政治工作会议上的重要讲话。2016 年 12 月 7—8 日，全国高校思想政治工作会议召开，习近平总书记发表重要讲话，进一步明确高校思想政治工作的重要地位、任务、内容、途径和要求，为高校思想政治工作提供了基本遵循。九是在学校思想政治理论课教师座谈会上的重要讲话。2019 年 3 月 18 日，习近平总书记主持学校思想政治理论课教师座谈会并发表重要讲话，阐明思想政治理论课的重要性，揭示思想政治理论课教学内在规律，并对办好思想政治理论课提出明确要求。这些重要讲话以及关于宣传思想工作、党的建设工作、思想政治工作等领域的重要讲话和指示等，是习近平总书记关于思想政治工作重要论述的基本文献。

二、关于思想政治工作的间接论述

党的十八大以后，习近平总书记在全面贯彻党的十八大路线方针政策，协调推进“四个全面”战略布局，统筹推进“五位一体”总体布局和国家治理体系和治理能力现代化建设的过程中，在对中心工作和其他工作进行阐述的过程中也涉及思想政治工作相关内容。如：中央政治局的集体学习，特别是在学习马克思主义哲学、马克思主义政治经济学等主题时发表的讲话；关于坚持和发展中国特色社会主义的论述；关于全面从严治党、党的群众路线教育实践活动、关于加强党的建设的讲话等；关于中华民族伟大复兴中国梦的论述；关于弘扬和培育社会主义核心价值观的论述；关于弘扬和培育中华民族优秀传统文化的论述；关于反腐倡廉的讲话；关于对外交流和国际关系的讲话等。2020 年初，一场突如其来的新冠疫情袭击武汉，涉及全国，影响全世界，习近平总书记高度关注疫情发展，时刻跟踪疫情发展形势和防控工作进展情况，亲自部署和指挥这场特殊的战役，围绕疫情防控发表系列重要讲话，作出重要指示和批示。习近平总书记关于疫情防控工作的系列重要论述，不仅涉及习近平总书记关于人民健康的总体观点，对疫情防控工作性质的总体定位，关于疫情防控的总体要求、组织领导、重点工作、依靠力量、保障支撑、重要领域、法制治理和国际条件等，而且还包含疫情防控过程中宣传教育和舆论引导、思想政治工作、人文关怀和心理疏导以及思想政治工作阵地建设和队伍建设等内容。这些讲话包含有丰富的思想政治工作的思想，构成其治国理政思想的重要组成部分，是我们学习习近平总书记关于思想政治工作论述的重要文本。

三、关于思想政治工作的其他论述

作为党的总书记、国家主席和中央军委主席，习近平总书记在出席和参加的仪式、纪念活动和出访中发表过一系列重要讲话，很多讲话都蕴含着十分丰富的思想政治工作思想内涵，是思想政治工作的文本。一是在重要的大会上的讲话。比如在第十二届全国人民代表大会第一次会议上的讲话、在党的十八届历次中央全会上的讲话等。二是在主持中央政治局集体学习时的讲话，蕴含丰富的思想政治工作思想内涵。三是在重要场合和重大纪念活动的讲话。比如在参观《复兴之路》展览时的讲话，在首都各界纪念现行宪法公布施行 30 周年大会上的讲话，在庆祝中国共产党成立 95 周年大会上的讲话，在纪念红军长征胜利 80 周年大会上的讲话等。四是在重要的仪式活动上的讲话。比如在南京大屠杀死难者国家公祭仪式上的讲话，在纪念中国人民抗日战争暨世界反法西斯战争胜利 70 周年大会上的讲话。五是在出席特定场合、与特定群体座谈时的讲话。比如出席表彰仪式或座谈会，与劳模、五一劳动奖章获得者、优秀青年群体、院士、领导干部、大学生、小学生、政协委员、文艺工作者等群体的讲话。六是在重要的纪念活动的讲话。比如纪念毛泽东、邓小平、胡耀邦、朱德等党和国家领导人诞辰纪念活动大会上的讲话。七是在重要出访活动的讲话。比如在联合国教科文组织总部演讲，在德国科尔伯基金会演讲，在莫斯科国际关系学院演讲，在布鲁日欧洲学院演讲，在金砖国家领导人会晤时的演讲，在 G20 峰会上的演讲等。八是在特殊的时间节点的重要讲话。自 2013 年以来，习近平总书记每年都以视频方式发表新年贺词，这些贺词对一年来的工作进行深情回顾，对新的一年的目标愿景进行展望，其中包含着大量令总书记牵挂的人和事，寄予总书记对人生的感悟和期许，习近平总书记讲出很多语言，都成了朗朗上口的“金句”，成为引导民众思想观念的“风向标”。这些讲话蕴含丰富的思想政治工作思想，有不少讲话本身就是思想政治工作的范本。

第二节　新时代思想政治教育的理论创新观点

习近平总书记关于思想政治教育重要论述博大精深，内涵十分丰富，领域十分开阔，涉及思想政治教育地位作用、基本内容、基本原则、途径方法、队伍建设、领导管理等各方面，形成了一套完整的关于思想政治工作的思想体系。概括起来，主要包括以下几个方面。

一、关于思想政治教育的地位和作用

中国共产党历来重视思想政治工作，把思想政治工作看成是经济工作和一切工作的“生命线”。毛泽东甚至把思想政治工作看成是“中心环节”：“掌握思想教育，是团结全党进行伟大政治斗争的中心环节。如果这

个任务不解决，党的一切政治任务是不能完成的。”① 在新的历史条件下，习近平总书记进一步提升了思想政治工作在治国理政中的作用和地位：一是把意识形态建设、思想政治工作提升到极端重要的地位，提升了思想政治工作的重要性。在全国宣传思想工作会议讲话中，习近平总书记明确指出：“经济建设是党的中心工作，意识形态工作是党的一项极端重要的工作。”②思想政治工作是巩固意识形态的重要手段，意识形态工作的极端重要性，提升了思想政治工作的重要性。二是把社会主义核心价值观建设、思想政治工作提升到国家治理体系和治理能力现代化的重要内容，使思想政治工作融入党的治国理政新理念新思想新战略。思想政治工作、社会主义核心价值观建设不仅对国家治理能力和治理体系现代化建设提供“生命线”保障作用和价值支撑作用，而且直接成为国家治理体系和治理能力现代化建设的内在组成部分，是国家治理体系和治理能力现代化建设中不可偏废的方面。在全国高校思想政治工作会议中，习近平总书记进一步站在办什么样的高等教育、如何办高等教育以及“培养什么样的人、如何培养人以及为谁培养人”的战略高度，从党和国家发展全局的战略高度，深刻说明了思想政治工作在高等教育发展和我国国民经济和社会发展中的作用和地位，使思想政治工作从“保障”和“服务”高等教育和人才培养，提升到“为谁培养人”的核心环节，构成扎根中国办社会主义大学的核心环节。三是把思想政治工作作为提高国家文化软实力的核心内容，提升思想政治工作在文化软实力建设中的地位。习近平总书记指出：“提高国家文化软实力，要努力夯实国家文化软实力的根基。……夯实国内文化建设根基，一个很重要的工作就是从思想道德抓起，从社会风气抓起，从每一个人抓起。”③这就需要开展广泛深入的思想政治工作。而开展马克思主义理

① 《毛泽东选集》第三卷，人民出版社 1991 年版，第 1094 页。

② 《习近平谈治国理政》第一卷，外文出版社 2018 年版，第 153 页。

③ 《习近平谈治国理政》第一卷，外文出版社 2018 年版，第 160 页。

论教育、中国特色社会主义教育、培育和践行社会主义核心价值观、正确对待中华优秀传统文化、培育社会主义思想道德等，这使思想政治工作成为提高国家文化软实力的核心要件。四是把思想政治工作作为全面从严治党的重要方面，提升思想政治工作的作用。把思想建党与制度治党相结合，这是中国共产党加强党的建设的一项基本经验。“中国共产党之所以叫共产党，就是因为从成立之日起我们党就把共产主义确立为远大理想。我们党之所以能够经受一次次挫折而又一次次奋起，归根到底是因为我们党有远大理想和崇高追求。”① 党的十八届六中全会通过的《关于新形势下党内政治生活的若干准则》第一条就明确提出要坚定理想信念，“必须高度重视思想政治建设，把坚定理想信念作为开展党内政治生活的首要任务”②。把思想建党与制度治党结合，进一步提升了思想政治工作在全面从严治党战略布局中的重要地位，使党的思想政治工作成为党的十八大以来党中央治国理政新战略的重要内容。

二、关于思想政治教育的基本内容

思想政治工作作为在新的历史条件下开展“正在进行的许多新的历史特点的伟大斗争”的重要组成部分，承担着重要的责任和使命。在全国宣传思想工作会议的讲话中，习近平总书记开宗明义地指出：“宣传思想工作一定要把围绕中心、服务大局作为基本职责，胸怀大局、把握大势、着眼大事，找准工作切入点和着力点，做到因势而谋、应势而动、顺势而为。”③ 他又进一步指出：“宣传思想工作就是要巩固马克思主义在意

① 习近平：《在庆祝中国共产党成立95周年大会上的讲话》，人民出版社2016年版，第10页。

② 《关于新形势下党内政治生活的若干准则　中国共产党党内监督条例》，人民出版社2016年版，第5页。

③ 《习近平谈治国理政》第一卷，外文出版社2018年版，第153页。

识形态领域的指导地位，巩固全党全国人民团结奋斗的共同思想基础。”① 这就进一步明确了新时代党的思想政治教育的内容：一是马克思主义理论教育。马克思主义是我国立党立国的指导思想、意识形态旗帜，全党全国人民团结奋斗的思想基础，共产党为什么能，社会主义为什么好，关键在于马克思主义“行”。因此，习近平总书记反复强调要加强马克思主义理论教育，“党校、干部学院、社会科学院、高校、理论学习中心组等都要把马克思主义作为必修课，成为马克思主义学习、研究、宣传的重要阵地”②。二是中国特色社会主义教育。“要深入开展中国特色社会主义宣传教育，把全国各族人民团结和凝聚在中国特色社会主义伟大旗帜之下。”③ 三是弘扬和培育社会主义核心价值观。“要加强社会主义核心价值体系建设，积极培育和践行社会主义核心价值观。”④ 四是加强思想道德建设，提升公民道德素质。“全面提高公民道德素质，培养知荣辱、讲正气、作奉献、促和谐的良好风尚。”⑤ 在文艺工作座谈会、在全军政治工作会议、在全国党校工作会议、在党的新闻舆论工作座谈会等重要讲话中，习近平总书记进一步根据各具体领域的特点和要求提出明确的任务和要求。在高校思想政治工作会议讲话中，习近平总书记着重强调：“办好我们的高校，必须坚持以马克思主义为指导，全面贯彻党的教育方针。”⑥ 提出四个坚持不懈的任务：一是要坚持不懈传播马克思主义科学理论，抓好马克思主义理论教育，为学生一生成长奠定科学的思想基础。二是要坚持不懈培育和弘扬社会主义核心价值观，引导广大师生做社会主义核心价值观的坚定信仰者、积极传播者、模范践行者。三是要坚持不懈促进高校和谐稳定，培育理性平和

① 《习近平谈治国理政》第一卷，外文出版社 2018 年版，第 153 页。
② 《习近平谈治国理政》第一卷，外文出版社 2018 年版，第 154 页。
③ 《习近平谈治国理政》第一卷，外文出版社 2018 年版，第 154 页。
④ 《习近平谈治国理政》第一卷，外文出版社 2018 年版，第 154 页。
⑤ 《习近平谈治国理政》第一卷，外文出版社 2018 年版，第 154 页。
⑥ 《习近平谈治国理政》第二卷，外文出版社 2017 年版，第 377 页。

的健康心态，加强人文关怀和心理疏导，把高校建设成为安定团结的模范之地。四是要坚持不懈培育优良校风和学风，使高校发展做到治理有方、管理到位、风清气正，进一步明确了新时期高校思想政治工作的基本任务。

三、关于思想政治教育的基本原则

在党领导全国人民革命、建设和改革的实践过程中，党的思想政治工作形成了一些行之有效的基本原则，如“必须坚持以马克思列宁主义、毛泽东思想和邓小平理论为指导，坚持党的基本路线和基本方针”，“必须坚持以经济建设为中心，为全党全国工作大局服务”，“必须坚持从实际出发，增强针对性和实效性”，“必须坚持教育与管理相结合”，“必须坚持解决思想问题同解决实际问题相结合”，“必须坚持在党的领导下，依靠全社会共同来做”等。① 在新的历史条件下，以习近平同志为核心的党中央在遵循这些基本原则基础上，提出了新时代思想政治工作一些新的原则。在全国宣传思想工作会议的讲话中，习近平总书记着重强调以下几个方面：一是坚持经济工作与意识形态工作相统一。经济工作是党的中心工作，意识形态是党的极端重要工作。“只要国内外大势没有发生根本变化，坚持以经济建设为中心就不能也不应该改变。这是坚持党的基本路线100年不动摇的根本要求，也是解决当代中国一切问题的根本要求。”② 但是，我们也不能忽视意识形态工作，一个政权的瓦解往往是从思想领域开始的，政治动荡、政权更迭可能在一夜之间发生，但思想演化是个长期过程。思想防线被攻破了，其他防线也就很难守住。

---

① 《十五大以来重要文献选编》（中），人民出版社2001年版，第1038—1040页。

② 《习近平谈治国理政》第一卷，外文出版社2018年版，第153页。

“能否做好意识形态工作，事关党的前途命运，事关国家长治久安，事关民族凝聚力和向心力。”① 如果轻视、忽视意识形态工作，丧失意识形态工作的领导权、管理权和话语权，就有可能犯下不可挽回的历史性错误。“只有物质文明建设和精神文明建设都搞好，国家物质力量和精神力量都增强，全国各族人民物质生活和精神生活都改善，中国特色社会主义事业才能顺利向前推进。”② 二是远大理想与现实目标的统一。共产主义是我们的远大理想，中国特色社会主义是我们的共同理想，实现中华民族伟大复兴中国梦、实现“两个一百年”奋斗目标是我们现阶段的奋斗目标，要把实现共产主义远大理想与实现中华民族伟大复兴中国梦和“两个一百年”现实目标结合起来，在实现共产主义远大理想的过程中，“为实现党在现阶段的基本纲领而不懈努力，扎扎实实做好每一项工作，取得‘接力赛’中我们这一棒的优异成绩”③。三是党性与人民性统一。“党性和人民性从来都是一致的、统一的。”“坚持党性，核心就是坚持正确政治方向，站稳政治立场，坚定宣传党的理论和路线方针政策，坚定宣传中央重大工作部署，坚定宣传中央关于形势的重大分析判断，坚决同党中央保持高度一致，坚决维护中央权威。”“坚持人民性，就是要把实现好、维护好、发展好最广大人民根本利益作为出发点和落脚点，坚持以民为本、以人为本。”④ 坚持党性与人民性的统一，就是“要树立以人民为中心的工作导向，把服务群众同教育引导群众结合起来，把满足需求同提高素养结合起来”⑤。更进一步地体现党的根本宗旨和立党为民的初心。四是坚持正面宣传与舆论斗争统一。“坚持团结稳定鼓

① 《习近平总书记系列重要讲话读本（2016 年版）》，学习出版社、人民出版社 2016 年版，第 193 页。

② 《习近平谈治国理政》第一卷，外文出版社 2018 年版，第 153 页。

③ 《习近平谈治国理政》第一卷，外文出版社 2018 年版，第 153 页。

④ 《习近平谈治国理政》第一卷，外文出版社 2018 年版，第 154 页。

⑤ 《习近平谈治国理政》第一卷，外文出版社 2018 年版，第 154 页。

劲、正面宣传为主，是宣传思想工作必须遵循的重要方针。”[①] 必须坚持巩固壮大主流思想舆论，弘扬主旋律，传播正能量，激发全社会团结奋进的强大力量。同时也要敢于和善于开展思想斗争，“在大是大非问题、政治原则问题上没有‘开明绅士’，一定要有鲜明的态度、坚定的立场，敢于站在风口浪尖上进行斗争”[②]。五是坚持总结经验和改革创新的统一。“在长期实践中，我们党的宣传思想工作积累了十分丰富的经验。这些经验来之不易、弥足珍贵，是做好今后工作的重要遵循，一定要认真总结、长期坚持，并在实践中不断丰富和发展。”[③] 但在新的条件下，宣传思想工作更应适应新形势，做到因势而谋、应势而动、顺势而为，实现思想政治工作的创新发展。“宣传思想工作创新，重点要抓好理念创新、手段创新、基层工作创新，努力以思想认识新飞跃打开工作新局面，积极探索有利于破解工作难题的新举措新办法，把创新的重心放在基层一线。”[④] 不仅提出了思想政治工作继承和创新相结合的原则，而且指明了创新发展的方向和重点。六是坚持中国特色和国际比较的统一。“在全面对外开放的条件下做宣传思想工作，一项重要任务是引导人们更加全面客观地认识当代中国、看待外部世界。”[⑤]“宣传阐释中国特色，要讲清楚每个国家和民族的历史传统、文化积淀、基本国情不同，其发展道路必然有着自己的特色；讲清楚中华文化积淀着中华民族最深沉的精神追求，是中华民族生生不息、发展壮大的丰厚滋养；讲清楚中华优秀传统文化是中华民族的突出优势，是我们最深厚的文化软实力；讲清楚中国特色社会主义植根于中华文化沃土、反映中国人民意愿、适应中国

① 《习近平谈治国理政》第一卷，外文出版社 2018 年版，第 155 页。

② 《习近平总书记系列重要讲话读本（2016 年版）》，学习出版社、人民出版社 2016 年版，第 195 页。

③ 《习近平谈治国理政》第一卷，外文出版社 2018 年版，第 155 页。

④ 《习近平谈治国理政》第一卷，外文出版社 2018 年版，第 155 页。

⑤ 《习近平谈治国理政》第一卷，外文出版社 2018 年版，第 155 页。

和时代发展进步要求，有着深厚历史渊源和广泛现实基础。中华民族创造了源远流长的中华文化，中华民族也一定能够创造出中华文化新的辉煌。”①“要精心做好对外宣传工作，创新对外宣传方式，着力打造融通中外的新概念新范畴新表述，讲好中国故事，传播好中国声音。”②七是坚持全党动手和部门负责的统一。做好宣传思想工作，“宣传思想部门承担着十分重要的职责，必须守土有责、守土负责、守土尽责。”③但同时宣传思想工作也是涉及全局的重要工作。“做好宣传思想工作必须全党动手。……要树立大宣传的工作理念，动员各条战线各个部门一起来做，把宣传思想工作同各个领域的行政管理、行业管理、社会管理更加紧密地结合起来。”④把全党动手与部门负责结合起来，形成全员、全程和全方位的思想政治工作格局。习近平总书记在全国宣传思想工作会议的讲话，确定了新时期思想政治工作的一些基本原则，在后来关于思想政治工作具体领域的讲话中，这些基本原则既得到了坚守，同时又针对具体领域进行了深化和拓展。

四、关于思想政治教育途径和方法

“明者因时而变，知者随世而制。”在新的历史条件下，以习近平同志为核心的党中央不仅在党的思想政治工作实践中不断拓展工作领域，创新思想政治工作方法，而且对如何拓展新途径和方法方面作出具体阐述。以培育和践行社会主义核心价值观为例，习近平总书记对社会主义核心价值观培育和践行的途径和方法的重要论述主要包括以下几个方面：一是发掘

① 《习近平谈治国理政》第一卷，外文出版社 2018 年版，第 155—156 页。

② 《习近平谈治国理政》第一卷，外文出版社 2018 年版，第 156 页。

③ 《习近平谈治国理政》第一卷，外文出版社 2018 年版，第 156 页。

④ 《习近平谈治国理政》第一卷，外文出版社 2018 年版，第 156 页。

思想政治工作的文化途径。把中华民族优秀传统文化作为培育和弘扬社会主义核心价值观的根本，通过充分挖掘中华优秀传统文化资源，“要坚持古为今用、推陈出新，有鉴别地加以对待，有扬弃地予以继承，努力用中华民族创造的一切精神财富来以文化人、以文育人。”① 在文艺工作座谈会的讲话中，习近平总书记进一步指出：“广大文艺工作者要高扬社会主义核心价值观的旗帜，充分认识肩上的责任，把社会主义核心价值观生动活泼、活灵活现地体现在文艺创作之中，用栩栩如生的作品形象告诉人们什么是应该肯定和赞扬的，什么是必须反对和否定的，做到春风化雨、润物无声。”② 二是综合多样化的教育途径。“要切实把社会主义核心价值观贯穿于社会生活方方面面。要通过教育引导、舆论宣传、文化熏陶、实践养成、制度保障等，使社会主义核心价值观内化为人们的精神追求，外化为人们的自觉行动。”③ 通过多样化的教育方式，使已经存在的思想政治工作途径发挥综合效应。三是融入日常生活的教育途径。“一种价值观要真正发挥作用，必须融入社会生活，让人们在实践中感知它、领悟它。要注意把我们所提倡的与人们日常生活紧密联系起来，在落细、落小、落实上下功夫。”④ 要在行业规章制度、市民公约、乡规民约、学生手册中体现核心价值观，要在仪式活动中彰显核心价值观，要在精神文明创建活动中体现社会主义核心价值观，要利用各种场合营造社会主义核心价值观培育的良好氛围。总之，“使核心价值观的影响像空气一样无所不在、无时不有”⑤。四是政策导向的教育途径。“要发挥政策导向作用，使经济、政治、文化、社会等方方面面政策都有利于社会主义核心价值观的培育。要用法律来

---

① 《习近平谈治国理政》第一卷，外文出版社 2018 年版，第 164 页。

② 《十八大以来重要文献选编》（中），中央文献出版社 2016 年版，第 134 页。

③ 《习近平谈治国理政》第一卷，外文出版社 2018 年版，第 164 页。

④ 《习近平谈治国理政》第一卷，外文出版社 2018 年版，第 165 页。

⑤ 《习近平谈治国理政》第一卷，外文出版社 2018 年版，第 165 页。

推动核心价值观建设”，要在日常管理中体现价值导向，“使符合核心价值观的行为得到鼓励、违背核心价值观的行为受到制约”。[①]2016年12月15日，中共中央办公厅、国务院办公厅印发《关于进一步把社会主义核心价值观融入法治建设的指导意见》进一步从法律和制度层面拓展了思想政治工作途径。

在全国高校思想政治工作会议的讲话中，习近平总书记具体阐明了高校思想政治工作的基本途径。一是要用好课堂教学这个主渠道。思想政治理论课要坚持在改进中加强，提升思想政治教育亲和力和针对性，满足学生成长发展需求和期待，其他各门课都要守好一段渠、种好责任田，使各类课程与思想政治理论课同向同行，形成协同效应。二是要加快构建中国特色哲学社会科学学科体系和教材体系，推出更多高水平教材，创新学术话语体系，建立科学权威、公开透明的哲学社会科学成果评价体系，努力构建全方位、全领域、全要素的哲学社会科学体系。三是要更加注重以文化人、以文育人，广泛开展文明校园创建，开展形式多样、健康向上、格调高雅的校园文化活动，广泛开展各类社会实践。四是要运用新媒体新技术使工作活起来，推动思想政治工作传统优势同信息技术高度融合，增强时代感和吸引力。习近平总书记关于高校思想政治工作的讲话，不仅拓展了思想政治工作的途径和渠道，而且丰富了思想政治教育方法。

五、关于思想政治工作队伍建设

思想政治工作队伍建设是党的干部队伍的重要组成部分，习近平总书记关于党的干部队伍建设论述也是思想政治工作队伍建设的基本遵循。在思想政治工作队伍建设中，习近平总书记十分强调思想政治工作的专业性，要求“各级宣传部门领导同志要加强学习、加强实践，真正成为让人

① 《习近平谈治国理政》第一卷，外文出版社2018年版，第165页。

信服的行家里手”[①]。具体包含以下几个方面。

第一，专业意识要求。做好思想政治工作：一是要有党性意识。在全国宣传思想工作会议上，习近平总书记指出，做好宣传思想工作，必须讲党性。宣传思想工作者要增强党的意识，尽职尽责为党和人民事业服务。坚持什么、反对什么，说什么话、做什么事，都要符合党的要求，过得硬、靠得住。在全国党校工作会议讲话中，习近平总书记鲜明指出，党校因党而立，党校姓党是天经地义的要求。党校姓党，是党校工作的根本原则，也是做好党校工作的根本遵循。二是要有阵地意识。在全国宣传思想工作会议讲话中，习近平总书记指出，我们的同志一定要增强阵地意识。宣传思想阵地，我们不去占领，人家就会去占领。三是要有责任意识。“宣传思想部门承担着十分重要的职责，必须守土有责、守土负责、守土尽责。”[②]四是要有大局意识。宣传思想工作一定要把围绕中心、服务大局作为基本职责，胸怀大局、把握大势、着眼大事，找准工作切入点和着力点。

第二，专业能力要求。思想政治工作者要“真正成为在理论上、笔头上、口才上或其他专长上有‘几把刷子’、让人信服的行家里手”[③]。一是要有深厚的马克思主义理论功底。“坚持以马克思主义为指导，首先要解决真懂真信的问题”“马克思主义经典作家眼界广阔、知识丰富，马克思主义理论体系和知识体系博大精深，涉及自然界、人类社会、人类思维各个领域，涉及历史、经济、政治、文化、社会、生态、科技、军事、党建等各个方面，不下大气力、不下苦功夫是难以掌握真谛、融会贯通的”[④]。二是要有思想政治工作专业技能。思想政治工作要取得实效，“关键是要

① 《习近平谈治国理政》第一卷，外文出版社 2018 年版，第 156 页。

② 《习近平谈治国理政》第一卷，外文出版社 2018 年版，第 156 页。

③ 《习近平总书记系列重要讲话读本（2016 年版）》，学习出版社、人民出版社 2016 年版，第 196 页。

④ 习近平：《在哲学社会科学工作座谈会上的讲话》，人民出版社 2016 年版，第 11 页。

提高质量和水平”[①]。在中央统战工作会议上的讲话中，他针对统战工作的问题指出：“统战工作还有一个重要特征，就是讲求很强的工作艺术。统战工作是党的特殊群众工作，要有特殊的方式方法。”[②] 三是要了解中心工作知识和能力。在全军政治工作会议上的讲话中，习近平总书记指出：“政治工作，要强化围绕中心、服务大局的意识，走出自我设计、自我循环、自我检验的怪圈，按照打赢信息化局部战争要求，探索政治工作服务保证战斗力建设的作用机理，把政治工作贯穿到战斗力建设各个环节，融入到军事斗争准备全过程。”[③]

第三，专业素质要求。思想政治工作队伍素质直接影响其工作效果。党的十八大以来，习近平总书记对思想政治工作者除了提出意识和能力要求以外，还明确提出素质要求。在全国宣传思想工作会议、全国党校工作会议、新闻舆论工作座谈会、哲学社会科学工作座谈会上，他都明确提出思想政治素质要求，归纳起来即“忠诚、干净、担当”。“忠诚，就是要忠诚于党、忠诚于事业、忠诚于人民，在思想上政治上行动上同以习近平同志为总书记的党中央保持高度一致；干净，就是要干干净净做人做事，自觉践行‘三严三实’要求，带头弘扬清风正气，树立宣传思想工作队伍的良好形象；担当，就是要把责任扛在肩上，敢于坚持原则、敢于较真碰硬，遇到矛盾不回避，碰到问题及时处理，敢于发声、敢于亮剑。”[④] 主要内容包括：一是要有坚定的理想信念。“理想信念是共产党人精神上的‘钙’……没有理想信念，或理想信念不坚定，精神上就会‘缺钙’，就会得‘软骨病’。”[⑤]“只有理想信念坚定，用坚定理想信念炼就了‘金刚不坏

① 《习近平谈治国理政》第一卷，外文出版社 2018 年版，第 155 页。
② 《十八大以来重要文献选编》（中），中央文献出版社 2016 年版，第 561 页。
③ 《十八大以来重要文献选编》（中），中央文献出版社 2016 年版，第 196 页。
④ 《十八大以来重要文献选编》（中），中央文献出版社 2016 年版，第 303 页。
⑤ 《习近平谈治国理政》第一卷，外文出版社 2018 年版，第 414 页。

之身’，干部才能在大是大非面前旗帜鲜明，在风浪考验面前无所畏惧，在各种诱惑面前立场坚定。”① 二是要有过硬的作风。思想政治工作在本质上就是为国家的稳定与发展，为人民的幸福，为党的事业壮大而积极开展宣传教育的工作。思想政治工作者自身的修养是实现这些工作目标的前提。因此，思想政治工作者务必把加强道德修养作为十分重要的人生必修课，自觉从中华优秀传统文化中汲取营养，老老实实向人民群众学习，时时处处见贤思齐，以严格标准加强自律、接受他律，努力以道德的力量去赢得人心、赢得事业成就。②“要树立良好学术道德，自觉遵守学术规范，讲究博学、审问、慎思、明辨、笃行，崇尚‘士以弘道’的价值追求，真正把做人、做事、做学问统一起来。”“要把社会责任放在首位，严肃对待学术研究的社会效果，自觉践行社会主义核心价值观，做真善美的追求者和传播者，以深厚的学识修养赢得尊重，以高尚的人格魅力引领风气，在为祖国、为人民立德立言中成就自我、实现价值。”③ 三是要起到模范带头作用。“现在，形势发展变化了，做政治工作方法手段多了，但模范带头并没有过时。官兵不是看你怎么说，而是看你怎么做。”④ 思想政治工作者要做别人的思想政治工作，首先要做好自己的思想政治工作，以自己的行为作出表率。

第四，专业发展要求。在全国高校思想政治工作会议上的讲话中，习近平总书记对思想政治工作队伍专业发展作了充分阐述。一是充分肯定了思想政治工作队伍的积极贡献和作用。“长期以来，高校思想政治工作队伍兢兢业业、甘于奉献、奋发有为，为高等教育事业发展作出了重要贡献。”⑤ 二是明确高校思想政治工作专业队伍的构成。高校思想政治工作队伍主要包

① 《习近平谈治国理政》第一卷，外文出版社 2018 年版，第 413 页。

② 参见《习近平在河南考察时强调　深化改革发挥优势创新思路统筹兼顾　确保经济持续健康发展社会和谐稳定》，《人民日报》2014 年 5 月 11 日。

③ 习近平：《在哲学社会科学工作座谈会上的讲话》，人民出版社 2016 年版，第 29 页。

④ 《十八大以来重要文献选编》（中），中央文献出版社 2016 年版，第 196 页。

⑤ 《习近平谈治国理政》第二卷，外文出版社 2017 年版，第 379—380 页。

括党政干部和共青团干部、思想政治理论课教师和哲学社会科学课教师、辅导员班主任和心理咨询教师等，把心理咨询教师队伍首次纳入高校思想政治工作队伍。三是指明了队伍建设和专业的基本路径：要拓展选拔视野，抓好教育培训，强化实践锻炼，健全激励机制，整体推进专业队伍建设和发展。四是对思想政治工作队伍建设提出明确要求，要“保证这支队伍后继有人、源源不断”，为思想政治工作队伍专业化建设指明了方向，提供了保障。

六、关于思想政治工作的领导与管理

思想政治工作是党的思想政治工作，关涉党的中心工作和意识形态工作的全局。“思想政治工作，各个部门都要负责任。共产党应该管，青年团应该管，政府主管部门应该管，学校的校长教师更应该管。”[①]这是党的思想政治工作长期以来形成的传统和优势。在新的历史条件下，以习近平同志为核心的党中央进一步强化党对思想政治工作的领导和管理。在全国宣传思想工作会议讲话中，习近平总书记要求：“各级党委要负起政治责任和领导责任，加强对宣传思想领域重大问题的分析研判和重大战略性任务的统筹指导，不断提高领导宣传思想工作能力和水平。”[②]在全国党校工作会议的讲话中，习近平总书记明确提出党校姓党，是党校工作的根本原则，也是做好党校工作的根本遵循。要求各级党委是办党校管党校建党校的主体，党委书记是办党校管党校建党校的第一责任人。在党的新闻舆论工作座谈会讲话中，习近平总书记进一步指出，加强和改善党对新闻舆论工作的领导，是新闻舆论工作顺利健康发展的根本保证。各级党委要自觉承担起政治责任和领导责任。在全国高校思想政治工作会议讲话中，习近平

① 《毛泽东文集》第七卷，人民出版社 1999 年版，第 226 页。
② 《习近平谈治国理政》第一卷，外文出版社 2018 年版，第 156 页。

总书记又一次强调指出，高校党委对学校工作实行全面领导，承担管党治党、办学治校主体责任，把方向、管大局、作决策、保落实。要加强高校党的基层组织建设，创新体制机制，改进工作方式，提高党的基层组织做思想政治工作能力。要做好在高校教师和学生中发展党员工作，加强党员队伍教育管理，使每个师生党员都做到在党爱党、在党言党、在党为党，充分阐明了党的领导对思想政治工作的重要性，对党委如何加强思想政治工作管理提出了明确要求。

第三节　新时代思想政治教育主要特点

习近平总书记关于思想政治工作的重要论述呈现出一些新的特点，这些特点昭示着思想政治教育理论发展的新趋向，是新时代思想政治教育创新发展的风向标。

一、回归原点

回归原点，即回到中国共产党为什么要开展思想政治工作、中国共产党的思想政治工作的本质是什么等基本问题。“一切向前走，都不能忘记走过的路；走得再远、走到再光辉的未来，也不能忘记走过的过去，不能忘记为什么出发。”① 在全国宣传思想工作会议上，习近平总书记明确指出：“宣传思想工作就是要巩固马克思主义在意识形态领域的指导地位，巩固全党全国人民团结奋斗的共同思想基础。”②在全国高校思想政治工作

① 习近平：《在庆祝中国共产党成立95周年大会上的讲话》，人民出版社2016年版，第8页。

② 《习近平谈治国理政》第一卷，外文出版社2018年版，第153页。

会议上，习近平对高校思想政治工作提出了“四个坚持不懈”任务，第一个“坚持不懈”即“要坚持不懈传播马克思主义科学理论”[①]，“四个坚持不懈”既明确了高校思想政治工作的基本任务，又指明了思想政治工作应坚守的问题。党的十八大以来，以习近平同志为核心的党中央把马克思主义理论教育、中国特色社会主义教育、理想信念教育、党史党章教育作为思想政治工作的重点，回归到思想政治工作的基本问题，即用马克思主义武装全党教育人民，形成全党全国人民团结奋斗的思想基础。以习近平同志为核心的党中央在回归思想政治工作原点方面主要开展以下工作：一是强化理想信念的教育。中共中央《关于新形势下党内政治生活的若干准则》明确指出：“共产主义远大理想和中国特色社会主义共同理想，是中国共产党人的精神支柱和政治灵魂，也是保持党的团结统一的思想基础。必须高度重视思想政治建设，把坚定理想信念作为开展党内政治生活的首要任务。”[②]习近平总书记多次强调：“对马克思主义的信仰，对社会主义和共产主义的信念，是共产党人的政治灵魂，是共产党人经受住任何考验的精神支柱。”[③]把理想信念教育作为思想政治教育的核心任务和首要任务，回归到思想政治教育的核心内容。二是强调学习马克思主义经典著作。中央政治局带头集体学习马克思主义，三次集体学习马克思主义基本原理，第十一次集体学习历史唯物主义，第二十次集体学习辩证唯物主义，第二十八次集体学习马克思主义政治经济学。习近平总书记强调指出，领导干部“首先要认真学习马克思主义理论，这是我们做好一切工作的看家本领，也是领导干部必须普遍掌握的工作制胜的看家本领”[④]。学习马克思主

① 《习近平谈治国理政》第二卷，外文出版社 2017 年版，第 377 页。
② 《关于新形势下党内政治生活的若干准则　中国共产党党内监督条例》，人民出版社 2016 年版，第 5 页。
③ 《习近平谈治国理政》第一卷，外文出版社 2018 年版，第 15 页。
④ 《习近平谈治国理政》第一卷，外文出版社 2018 年版，第 404 页。

义，“必须引导和促使学员努力学习和掌握辩证唯物主义和历史唯物主义基本原理和方法论，特别是要把马克思主义中国化最新成果作为理论教育中心内容，提高战略思维能力、辩证思维能力、综合决策能力、驾驭全局能力”①。三是加强中国特色社会主义理论教育。“要深入开展中国特色社会主义理论宣传教育，把全国各族人民团结和凝聚在中国特色社会主义伟大旗帜之下。”② 四是开展历史教育，特别是党史、国史学习。“历史是最好的教科书”，习近平总书记指出，我们要回应改革开放各种挑战，建立学习型、服务型、创新型政党，“要认真学习党史、国史，知史爱党，知史爱国。要了解我们党和国家事业的来龙去脉，汲取我们党和国家的历史经验，正确了解党和国家历史上的重大事件和重要人物”③。五是加强党性教育，把思想建党与制度建党结合起来，全面从严治党。党的十八大召开之后，习近平总书记发表的第一篇署名文章就是《认真学习党章，严格遵守党章》，讲学习贯彻党章的重要性。党的十八届六中全会通过的《关于新形势下党内政治生活的若干准则》《中国共产党党内监督条例》等通过党内法规的方式，使党性教育制度化、法制化，确保党内思想政治工作的经常化、常规化。这些都反映了党的十八大以来，以习近平同志为核心的党中央强化党的思想教育和价值引领，回归建党的初衷，回归党的思想政治工作的本质，从源头开始重新审视思想政治工作内容建设。

二、设置议题

党的十八大以来，以习近平同志为核心的党中央不仅坚守思想政治工作的原点和核心内容，而且以巨大的理论勇气，创新思想政治工作内容和

① 习近平：《在全国党校工作会议上的讲话》，人民出版社 2016 年版，第 15 页。

② 《习近平谈治国理政》第一卷，外文出版社 2018 年版，第 154 页。

③ 《习近平谈治国理政》第一卷，外文出版社 2018 年版，第 405 页。

形式。“做好宣传思想工作，比以往任何时候都更加需要创新。”①“宣传思想工作创新，重点要抓好理念创新、手段创新、基层工作创新，努力以思想认识新飞跃打开工作新局面，积极探索有利于破解工作难题的新举措新办法。”②实现思想政治工作创新，一个重要的内容是创新思想政治工作议题。在党的新闻舆论工作座谈会上，习近平总书记指出：引导社会舆论走向“要善于设置议题，让该热的热起来，该冷的冷下去，该说的说到位”，“要让我们设置的议题成为社会舆论的焦点，而不是被社会舆论牵着鼻子走”。③党的十八大召开之后，以习近平同志为核心的党中央主动创设思想政治工作新议题，引领思想政治工作发展。一是提出“中国梦”的议题。尽管实现中华民族伟大复兴一直是近现代以来中华民族优秀儿女的伟大梦想，但运用“中国梦”这样一个新的概念来描述中国特色社会主义伟大目标，赋予了中国梦新的时代内涵。“中国梦”一经提出，就成为全世界广泛关注的新的议题和话语，引领思想政治工作的发展。二是提出“社会主义五百年”的议题。从五百年的历史跨度认识社会主义，不仅拓宽了社会主义的发展历史，为正确认识社会主义的历史发展提供了素材，而且有益于认识社会主义发展的长期性、曲折性和艰巨性，坚定中国特色社会主义理想信念。三是提出社会主义核心价值观的议题。凝练全党全国人民广泛认同的“最大公约数”是党的十六届六中全会提出社会主义核心价值体系以后一直开展的工作，以习近平同志为核心的党中央把党的十八大凝练的“三个倡导”作为社会主义核心价值观的基本内容，并出台培育和践行社会主义核心价值观的文件。习近平总书记多次针对不同群体阐述社会主义核心价值观，使社会主义核心价值观的培育和践行成为社会普遍关注的重要思想政治工作议题。四是提出中华优秀传统文化“创造性转化”和“创新性发展”的议题。

① 《习近平关于全面深化改革论述摘编》，中央文献出版社 2014 年版，第 84 页。

② 《习近平谈治国理政》第一卷，外文出版社 2018 年版，第 155 页。

③ 《习近平新闻思想讲义（2018 年版）》，人民出版社、学习出版社 2018 年版，第 84—85 页。

作为中华文化的继承者和创新者，中国共产党历来十分重视中华传统文化的作用。党的十八大以来，以习近平同志为核心的党中央把中华优秀传统文化作为中国特色社会主义先进文化的沃土、基因、滋养、资源，从积极角度唤醒中华优秀文化基因，使中华优秀传统文化成为中国特色社会主义先进文化建设的有益资源，成为思想政治建设的有效议题。除此以外，党的十八大以来，以习近平同志为核心的党中央治国理政的新理念新思想新战略，都可以看成党中央善于设置思想政治工作议题的成功案例，不仅创新了中国特色社会主义理论的议题设置，成为一段时期社会和舆论关注的热点问题，也有效地引领社会思潮、凝结社会共识，是思想政治工作的重要内容。总之，党的十八大召开之后的思想理论创新，为新时期思想政治工作创新了议题设置，引导了思想政治工作内容的发展，形成了新时期思想政治工作新的思想内容和话语体系，实现了思想政治工作的创新发展。

三、把握主动

2013 年 8 月 19 日，在全国宣传思想工作会议上的讲话，是以习近平同志为核心的党中央面对我国经济社会发展新形势，主动开创宣传思想工作新局面而发出的动员令。以此为信号，党中央召开了一系列的关于宣传思想工作、意识形态建设的会议，出台了一系列相关文件，全面展开新形势下思想政治工作，思想政治工作局面发生彻底改观。习近平总书记在会议上的讲话传达了思想政治工作主动有为的信号，主要包括以下几个方面：一是宣传思想工作要增强主动性、掌握主动权、打好主动战。“在事关大是大非和政治原则问题上，必须增强主动性、掌握主动权、打好主动仗。帮助干部群众划清是非界限、澄清模糊认识。”① 二是要理直气壮地

① 《习近平谈治国理政》第一卷，外文出版社 2018 年版，第 155 页。

开展宣传思想工作。“所有宣传思想部门和单位，所有宣传思想战线上的党员、干部都要旗帜鲜明坚持党性原则。”① 三是要敢于向错误观点亮剑，不能放任错误思想发展，要加强引导。“在大是大非问题、政治原则问题上没有‘开明绅士’，一定要有鲜明的态度、坚定的立场，敢于站在风口浪尖上进行斗争。”② 四是要有阵地意识。“宣传思想部门承担着十分重要的职责，必须守土有责、守土负责、守土尽责。”③ 五是要敢于担当。“做好宣传思想工作必须全党动手。各级党委要负起政治责任和领导责任”④。全国宣传工作会议讲话以后，习近平总书记先后在多个场合关于思想政治工作发表讲话，如在文艺工作座谈会、全国党校工作会议、党的新闻舆论工作座谈会、网络安全和信息化工作会议、哲学社会科学工作座谈会、全国高校思想政治工作会议，这些讲话既体现了全国宣传思想工作的讲话精神，又针对各个不同领域的思想政治工作提出了明确要求，全国思想政治工作“因势而谋、应势而动、顺势而为”⑤，思想政治工作状态发展深刻变化。

四、整体推进

作为党和国家最高领导人，习近平总书记并不是从某一具体领域的思想政治工作着眼，而是从国家“大德”和大的思想政治工作环境营造的宏观视野，来整体推进思想政治工作，通过改善大环境改变思想政治工作的宏观生态，开展意识形态建设和思想治理。从习近平总书记有关思想政治

① 《习近平谈治国理政》第一卷，外文出版社 2018 年版，第 154 页。

② 《习近平总书记系列重要讲话读本（2016 年版）》，学习出版社、人民出版社 2016 年版，第 195 页。

③ 《习近平谈治国理政》第一卷，外文出版社 2018 年版，第 156 页。

④ 《习近平谈治国理政》第一卷，外文出版社 2018 年版，第 156 页。

⑤ 《习近平谈治国理政》第一卷，外文出版社 2018 年版，第 153 页。

工作的重要论述来看，他把思想政治工作作为治国理政的重要内容，从整体上推进思想政治工作：一是把思想政治工作作为意识形态建设的重要手段，从意识形态建设全局来定位思想政治工作的重要地位，从意识形态责任制的建立来从制度上保障思想政治工作的重要地位，以克服经济建设与意识形态建设“一手硬，一手软”的问题，营造思想政治建设的大环境。二是把思想建党作为全面从严治党的重要内容，把思想建设与制度建设相结合，强化思想理论武装和价值引领，凸显思想政治工作在全面从严治党的重要地位。三是把社会主义核心价值观作为国家治理体系和治理能力的重要方面，从思想道德和价值观层面来塑造国民精神世界。“培育和弘扬核心价值观，有效整合社会意识，是社会系统得以正常运转、社会秩序得以有效维护的重要途径，也是国家治理体系和治理能力的重要方面。”①四是通过政权力量、制度和法治方式为思想政治工作营造有利的制度环境。党的十八大以来，思想政治工作作为党和政府的重要工作内容，融入社会生活的方方面面，通过经济、政治、文化、社会的手段，运用法律方式和社会管理的方式来合力推动思想政治工作。中办国办先后出台《关于培育和践行社会主义核心价值观的意见》《关于进一步把社会主义核心价值观融入法治建设的指导意见》《关于实施中华优秀传统文化传承发展工程的意见》《关于进一步加强和改进新形势下高校宣传思想工作的意见》《关于进一步加强和改进新形势下高校思想政治工作的意见》等文件，将思想政治工作“虚”功“实”做，将思想政治工作提升到国家建设的宏观战略层面，通过党作为执政党的力量，通过国家政权的力量，营造整体思想政治工作大环境来促进思想政治工作的开展，为思想政治工作发展营造良好的社会生态。

① 《习近平谈治国理政》第一卷，外文出版社 2018 年版，第 163 页。

五、领域拓展

党的十八大以来，伴随着党的中心工作的进展，我国意识形态安全和核心利益的拓展，思想政治工作的范围和领域也在不断拓展。在思想政治工作领域拓展中，习近平总书记对一些领域给予特别重视：一是网络领域。把互联网看成是“舆论斗争的主战场”①。习近平总书记指出，在互联网这个战场上，我们能否顶得住、打得赢，直接关系我国意识形态安全和政治安全。宣传思想工作是做人的工作，人在哪儿重点就应该在哪儿。二是文艺领域。在文艺工作座谈会上，习近平总书记指出：中国精神是社会主义文艺的灵魂。“我们要通过文艺作品传递真善美，传递向上向善的价值观，引导人们增强道德判断力和道德荣誉感，向往和追求讲道德、尊道德、守道德的生活。”②三是统一战线领域。在中央统一战线工作会议上，习近平总书记明确提出新时期开展统一战线思想政治工作的基本原则和方法，如消除对统一战线的错误认识，学会做统一战线的基本方法，坚持党的领导，正确处理统一性和多样性关系，立足于联谊交友等，把思想政治工作对象从党内拓展到党外，拓展到新社会阶层和宗教人士等。四是对外宣传领域。把思想政治工作向国际拓展，“要精心做好对外宣传工作，创新对外宣传方式，着力打造融通中外的新概念新范畴新表述，讲好中国故事，传播好中国声音”③。五是业务领域。在全国高校思想政治工作会议讲话中，习近平总书记把思想政治工作提升到学校工作的核心地位。“高校思想政治工作关系高校培养什么样的人、如何培养人以及为谁培养人这个根本问题。要坚持把立德树人作为中心环节，把思想政治工作贯穿教育教学全过程，实现

① 《习近平总书记系列重要讲话读本（2016年版）》，学习出版社、人民出版社2016年版，第204页。

② 习近平：《在文艺工作座谈会上的讲话》，人民出版社2015年版，第25页。

③ 《习近平谈治国理政》第一卷，外文出版社2018年版，第156页。

全程育人、全方位育人，努力开创我国高等教育事业发展新局面。”①这就把思想政治工作向专业领域、业务领域拓展和延伸，使思想政治工作贯穿于高等教育各个环节和领域，使得思想政治工作不仅是思想政治工作专门力量所从事的工作，而且成为学校乃至全国各级组织和机构所有人员和机构所应开展的本职工作。习近平总书记对思想政治工作领域的不断拓展，既是党的中心工作不断深化发展的结果，也是中国特色社会主义理论不断拓展和深化的产物，伴随着思想政治工作领域的不断拓展，思想政治工作的状态和样式也发生了深刻变化，形成思想政治工作多样发展的特点。

六、综合多样

习近平总书记有关思想政治工作方法的论述，更明显体现了多元并举、综合运用的特点。习近平总书记关于培育和弘扬社会主义核心价值观发表的系列重要讲话，充分体现了思想政治工作综合多样的特点。在主持中央政治局第十三次集体学习的讲话中，习近平总书记明确提出“要通过教育引导、舆论宣传、文化熏陶、实践养成、制度保障等”②综合思想政治工作方式，“使社会主义核心价值观内化为人们的精神追求，外化为人们的自觉行动”③。他还具体指出榜样教育，学校教育，文化文艺方式，各种规章制度、市民公约、乡规民约、学生守则，仪式活动，精神文明创建活动，家风民风，政策导向，法治建设，社会管理等各种各样方式的综合运用。总之，要“使核心价值观的影响像空气一样无所不在、无时不有”④。

① 《习近平谈治国理政》第二卷，外文出版社 2017 年版，第 376 页。
② 《习近平谈治国理政》第一卷，外文出版社 2018 年版，第 164 页。
③ 《习近平谈治国理政》第一卷，外文出版社 2018 年版，第 164 页。
④ 《习近平谈治国理政》第一卷，外文出版社 2018 年版，第 165 页。

关于思想政治工作具体方法，习近平总书记特别关注一些关键领域的思想政治工作。一是宣传思想工作方法。习近平总书记指出："坚持团结稳定鼓劲、正面宣传为主，是宣传思想工作必须遵循的重要方针"，"关键是要提高质量和水平，把握好时、度、效，增强吸引力和感染力，让群众爱听爱看、产生共鸣，充分发挥正面宣传鼓舞人、激励人的作用"。① 二是网络方法。习近平总书记认为人在哪里，思想政治工作重点就在哪里，现在年轻人几乎是无人不网、无日不网、无处不网，"要运用新媒体新技术使工作活起来，推动思想政治工作传统优势同信息技术高度融合，增强时代感和吸引力"②。三是新闻舆论引导。习近平总书记把新闻舆论工作看成是治国理政、定国安邦的大事："做好党的新闻舆论工作，营造良好舆论环境，是治国理政、定国安邦的大事。"③ 习近平总书记不仅专门召开党的新闻舆论工作会议强调新闻舆论工作，而且在中央经济会议上特别把舆论引导作为促进经济工作的重要方式，要求提高舆论引导能力，"要善于把握本质、主流和趋势，善于把握社会心理，善于把握时、度、效，深度分析，主动发声，澄清是非，更有针对性做好舆论引导工作"④。四是对外宣传方法。习近平总书记特别重视对外宣传，不仅在宣传思想工作会议上明确提出做好对外宣传工作，而且身体力行开展对外思想政治工作，他说："党的十八大以来这两年，我每次出访，不论是会谈、交流还是演讲，都要讲中国道路的历史渊源和现实基础，讲中国梦的背景和内涵，讲中国和平发展的理念和主张，还在不少国家主流媒体发表署名文章。这就是做思想舆论工作，就是到国外去做思想政治工作。"⑤ 五是以文育人方法。

① 《习近平谈治国理政》第一卷，外文出版社 2018 年版，第 155 页。
② 《习近平谈治国理政》第二卷，外文出版社 2017 年版，第 378 页。
③ 《习近平关于社会主义文化建设论述摘编》，中央文献出版社 2017 年版，第 39 页。
④ 《习近平关于全面建成小康社会论述摘编》，中央文献出版社 2016 年版，第 200 页。
⑤ 《习近平关于社会主义文化建设论述摘编》，中央文献出版社 2017 年版，第 210 页。

习近平总书记特别强调运用人类社会一切优秀文化成果以文育人、以文化人，特别是中华民族优秀传统文化涵育思想政治教育的功能。“对历史文化特别是先人传承下来的价值理念和道德规范，要坚持古为今用、推陈出新，有鉴别地加以对待，有扬弃地予以继承，努力用中华民族创造的一切精神财富来以文化人、以文育人。”①这些都表明习近平总书记关于思想政治工作方法的丰富性，综合多样构成了习近平总书记有关思想政治工作论述的新特点。

党的十八大以来，在新的历史条件下，思想政治工作已经提升到国家治理的战略高度，成为以习近平同志为核心的党中央治国理政的重要组成部分，呈现出新的思想内容和表现状态。作为系统总结党的思想政治工作经验的思想政治教育学科，应认真总结党的十八大以来思想政治工作新的思想和特点，以习近平总书记系列重要讲话为遵循，讲好新时期思想政治教育学科的故事，构建中国特色、中国风格、中国气派的思想政治教育学科学术体系和话语体系。

① 《习近平谈治国理政》第一卷，外文出版社 2018 年版，第 164 页。

第三章

新时代思想政治教育的新使命

党的十九大在总结十八大以来党和国家发生的深刻历史性变化的基础上，从理论上宣布中国特色社会主义已经进入了新时代，提出了习近平新时代中国特色社会主义思想，对中国特色社会主义新征程进行了新部署。这是党站在新时代的历史方位，对全党和全国人民进行的新的政治动员和思想武装活动。党的十九大报告蕴含着十分丰富的思想政治教育内容，需要思想政治教育研究者从学科专业视角来认识和理解思想政治教育概念，明确思想政治教育地位和作用，掌握思想政治教育内容、途径、方法，确保思想政治教育的有效治理，构建新时代思想政治教育学，实现思想政治教育理论的创新发展，这是新时代思想政治教育的新使命。

第一节　新时代思想政治教育地位的提升

思想政治教育是党的优良传统和政治优势，在中国革命、建设和改革事业中发挥着“生命线”的重要作用。党的十八大以来，以习近平同志为核心的党中央把意识形态建设、宣传思想工作、思想政治教育提到治党、治国和治军的战略高度，在全面推进中国特色社会主义伟大事业，全面开展党的建设伟大工程，实现中华民族伟大复兴中国梦的伟大梦想，进行具有许多新的历史特点的伟大斗争的过程中，充分运用思想政治教育这个党的历史上克敌制胜的法宝，在新时代实现了思想政治教育地位和作用的新升华。

一、党进行具有许多新的历史特点的伟大斗争的武器

党的十八大以来，以习近平同志为核心的党中央从全面推进中国特色社会主义事业的战略高度，在不同场合、从不同角度多次强调进行具有许多新的历史特点的伟大斗争对推进中国特色社会主义伟大事业、实现中华民族伟大复兴中国梦和推进党的建设伟大工程的意义。特别是在省部级主要领导干部“学习习近平总书记重要讲话精神，迎接党的十九大”专题研讨班的讲话中，习近平总书记明确把进行伟大斗争同建设伟大工程、推进伟大事业、实现伟大梦想并列，强化伟大斗争对伟大工程、伟大事业和伟大梦想的意义。党的十九大报告进一步把“四个伟大”作为新时代党实现“初心”和“使命”的根本保证，并指出：我们党要团结带领人民有效应对重大挑战、抵御重大风险、克服重大阻力、解决重大矛盾，必须同“任何贪图享受、消极懈怠、回避矛盾的思想和行为”进行斗争；不仅需要全党更加自觉坚持党的领导和社会主义制度，而且要坚决同“一切削弱、歪曲、否定党的领导和我国社会主义制度的言行”作斗争，同“一切顽瘴痼疾”作斗争，同“一切分裂祖国、破坏民族团结和社会和谐稳定的行为”作斗争，同“一切在政治、经济、文化、社会等领域和自然界出现的困难”作斗争。党的十九大报告提出的许多具有新的历史特点的伟大斗争中，包含着思想、政治方面的斗争，这些都离不开思想政治工作，需要全党提高政治斗争、思想斗争的本领。思想政治工作是党掌握思想领导、开展思想斗争的有效武器，伟大斗争提升了思想政治工作的地位。

二、全面加强党的政治建设和思想建设的重要内容

党的十九大报告提出：“中国特色社会主义最本质的特征是中国共产

党领导，中国特色社会主义制度的最大优势是中国共产党领导”[1]，突出政治建设在党的建设中的重要地位。新时代中国特色社会主义基本方略的第一条就是“坚持党对一切工作的领导”，明确了党的领导特别是党的政治领导在党的建设中的重要性。党的十九大报告在新时代党的建设总要求中提出，要“以党的政治建设为统领，以坚定理想信念宗旨为根基，以调动全党积极性、主动性、创造性为着力点，全面推进党的政治建设、思想建设、组织建设、作风建设、纪律建设，把制度建设贯穿其中，深入推进反腐败斗争”[2]，进一步明确了党的政治建设的首要地位和思想建设的基础性地位。思想政治教育作为党的政治建设和思想建设的重要方式，在党的建设中承担着首位的任务和基础性的作用。党的十九大报告把党的政治建设摆在首位，全面阐述党的政治建设、思想建设、组织建设、作风建设、纪律建设、反腐倡廉建设等的内在关系，进一步提升了思想政治工作在党的建设中的重要地位。

三、党治国理政的重要方式

党的十八大以来，以习近平同志为核心的党中央把意识形态建设作为一项极端重要的工作，积极开展意识形态建设、国家文化软实力建设、中国特色社会主义教育和中国梦教育、社会主义核心价值观建设、中华优秀传统文化弘扬、中国特色哲学社会科学构建、群众性精神文明建设、新闻舆论引导、网络空间净化等方面工作，主动回应意识形态领域各种挑战，推进治理体系和治理能力现代化建设，成为党中央治国理政新理念新思想新战略的重要组成部分。党的十九大进一步明确思想政治工作在治国

① 习近平：《决胜全面建成小康社会　夺取新时代中国特色社会主义伟大胜利——在中国共产党第十九次全国代表大会上的报告》，人民出版社 2017 年版，第 20 页。

② 《习近平谈治国理政》第三卷，外文出版社 2020 年版，第 48 页。

理政中的重要地位，在新时代中国特色社会主义方略中，强调“坚持社会主义核心价值体系”，“坚持马克思主义，牢固树立共产主义远大理想和中国特色社会主义共同理想，培育和践行社会主义核心价值观，不断增强意识形态领域主导权和话语权……更好构筑中国精神、中国价值、中国力量，为人民提供精神指引”。① 在中国特色社会主义文化建设部署中，进一步明确“牢牢掌握意识形态领导权”、“培育和践行社会主义核心价值观”、“加强思想道德建设”、“繁荣发展社会主义文艺”、“推动文化事业和文化产业发展”。这都进一步彰显了思想政治工作在党治国理政中的地位和作用。

四、党领导军队的政治保证

坚持党对军队的绝对领导，强调军队的革命性质，把政治建设与军事建设结合越来、“把支部建在连上”，充分发挥政治建设在革命军队建设中的地位和作用，这是中国共产党领导的人民军队战胜一切艰难险阻和凶恶敌人的精神源泉。党的十八大以来，以习近平同志为核心的党中央进一步强化思想政治工作在军队建设中的“生命线”的重要地位。在全军政治工作会议讲话中，习近平总书记强调指出：“党的方向就是我军政治工作的方向，党和军队新形势下的中心任务决定我军政治工作的任务。军队政治工作的时代主题是，紧紧围绕实现中华民族伟大复兴的中国梦，为实现党在新形势下的强军目标提供坚强政治保证。”② 党的十九大报告把“建设一支听党指挥、能打胜仗、作风优良的人民军队”作为习近平新时代中国特色社会主义思想的重要组成部分，

① 《习近平谈治国理政》第三卷，外文出版社 2020 年版，第 18 页。
② 《习近平谈治国理政》第二卷，外文出版社 2017 年版，第 401 页。

把“坚持党对人民军队的绝对领导”作为新时代中国特色社会主义基本方略的重要内容，强调要加强军队党的建设，“开展‘传承红色基因、担当强军重任’主题教育，推进军人荣誉体系建设，培养有灵魂、有本事、有血性、有品德的新时代革命军人，永葆人民军队性质、宗旨、本色”①。这充分发扬了中国共产党军队建设的传统，发挥了中国共产党军队建设的优势，进一步明确了新时代军队思想政治工作的目标和任务，进一步明确了思想政治教育在党领导的革命军队中的重要地位和作用。

第二节　新时代思想政治教育内容的深化

党的十九大报告关于思想政治教育的内容十分丰富，既包括马克思主义理论教育特别是用习近平新时代中国特色社会主义思想武装全党、教育人民等意识形态教育内容，也包括中国特色社会主义和中国梦宣传教育和党的路线、方针政策等政治教育内容；既包括理想信念教育、世界观人生观价值观与民族精神和时代精神等爱国主义、集体主义、社会主义思想教育内容，也包括社会主义思想道德教育、精神文明和时代新风等的道德教育内容；既包括树立正确历史观、民族观、国家观、文化观、法纪观等历史文化教育内容，还包括自尊自信、理性平和、积极向上等心理教育内容。十九大报告突出了以下一些教育内容。

一、关于习近平新时代中国特色社会主义思想的教育内容

党的十九大最突出的理论成果是提出了习近平新时代中国特色社会主

① 《习近平谈治国理政》第三卷，外文出版社2020年版，第42页。

义思想，大会通过的《中国共产党章程（修正案）》将习近平新时代中国特色社会主义思想写入党章，确立为党必须长期坚持的指导思想，十九大报告明确提出“用新时代中国特色社会主义思想武装全党”，“推动新时代中国特色社会主义思想深入人心”的任务，这既是对思想政治教育内容的深化和拓展，也对新时代思想政治教育提出了更高的要求。如何从总体上认识和理解习近平新时代中国特色社会主义思想的内涵、精神实质、核心要义和基本内容，如何理解习近平新时代中国特色社会主义思想同马列主义、毛泽东思想、邓小平理论、“三个代表”重要思想、科学发展观之间一脉相承、与时俱进的关系，就成为思想政治教育内容发展的最大增量，这些为思想政治教育内容提供了全新的角度和时代内涵。同时，党的十九大还在十七大提出的“开展中国特色社会主义理论体系宣传普及活动”，十七届六中全会提出的“实施中国特色社会主义理论体系普及计划”，十八大提出的“坚持不懈用中国特色社会主义理论体系武装全党、教育人民”的基础上，提出推动习近平新时代中国特色社会主义思想深入人心的任务。这既是中国特色社会主义理论体系宣传普及活动的延续，又对思想理论武装提出更高的要求。

二、关于马克思主义理论的教育内容

马克思主义是我国立党立国的思想基础，是我国意识形态建设的核心，“宣传思想工作就是要巩固马克思主义在意识形态领域的指导地位，巩固全党全国人民团结奋斗的共同思想基础”①。党的十八大以来，以习近平同志为核心的党中央进一步强化马克思主义理论教育在思想政治教育中的地位和作用，要求“领导干部特别是高级干部要把系统掌握马克思

① 《习近平谈治国理政》第一卷，外文出版社 2018 年版，第 153 页。

主义基本理论作为看家本领，老老实实、原原本本学习马克思列宁主义、毛泽东思想特别是邓小平理论、‘三个代表’重要思想、科学发展观。党校、干部学院、社会科学院、高校、理论学习中心组等都要把马克思主义作为必修课，成为马克思主义学习、研究、宣传的重要阵地。”①中央政治局多次就马克思主义理论开展集体学习。在全国高校思想政治工作会议上的讲话中，习近平总书记明确把“坚持不懈传播马克思主义科学理论，抓好马克思主义理论教育，为学生一生成长奠定科学的思想基础”②。作为高校思想政治工作“四个坚持不懈”任务中的第一个任务，凸显马克思主义理论教育、意识形态建设任务在思想政治教育内容中的重要地位。党的十九大报告从多个方面强化意识形态建设和马克思主义理论教育的重要内容，在新时代中国特色社会主义基本方略中，明确提出“不断增强意识形态主导权和话语权”。在“坚定文化自信，推动社会主义文化繁荣兴盛”中，第一条就明确提出“牢牢掌握意识形态工作领导权”，“推进马克思主义中国化时代化大众化，建设具有强大凝聚力和引领力的社会主义意识形态，使全体人民在理想信念、价值理念、道德观念上紧紧团结在一起”，③并提出落实意识形态责任制的要求，这些都进一步强化了马克思主义理论教育、马克思主义意识形态建设在思想政治教育中的地位和作用，凸显了马克思主义理论教育在思想政治教育中的基础性作用。

三、关于社会主义核心价值观的教育内容

党的十九大报告把坚持社会主义核心价值体系作为新时代中国特色社会主义基本方略的重要内容，强调“必须坚持马克思主义，牢固树立共产

① 《习近平谈治国理政》第一卷，外文出版社 2018 年版，第 153—154 页。
② 《习近平谈治国理政》第二卷，外文出版社 2017 年版，第 377 页。
③ 《习近平谈治国理政》第三卷，外文出版社 2020 年版，第 32—33 页。

主义远大理想和中国特色社会主义共同理想”，“培育和践行社会主义核心价值观”，“推动中华优秀文化创造性转化、创新性发展，继承革命文化，发展社会主义先进文化”，“更好构筑中国精神、中国价值、中国力量，为人民提供精神指引”。在中国特色社会主义文化建设中，进一步强调培育和践行社会主义核心价值观，并提出“要以培养担当民族复兴大任的时代新人为着眼点，强化教育引导、实践养成、制度保障，发挥社会主义核心价值观对国民教育、精神文明创建、精神文化产品创作生产传播的引领作用，把社会主义核心价值观融入社会发展各方面，转化为人们的情感认同和行为习惯”①。党的十九大报告进一步明确了社会主义核心价值体系与社会主义核心价值观之间的内在关系，对培育和践行社会主义核心价值观提出具体明确要求，是新时代思想政治教育的着力点。

四、关于社会主义思想道德的教育内容

在思想政治教育内容体系中，思想教育、政治教育、道德教育构成思想政治教育的核心内容，思想道德教育是思想政治教育的基础性内容，思想道德教育既为思想政治教育活动的展开提供了开阔的平台和背景，也为思想道德建设提供了坚实的基础。党的十九大报告把社会主义思想道德教育作为明确教育内容，突出思想政治教育的政治方向。从思想道德教育的具体内容来看，党的十九大报告明确的思想道德内容十分丰富，包括：“广泛开展理想信念教育，深化中国特色社会主义和中国梦宣传教育，弘扬民族精神和时代精神，加强爱国主义、集体主义、社会主义教育，引导人们树立正确的历史观、民族观、国家观、文化观。深入实施公民道德建设工程，推进社会公德、职业道德、家庭美德、个人品德建设，激励人们

① 《习近平谈治国理政》第三卷，外文出版社 2020 年版，第 33 页。

向上向善、孝老爱亲，忠于祖国、忠于人民。加强和改进思想政治工作，深化群众性精神文明创建活动。弘扬科学精神，普及科学知识，开展移风易俗、弘扬时代新风行动，抵制腐朽落后文化侵蚀。推进诚信建设和志愿服务制度化，强化社会责任意识、规则意识、奉献意识。”①包括以下一些层次教育：一是以理想信念教育为核心的社会主义思想教育内容；二是以公民道德建设为核心的道德教育内容；三是以科学精神和时代风尚以及诚信建设和志愿服务活动为核心的精神品质教育内容；四是以历史观、民族观、国家观、文化观为核心的历史文化教育内容；等等，最终达到提高人民思想觉悟、道德水准、文明素养，提高全社会文明程度的教育目标。

第三节 新时代思想政治教育领域的拓展

党的十九大将思想政治教育放在全面加强党的领导、意识形态建设、文化建设的宏大背景下，厚植思想政治教育的文化基础，对思想政治教育的领域作了极大拓展。

一、思想政治教育文化资源的拓展

把中华民族5000多年文明历史所孕育的中华优秀传统文化作为社会主义先进文化建设的精神基因，使之成为社会主义先进文化建设包括思想政治教育的积极因素，是以习近平同志为核心的党中央对中华优秀传统文化的鲜明态度。自2013年8月19日在全国宣传思想工作会议上提出阐释中国特色要“四个讲清楚”之后，习近平总书记多次阐述中华优秀传统文

① 《习近平谈治国理政》第三卷，外文出版社2020年版，第33—34页。

化与社会主义先进文化的内在关系，把中华优秀传统文化作为社会主义先进文化的有益滋养、特色、优势。党的十九大报告指出，要“深入挖掘中华优秀传统文化蕴含的思想观念、人文精神、道德规范，结合时代要求继承创新，让中华文化展现出永久魅力和时代风采”①，进一步阐明了中华优秀传统文化对社会主义文化建设的意义，从而拓展了思想政治教育文化资源。同时，党的十九大报告还提出：“不忘本来、吸收外来、面向未来”，“发展面向现代化、面向世界、面向未来的，民族的科学的大众的社会主义文化”的任务。社会主义先进文化建设的开放态度，充分体现了列宁关于“只有了解人类创造的一切财富以丰富自己的头脑，才能成为共产主义者”②的思想政治教育文化要求。

二、思想政治教育文化形态的拓展

党的十九大报告不仅拓展了思想政治教育文化资源，还拓展了思想政治教育文化形态。党的十九大报告把“繁荣发展社会主义文艺”和“推动文化事业和文化产业发展”作为重要的建设内容，既从文化建设不同形态的角度论述社会主义文化建设的内容，同时也拓展了思想政治教育可资借用传递思想政治教育信息的载体和资源，从这个意义上说，也就拓展了思想政治教育的文化形态。思想政治教育既可以通过文化教育的方式展开，也可以通过文艺、文化产业等方式来承载。习近平总书记十分重视文艺这种特殊的文化形式的思想政治教育功能。在文艺工作座谈会上的讲话中，他强调“文艺是铸造灵魂的工程，文艺工作者是灵魂工程师”，要坚持以人民为中心的创作导向。在中国文学艺术联合会第十次代表大会、中国作

① 《习近平谈治国理政》第三卷，外文出版社 2020 年版，第 33 页。

② 《列宁选集》第 4 卷，人民出版社 1995 年版，第 285 页。

家协会第九次全国代表大会开幕式上，他强调，要坚定文化自信，用文艺振奋民族精神，因为“对文艺来讲，思想和价值观念是灵魂，一切表现形式都是表达一定思想和价值观念的载体。离开了一定思想和价值观念，再丰富多样的表现形式也是苍白无力的。文艺的性质决定了它必须以反映时代精神为神圣使命”①。党的十九大报告在强调必须坚持以人民为中心的创作导向的同时，对文艺作品的思想和价值观念提出明确要求：“坚持思想精深、艺术精湛、制作精良相统一，加强现实题材创作，不断推出讴歌党、讴歌祖国、讴歌人民、讴歌英雄的精品力作”，关于文化产业，则明确提出“满足人民过上美好生活的新期待，必须提供丰富的精神食粮”。②并从深化文化体制改革、完善公共服务体系、健全文化产业体系和市场体系、广泛开展全民健身活动、推进国际传播能力建设等多层面、多形态、多方面建设的角度，对文化产业发展作出部署和要求。这些论述既与思想政治教育活动密切关联，同时又是传统思想政治教育领域未能完全包含的内容，是对思想政治教育文化形态的拓展。

三、思想政治教育作用领域的拓展

党的十九大报告将思想政治教育放在意识形态建设、中国特色社会主义文化建设大背景下，全面展开思想政治教育在全面建设社会主义现代化国家、全面深化改革、全面依法治国、全面从严治党战略布局，在推进中国特色社会主义经济、政治、社会、文化、生态“五位一体”总体布局，在全面推进国防和军队现代化建设、推进祖国统一大业、构建人类命运共同体和加强党自身建设等方面的“生命线”作用，极大地拓

① 《习近平谈治国理政》第二卷，外文出版社2017年版，第351页。

② 《习近平谈治国理政》第三卷，外文出版社2020年版，第34页。

展了思想政治教育的作用领域。党的十九大报告不仅对思想政治教育直接作用领域提出明确要求，如对全面加强党的建设、加强意识形态建设管理、坚持社会主义核心价值体系、培育和践行社会主义核心价值观、加强社会主义思想道德建设等，而且对思想政治教育的间接作用领域作了阐述，如加快构建中国特色哲学社会科学体系，加强中国特色新型智库建设，提高新闻舆论传播力、引导力、影响力、公信力，营造清朗的网络空间，加强意识形态阵地的建设和管理，旗帜鲜明反对和抵制错误观点等，使思想政治教育领域从直接拓展到间接，从党内拓展到党外，从现实拓展到虚拟，从国内拓展到国外，思想政治教育在更为开阔的领域实现新拓展。

四、思想政治教育方式方法的拓展

党的十九大报告突出政治建设在党的建设中的重要地位，提出了新时代党的建设总要求，强调把党的政治建设摆在首位，在思想政治教育的过程中，凸显了政治教育的作用，更强调思想政治教育过程中的主导性和统一性要求。在思想政治教育实践中，强调把制度建设贯穿其中，把制度建设与思想建设、思想政治教育活动结合起来；强调落实意识形态责任制，加强阵地建设和管理，把思想政治教育内容通过制度方式进行规范和巩固。在思想政治教育方式和方法上，既强调多样化的教育引导方式，“强化教育引导、实践养成、制度保障，发挥社会主义核心价值观对国民教育、精神文明创建、精神文化产品创作生产传播的引领作用”，同时又主张“把社会主义核心价值观融入社会发展各方面，转化为人们的情感认同和行为习惯”①。从思想政治教育的主体和对象来看，既体现了全员性，又

① 《习近平谈治国理政》第三卷，外文出版社2020年版，第33页。

体现了层次性。比如，在理论武装对象上，既要求“推动新时代中国特色社会主义思想深入人心”，又特别重视强化党员理想信念教育，“解决好世界观、人生观、价值观这个‘总开关’问题”；既“坚持全民行动、干部带头”，对党员干部特别是党的高级领导干部提出更高要求，又主张“从家庭做起，从娃娃抓起”。[①] 这些论述都丰富和充实了思想政治教育方式方法，是对思想政治教育方式方法的积极拓展。

第四节　新时代思想政治教育理论创新的价值

党的十九大报告关于思想政治教育问题的阐述，不仅为我们提供了思想政治教育的研究任务，而且也提出了进一步深化对思想政治教育理论的认识和理解的问题。因此，构建新时代思想政治教育理论，实现思想政治教育理论的创新发展，就成为思想政治教育理论研究的重要任务。

一、提升思想政治教育地位认识

思想政治教育是党在长期革命、建设和改革过程中形成的处理人民内部思想关系的方法和艺术，是党的优良传统和优势，在革命、建设和改革的过程中发挥着“生命线”的重要作用。党的十九大提出把习近平新时代中国特色社会主义思想作为党必须坚持的指导思想，用习近平新时代中国特色社会主义思想武装全党，推动习近平新时代中国特色社会主义思想深入人心，这是新时代思想政治教育的核心任务和时代主题，也是新时代思想政治教育活动的基本内容和理论出发点。应把思想政治教育提升到用

① 参见《习近平谈治国理政》第三卷，外文出版社 2020 年版，第 33 页。

习近平新时代中国特色社会主义思想武装全党全国人民的战略高度，提升到党治国理政、推进国家治理体系和治理能力现代化的战略高度，提升到习近平新时代中国特色社会主义思想的重要组成部分的战略高度，充分认识思想政治教育在治党、治国、治军，提升国家文化软实力建设，促进人民思想道德建设和人的全面发展中的重要地位和作用。

二、深化思想政治教育核心概念

从党的十九大报告关于思想政治教育的内容来看，思想政治教育主体是中国共产党（党的教育工作者、宣传思想工作者与其他从事意识形态和思想文化建设的人员是具体承载者）；思想政治教育过程是一个双向互动的过程，它既是中国共产党作为主体所推进的思想武装活动，同时也是广大人民群众在马克思主义教育引导下的精神升华的过程；思想政治教育活动的实质是处理党的先进思想同人民群众思想实际的矛盾，是人民群众在党的引导下不断实现思想升华的过程；思想政治教育活动领域广泛、方式多样，不仅包括教育引导活动，也包括意识形态建设、精神文明创建、社会风尚引领，而且包括社会主义先进文化建设、文化产业建设、思想文化建设和管理等，还包括人民群众参与的社会实践活动等，从这个意义上，思想政治教育是党治国理政的重要组成部分，是一门“治党、治国的科学”[①]。应根据党的十九大精神，特别是十八大以来以习近平同志为核心的党中央治国理政的实践，进一步凝练思想政治教育概念，使之更好地反映党的思想政治教育实际，进而深化对思想政治教育规律的认识。

① 宋任穷：《用新党章教育党员，为整党做好思想准备》，《红旗》1982 年第 24 期。

三、拓展思想政治教育作用领域

党的十八大以前，思想政治教育理论界对思想政治教育的研究相对关注教育层面的活动，而对实务层面的工作较为忽视；相对关注主流意识形态的教育与传授，而对个体思想政治教育的主动性较为忽视；相对关注显性直接的思想政治教育活动，而对隐性间接的思想政治教育活动较为忽视；相对关注国内思想政治教育，而对向世界讲好中国故事、传播中国声音较为忽视；相对关注党内群体和受教育者的思想政治教育，而对党外人士、新型阶层的思想政治工作较为忽视。党的十九大报告不仅对思想政治教育内容进行了深化发展，而且对思想政治教育作用领域进行了拓展，如把“加强和改进思想政治工作，深化群众性精神文明建设”作为思想政治教育的重要内容；把诚信建设和志愿服务等作为思想政治教育活动形式，把文化、文艺等间接思想政治教育渠道作为思想政治教育的重要领域；把推进国际传播能力建设，讲好中国故事，作为提高国家文化软实力的途径，拓展思想政治教育的国际渠道；把思想政治教育对象拓展到党外知识分子和社会阶层人士等特殊人群；等等，都深化拓展了思想政治教育传统领域。应根据党的十九大精神，不断深化和拓展思想政治教育作用领域，探讨新时代思想政治教育内容和方法。

四、构建新时代思想政治教育学

尽管思想政治教育是自人类社会存在政治活动以来就有的社会现象，但是，思想政治教育活动是中国共产党所特有的实践活动。中国共产党话语体系中的思想政治教育概念与不同历史时期和不同意识形态下所开展的类似教育活动存在着根本的不同，与其他社会主义国家所开展的思想政治教育活动也有不同的特点。如何立足中国实际，扎根中国共产党思想政治教育实践，构建具有中国特色、中国风格、中国气魄的思想政治教育学科体系、学术体系和话语体系，这既是思想政治教育理论创新的需要，同时也是思想政治教育学科发展的使命。构建中国特色、中国气魄、中国风格的思想政治教育学并不排斥对人类社会思想政治教育成果的吸纳与借鉴，但也应区分思想政治教育学主体内容与思想资源，思想政治教育的成熟状态与早期萌芽状态呈现出来的不同特点，思想政治教育活动的历史性与现实性等之间的关系，在充分吸收人类社会一切文化成果的基础上，构建新时代中国特色思想政治教育学。党的十九大报告，不仅提出了构建中国特色思想政治教育学科体系、学术体系、话语体系的任务，而且提出了以习近平新时代中国特色社会主义思想为指导，构建新时代思想政治教育学的具体内容，要以十九大报告为指导，构建新时代思想政治教育理论体系，形成新时代思想政治教育学。

第四章

新时代高校思想政治教育创新发展

党的十八大以来，以习近平同志为核心的党中央把高校思想政治工作提升到治国理政的全局战略性地位，高度重视高校思想政治工作，习近平总书记围绕高校思想政治工作发表了一系列重要讲话、指示和批示，这些重要论述十分全面系统、专业精细，涉及高校思想政治工作诸多领域，为加强和改进高校思想政治工作指明了方向、提供了根本遵循。习近平总书记关于高校思想政治工作的系列重要讲话并不是一成不变的，而是有一个不断深化发展的过程，分析习近平总书记关于高校思想政治工作系列重要讲话和核心观点的演变过程，厘清其基本观点、发展过程和基本脉络，对于进一步深化新时代思想政治教育理论创新，具有重要帮助作用。

第一节　关于高校思想政治教育重要论述的发展过程

党的十八大以来，习近平总书记多次就高校党的建设、青年成长成才、教师队伍建设和意识形态工作发表讲话并作出指示，在全国高校思想政治工作会议以后，习近平总书记多次专题就高校思想政治工作发表重要讲话作出指示。习近平总书记关于高校思想政治工作的重要论述可以大致划分为两个阶段。

一、高校思想政治工作会议之前

第一个阶段是2016年全国高校思想政治工作会议之前，习近平总书记关于高校思想政治工作的论述主要体现在其他相关工作的论述和一些讲话和指示中，相对比较分散。主要涉及：一是阐明党对高校领导的本质要求，明确我们办的是中国特色社会主义大学，党对高校的领导最集中最直接地体现了中国特色社会主义大学的鲜明性质，党委在高校处于领导核心地位，要统揽改革发展稳定全局，把好方向，抓好大事，管好干部；要全面贯彻党的教育方针，坚持育人为本、德育为先，坚持以理服人、以文化人，遵循规律、勇于创新、务求实效，为党和人民事业培养合格建设者和可靠接班人。二是高校要建设成为学习研究宣传马克思主义重要阵地，要把马克思主义作为必修课，要加强马克思主义理论学科建设、马克思主义学院建设、马克思主义理论队伍建设；要办好高校思想政治理论课，关键是要把教材编好，把教师队伍建设好，把课讲好；要加强党史国史、形势与政策教育，推动中国特色社会主义理论体系进教材进课堂进头脑。三是高校要敢抓敢管、敢于亮剑，牢牢掌握意识形态工作领导权话语权。要牢固树立阵地意识，严格贯彻落实属地管理和谁主管谁负责的原则，管好高校的课堂、论坛、讲座、校园网等宣传思想阵地；要建立健全党委领导意识形态工作责任制。四是对高校培育践行社会主义核心价值观提出要求，要把培育和践行社会主义核心价值观融入国民教育全过程，形成课堂教学、校园文化、社会实践和制度政策多位一体的育人平台，不断夯实青年学生成长成才的思想道德基础。五是对高校师生提出明确思想道德要求，大学生“要勤学，下得苦功夫，求得真学问”。“要修德，加强道德修养，注重道德实践。”“要明辨，善于明辨是非，善于决断选择。”“要笃实，扎扎实实干事，踏踏实实做人。”① 要做“有理想、

① 《习近平谈治国理政》第一卷，外文出版社2018年版，第172—173页。

有追求，有担当、有作为，有品质、有修养”的大学生。高校教师应该在各方面为大学生做表率当楷模，不仅应该做学习和传播知识的表率与楷模，还应该做理想、信念和思想、道德的表率与楷模，做有理想信念、有道德情操、有扎实学识、有仁爱之心的教师。

二、高校思想政治工作会议之后

第二个阶段是 2016 年全国高校思想政治工作会议以后，习近平总书记开始专门针对高校思想政治工作发表重要讲话，对高校思想政治工作进行集中系统具体阐述。从习近平总书记关于高校思想政治工作重要讲话的发展过程来看，以下几次重要讲话展现出不断深化具体化的历程：

一是在全国高校思想政治工作会议上的重要讲话。2016 年 12 月 7 日，习近平总书记在全国高校思想政治工作会议上的重要讲话，全面、系统、完整地勾勒了新时代思想政治教育新模式的雏形。在直接论述高校思想政治工作的“推动高校思想政治工作改革创新”部分，习近平总书记首先从总体上论述高校思想政治工作的总体原则：做好高校思想政治工作，要因事而化、因时而进、因势而新。要遵循思想政治工作规律，遵循教书育人规律，遵循学生成长规律，沿用好办法，改进老办法，探索新办法，不断提高工作能力和水平。为高校思想政治工作改革发展的总体指导思想。然后，习近平总书记明确阐明高校思想政治工作的改革创新问题。第一，关于高校思想政治教育主渠道，要用好课堂教学这个主渠道，思想政治理论课是更具有基础性、系统性的教育渠道，指出“思想政治理论课要坚持在改进中加强、在创新中提高，及时更新教学内容、丰富教学手段，不断改善课堂教学状况，防止形式化、表面化”①。第二，关于高校思想政治教育

① 习近平：《思政课是落实立德树人根本任务的关键课程》，人民出版社2020年版，第5页。

主阵地，高校思想政治工作实际上是一个答疑解惑的过程，宏观上是回答为谁培养人、培养什么样的人、怎样培养人的问题，微观上是“帮助学生认识人生应该在哪用力、对谁用情、如何用心、做什么样的人”①的过程。第三，关于高校思想政治教育主渠道与主阵地关系，提升思想政治教育亲和力和针对性，满足学生成长发展需求和期待，是新形势下提高高校思想政治工作实效性的关键。第四，关于高校思想政治教育的渠道，提出“其他各门课都要守好一段渠、种好责任田，使各类课程与思想政治理论课同向同行，形成协同效应”②，提出构建中国特色哲学社会科学学科体系和教材体系，为高校思想政治工作提供学理支撑；注重以文化人以文育人，发挥文化的隐性教育功能；运用新媒体新技术使工作活起来等，对高校思想政治工作的途径、载体、方法进行全面的勾勒。第五，关于高校思想政治工作模式和运行机制，“要坚持把立德树人作为中心环节，把思想政治工作贯穿教育教学全过程，实现全程育人、全方位育人”③，并且把思想政治工作用“盐”作隐喻，认为“好的思想政治工作应该像盐，但不能光吃盐，最好的方式是将盐溶解到各种食物中自然而然地吸收”④。这就从整体宏观的层面对新时代思想政治教育模式建立起一个雏形。

二是在北京大学师生座谈会上的重要讲话。2018 年 5 月 2 日，习近平总书记在北京大学师生座谈会上发表重要讲话。讲话从坚持办学正确政治方向、建设高素质教师队伍、形成高水平人才培养体系、青年要爱国励志求真力行四个方面来培养德智体美全面发展的社会主义建设者和接班人。在谈到高水平人才培养体系时，明确提出思想政治工作体系建设

① 《沿用好办法　改进老办法　探索新办法——三论学习贯彻习近平总书记高校思想政治工作会议讲话》，《人民日报》2016 年 12 月 11 日。

② 《习近平谈治国理政》第二卷，外文出版社 2017 年版，第 378 页。

③ 《习近平谈治国理政》第二卷，外文出版社 2017 年版，第 376 页。

④ 《沿用好办法　改进老办法　探索新办法——三论学习贯彻习近平总书记高校思想政治工作会议讲话》，《人民日报》2016 年 12 月 11 日。

的任务，他指出："人才培养体系涉及学科体系、教学体系、教材体系、管理体系等，而贯通其中的是思想政治工作体系。加强党的领导和党的建设，加强思想政治工作体系建设，是形成高水平人才培养体系的重要内容。要坚持党对高校的领导，坚持社会主义办学方向，把我们的特色和优势有效转化为培养社会主义建设者和接班人的能力。"① 习近平总书记在讲话中提出思想政治工作体系这一概念，但又认为这一体系和其他体系不一样，它贯穿在其他体系之中，对新时代高校思想政治教育模式的认识进一步深化。

三是在全国教育大会上的重要讲话。2018 年 9 月 10 日，习近平总书记在全国教育大会上发表重要讲话，讲话站在培养德智体美劳全面发展的社会主义建设者和接班人的高度，从重要地位、模式方法、工作重心、队伍建设、领域渠道等方面对思想政治教育进行阐述和部署。习近平总书记明确指出："思想政治工作是学校各项工作的生命线，各级党委、各级教育主管部门、学校党组织都必须紧紧抓在手上"②，提出思想政治工作决不是单纯一条线的工作，而应该是全方位的，无处不在、无时不在的，融入式、嵌入式、渗入式的，不能搞成两张皮。他要求：学校的领导者要善于运用一切场合、一切载体、一切方式来做思想政治工作，并能带动所有教职员工和学生共同来做思想政治工作。同时，要建立专业的思想政治工作队伍，"要精心培养和组织一支会做思想政治工作的政工队伍，把思想政治工作做在日常、做到个人"③。这就在明确思想政治工作存在着不同于其他体系的基础上，又对思想政治工作体系和模式进行了命名，即提出融入式、嵌入式、渗入式的高校思想政治教育新模式。

① 习近平：《在北京大学师生座谈会上的讲话》，人民出版社 2018 年版，第 10 页。

② 《习近平在全国教育大会上强调 坚持中国特色社会主义教育发展道路 培养德智体美劳全面发展的社会主义建设者和接班人》，《人民日报》2018 年 9 月 11 日。

③ 《习近平在全国教育大会上强调 坚持中国特色社会主义教育发展道路 培养德智体美劳全面发展的社会主义建设者和接班人》，《人民日报》2018 年 9 月 11 日。

四是在学校思想政治理论课教师座谈会的重要讲话。2019年3月18日，习近平总书记主持召开学校思想政治理论课教师座谈会，对高校思想政治教育主渠道的重要课程思想政治理论课进行专题聚焦。讲话明确指出思想政治理论课在立德树人中的关键课程地位，思政课教师在课程建设中的关键作用，并从思想政治教育规律性认识角度，提出“八个相统一”的教育规律：即要坚持政治性和学理性相统一，要坚持价值性和知识性相统一，要坚持建设性和批判性相统一，要坚持理论性和实践性相统一，要坚持统一性和多样性相统一，要坚持主导性和主体性相统一，要坚持灌输性和启发性相统一，要坚持显性教育和隐性教育相统一。并对办好思政课提出明确要求。在讲话中，习近平总书记又进一步明确高校思想政治教育模式和运行机制的问题，他指出：“学校思想政治工作不是单纯一条线的工作，而应该是全方位的。要完善课程体系，解决好各类课程和思政课相互配合的问题，鼓励教学名师到思政课堂上讲课，解决好推动其他教职员工和思政课教师相辅相成的问题，推动思想政治工作贯通人才培养体系，发挥融入式、嵌入式、渗入式的立德树人协同效应。”①这就从教育理论和规律性认识上对高校思想政治工作新模式进行阐述，标志着习近平总书记关于高校思想政治教育模式的稳定与深化。

从党的十八大以来习近平总书记关于高校思想政治工作的重要论述的发展过程来看，习近平总书记关于高校思想政治工作的重要论述有一个逐渐深入、聚焦和发展的过程。在2016年以前，关于思想政治工作的论述虽然也涉及高校思想政治工作的重要主题，但主要阐述与思想政治工作相关的主题，讨论思想政治工作外部环境和条件要求等问题。从2016年12月7日全国高校思想政治工作会议以后，习近平总书记关于高校思想政治

① 习近平：《思政课是落实立德树人根本任务的关键课程》，人民出版社2020年版，第27—28页。

工作的论述越来越集中深入，越来越切入高校思想政治工作内部问题，包括高校思想政治工作地位与作用、目标与理念、任务与原则、途径与方法、队伍建设与体制保障等一系列问题，并且还集中就高校思想政治工作的核心环节进行重点领域突破。

第二节　高校思想政治教育的新理念新思想新战略

习近平总书记关于高校思想政治工作的重要论述，在不断深化和具体化的过程中，逐渐形成了关于新时代高校思想政治教育的新理念新思想新战略，这些新理念新思想新战略标志着新时代高校思想政治教育理论的系统化和成熟。

一、高校思想政治教育新理念

新理念是以习近平同志为核心的党中央总结新时代中国特色社会主义治国理政方略和发展规划所使用的一个新概念。习近平总书记在《关于〈中共中央关于制定国民经济和社会发展第十三个五年规划的建议〉的说明》中，对规划所使用的理念作了概念解释。按照这种理解，理念是人们对客观世界本质和规律，以及对未来必然发展规律的看法，并在此基础上形成的根本性的观念。从这个意义上，理念具有符合客观规律性、超前性和价值导向性等特点，对人们的社会实践活动具有明显的指导作用。因此，习近平总书记提出："发展理念是发展行动的先导，是管全局、管根本、管方向、管长远的东西，是发展思路、发展方向、发展着力点的集中体现。"①

① 《十八大以来重要文献选编》（中），中央文献出版社 2016 年版，第 774 页。

习近平总书记关于高校思想政治工作发展思路、发展方向和发展着力点的新理念主要体现在以下几个方面。

（一）因事而化、因时而进、因势而新

“因事而化、因时而进、因势而新”（简称“三因”）涉及高校思想政治工作发展方向。高校思想政治工作发展的基本方向应如何发展，这是高校思想政治工作发展的基本问题。“因事而化”是指高校思想政治工作要立足高等教育根本任务，在实现高等教育根本办学目标、服务高等学校根本任务的过程中展开高校思想政治工作，把思想政治工作融入高等教育的改革和发展的过程；要借助党的中心工作大事、高等学校改革和发展大事和学校中心工作大事开展思想政治工作，在从事中心工作的同时做好思想政治工作，充分发挥高校整体的教育作用。因此，习近平总书记在讲话中强调“要坚持把立德树人作为中心环节，把思想政治工作贯穿教育教学全过程，实现全程育人、全方位育人”①。习近平总书记还把思想政治工作比喻成“盐”，好的思想政治工作应该像“盐”，但不能光吃“盐”，最好的方式是将盐溶解在各种食物中自然而然吸收，做到“因事而化”。“因时而进”是指高校思想政治工作要根据时代发展要求，不断更新和充实思想政治工作内容，改进和提高思想政治工作手段和方法，跟上时代发展步伐，做到与时俱进。“因势而新”是指思想政治工作要根据形势发展要求，不断丰富思想政治工作内容和形式，实现思想政治工作创新发展。习近平总书记多次引用“明者因时而变，知者随世而制”古训，强调宣传思想工作要实现“理念创新、手段创新、基层工作创新”②，这些都体现了“因势而新”的发展理念。

① 《习近平谈治国理政》第二卷，外文出版社 2017 年版，第 376 页。

② 《习近平谈治国理政》第一卷，外文出版社 2018 年版，第 155 页。

“三因”的思想政治工作新理念，既继承了党的思想政治工作服务中心工作、服务大局的优良传统，又与习近平总书记在全国宣传思想工作会议讲话提出的宣传思想工作理念相呼应，实现了高校思想政治工作的理念创新，是高校思想政治工作发展的基本理念。

（二）遵循思想政治工作规律，遵循教书育人规律，遵循学生成长规律

“遵循思想政治工作规律，遵循教书育人规律，遵循学生成长规律”（简称“三遵循”）涉及高校思想政治工作发展思路。遵循规律即高校思想政治工作要体现规律性，按照思想政治工作规律办事。高校思想政治工作作为党的领导在高校的具体体现，要按照思想政治工作的基本目标和要求办事，“宣传思想工作就是要巩固马克思主义在意识形态领域的指导地位，巩固全党全国人民团结奋斗的共同思想基础”①。一方面这是高校思想政治工作作为党的思想政治工作的政治要求，遵循中国共产党作为政党的意识形态建设规律；另一方面，思想政治工作所遵循的马克思主义意识形态规律又具有鲜明的科学性特点。特别是20世纪80年代以来，伴随着思想政治工作科学化进程，思想政治教育活动日益科学化，高校思想政治工作走向了科学化的轨道。思想政治工作规律体现了科学性与意识形态性的统一。遵循教书育人规律，即遵循教学过程的基本规律，教学活动作为一项专业化的教育活动，虽然以传播知识为基本的媒介，但传播知识并不是教学活动的根本目的，教学活动的根本目的是培养人才。因此，我国古代历来有“文以载道”、“以文育人”的传统。在西方，一些思想家也提出“教学的教育性”② 的命题。这些都体现了教学过程的基本规律，即把教书与

① 《习近平谈治国理政》第一卷，外文出版社2018年版，第153页。

② 张焕庭：《西方资产阶级教育论著选》，人民教育出版社1979年版，第304页。

育人结合起来，通过教学活动培养人才。遵循教书育人规律，在当前就是把“立德树人”的要求贯穿于教学活动之中，实现教书与育人的内在结合。遵循学生成长规律即遵循学生思想政治观念形成和发展规律，遵照学生思想发展特点，针对学生思想政治需要，采用学生喜闻乐见的方式开展思想政治工作，充分发挥学生在思想政治工作中的主动作用。

“三遵循”充分阐述了高校思想政治工作发展的基本思路，继承了中国共产党历代领导集体对思想政治工作的基本思想，阐明了高校思想政治工作的过程和基本环节，拓展了思想政治工作适用领域，完善了思想政治工作思路，为在更大范围内展开高校思想政治工作提供了新理念。

（三）沿用好办法，改进老办法，探索新办法

“沿用好办法，改进老办法，探索新办法”（简称“三办法”）涉及高校思想政治工作发展的着力点，也就是通过什么样的方法开展思想政治工作。“沿用好办法”主要阐述党的优良传统和方法的继承问题。如课堂教学是高等教育的最基本环节，在当前社会环境下，学生获取知识的途径固然很多，但课堂学习更具基础性和系统性，是学校教育的基本环节。习近平总书记在讲话中明确指出：“要用好课堂教学这个主渠道”①。“改进老办法”是指在思想政治工作中形成一些有效办法，随着时间的推移，也需要不断加以改进，以适应新的发展形势要求。比如思想政治理论课教学既是一个好办法，又是老办法，因此习近平总书记提出要在改进中加强，在创新中提高。改进的目的不是削弱，而是加强；创新不是否定以前的努力，而是为了提高。习近平总书记还特别指出了思想政治理论课程建设要防止形式化、表面化，要把改进的重点放在提升思想政治理论课教学的有效性。“探索新办法”是指高校思想政治工作应不断根据时代发展实现方

① 《习近平谈治国理政》第二卷，外文出版社 2017 年版，第 378 页。

法创新，不断探索高校思想政治工作的新办法。比如网上思想政治工作就是应对新形势所采取的新办法。思想政治工作从根本上说是做人的工作，人在哪里思想政治工作就应该在哪里。现在年轻人几乎无人不网、无时不网，因此习近平总书记指出："要运用新媒体新技术使工作活起来，推动思想政治工作传统优势同信息技术高度融合，增强时代感和吸引力。"①既要会"面对面"也要会"键对键"。

"三办法"指明了高校思想政治工作的着力点，为高校思想政治工作方法的选择和运用提供了新理念。创新并不是对过去的简单否定，好的办法必须坚持，坚持和沿用也是一种创新，实现革命性变革是一种创新，在原有基础上进行改进也是一种创新。这种对高校思想政治工作传统与现实、改革与革新、继承与创新的关系论述，体现了高校思想政治工作的新理念。

二、高校思想政治教育的新思想

思想是对客观存在的一种总体反映，思想有广义和狭义之分，广义的思想即意识，是客观现实在人们头脑中的反映。而狭义的思想是对客观存在的深刻反映，毛泽东认为思想即理性认识，"感性认识的材料积累多了，就会产生一个飞跃，变成了理性认识，这就是思想"②。思想是对客观存在现象认识发展到一定程度以后的产物，是理性认识的结果。思想不同于观点和论断，具有理论性、系统性和深刻性的特点。党的十八大以来，习近平总书记把高校作为国家治理的重要领域，从党和国家宏观发展的战略全局，充分阐述了高等教育改革和发展对整个国家的战略意义，阐明了

① 《习近平谈治国理政》第二卷，外文出版社 2017 年版，第 378 页。

② 《毛泽东文集》第八卷，人民出版社 1999 年版，第 320 页。

我国高等学校性质和基本特征，并对如何办好高等教育提出要求，指明方向，形成系统完整的思想。习近平总书记在高校思想政治工作会议上，对高校思想政治工作作了全面系统阐述，体现的新思想主要包括以下几个方面。

（一）关于高校思想政治工作的地位和作用

关于高校思想政治工作的地位，习近平总书记把高校思想政治工作提升到治国理政的高度，“高校思想政治工作关系高校培养什么样的人、如何培养人以及为谁培养人这个根本问题”①。特别是“为谁培养人”的问题的提出，更进一步凸显高校思想政治工作的重要地位和作用。在讲话中，习近平总书记用“五个如何”对高校思想政治工作的地位和作用进行新定位：一是如何加强和改善党对高校的领导；二是如何巩固马克思主义在高校意识形态领域的指导地位；三是如何履行好立德树人的职责；四是如何更好地把高校师生凝聚在党的周围；五是如何发挥高校对全社会思想文化建设的促进作用。这五个方面的作用既涉及高校党的领导和高校办学方法，又涉及全党全国人民团结奋斗的思想基础，涉及高校的根本任务，涉及高校师生政治方向，涉及高校与社会的关系。习近平总书记从这五个方面全面、具体地阐述了高校思想政治工作的地位，在这些具体的问题和领域都需要思想政治工作发挥作用，体现了高校思想政治工作在整个国家治理体系、高等教育改革和发展以及对学生健康成长的重要地位和作用。

（二）关于高校思想政治工作的基本原则

习近平总书记指出：“思想政治工作从根本上说是做人的工作，必须

① 《习近平谈治国理政》第二卷，外文出版社 2017 年版，第 376 页。

围绕学生、关照学生、服务学生，不断提高学生思想水平、政治觉悟、道德品质、文化素养，让学生成为德才兼备、全面发展的人才。”[①] 把“围绕学生、关照学生、服务学生”（简称“三服务”）作为高校思想政治工作的基本原则，既是对党的思想政治工作的基本原则的遵循，又是新的历史条件下对高校思想政治工作贯彻“以人为本”的原则的具体和深化，高校思想政治工作虽然发挥着越来越重要的作用和功能，涉及高等学校的各个领域，但必须以“立德树人”作为中心环节，作为根本任务。“围绕学生”明确指出了高校和一般科研院所的根本区别，高校的所有工作都应该围绕“如何培养人、培养什么样的人以及为谁培养人”这个根本问题展开。“关照学生”是一个新的提法，体现了高校思想政治工作的人文关怀。“服务学生”是高校思想政治工作的出发点，服务学生并不局限于对学生提供简单的学习生活服务，对学生成长成才提供成长指导，不断提高学生思想水平、政治觉悟、道德品质、文化素养，在学生成长成才过程中发挥“生命线”保障作用，这才是思想政治工作服务区别于其他服务的特殊性。“三服务”为高校思想政治工作提供了基本原则。

（三）关于高校思想政治工作的基本任务

关于高校思想政治工作基本任务，习近平总书记用“四个坚持不懈”和“四个正确认识”进一步明确高校思想政治工作基本任务和当前工作的着重点。“四个坚持不懈”即：一是要坚持不懈传播马克思主义科学理论，为学生一生成长奠定科学的思想基础；二是要坚持不懈培育和弘扬社会主义核心价值观，引导师生成为社会主义核心价值观的信仰者、传播者、践行者；三是要坚持不懈促进高校和谐稳定，使高校成为安定团结模范之地；四是要坚持不懈培育优良校风和学风，让高校治理有方、管理到位、

① 《习近平谈治国理政》第二卷，外文出版社 2017 年版，第 377 页。

风清气正。“四个正确认识”即：一是要教育引导学生正确认识世界和中国发展大势，坚定共产主义理想信念；二是要正确认识中国特色和国际比较，科学认识中国和世界；三是要正确认识时代责任和历史使命，把个人发展融入国家和民族发展之中；四是要正确认识远大抱负和脚踏实地，把远大抱负落实到实际行动中。“四个坚持不懈”阐述高校思想政治工作的基本任务，是需要长期开展的工作，习近平总书记在讲话中，把践行社会主义核心价值观、促进高校和谐稳定和培育优良校风学风作为高校思想政治工作“四个坚持不懈”基本任务，拓展思想政治工作范围，更新思想政治工作内容，对高校思想政治工作任务作了明确规定。“四个正确认识”进一步指明了当代大学生思想政治工作的重点，为提升思想政治工作针对性指明了着力点。

（四）关于高校思想政治工作的途径

关于高校思想政治工作途径，改革开放以来，特别是2004年中共中央《关于加强和改进大学生思想政治教育的意见》及若干配套文件下发以来，高校思想政治工作形成了明确系统的建设途径，关于这些途径习近平总书记并没有在讲话中一一论述，只重点强调了五个方面重要途径：一是课堂教学主渠道，特别是思想政治理论课建设，提出“要用好课堂教学这个主渠道，思想政治理论课要坚持在改进中加强，提升思想政治教育亲和力和针对性，满足学生成长发展需求和期待”①。二是其他课堂教学渠道，提出“其他各门课都要守好一段渠、种好责任田，使各类课程与思想政治理论课同向同行，形成协同效应”②。三是哲学社会科学学科体系和教材体系建设，“要加快构建中国特色哲学社会科学学科体系和教材体系，推出

① 《习近平谈治国理政》第二卷，外文出版社2017年版，第378页。

② 《习近平谈治国理政》第二卷，外文出版社2017年版，第378页。

更多高水平教材，创新学术话语体系，建立科学权威、公开透明的哲学社会科学成果评价体系，努力构建全方位、全领域、全要素的哲学社会科学体系”[①]。四是文化育人和实践育人渠道，提出“要更加注重以文化人以文育人，广泛开展文明校园创建，开展形式多样、健康向上、格调高雅的校园文化活动，广泛开展各类社会实践”[②]。五是新媒体和渠道，提出“要运用新媒体新技术使工作活起来，推动思想政治工作传统优势同信息技术高度融合，增强时代感和吸引力”[③]。这些途径尽管在以往的文件或多或少涉及，但习近平总书记从更为系统和宏观的高度，对上述途径进行新的阐释和进一步明确，是高校思想政治工作实现途径的新思想。

（五）关于高校思想政治工作方法

习近平总书记在全国高校思想政治工作会议上的讲话，提出了丰富的思想政治工作方法。习近平总书记深谙思想政治工作的辩证法，在讲话中深刻地阐述了思想政治工作过程中“表面上”与“实际上”、“宏观上”与“微观上”、“显性”与“隐性”、“道理”与“故事”、“键对键”与“面对面”、“漫灌”与“滴灌”之间的辩证关系。高校思想政治工作“表面上”是针对大学生的思想政治工作，“实际上”是影响一代人的精神面貌；“宏观上”是回答为谁培养人、培养什么样的人、怎样培养人，“微观上”是为学生解答应该在哪用力、对谁用情、如何用心。要注重显性的教育，也要重视潜移默化的隐性教育，实现入芝兰之室而自芳的效果；要学会讲故事：天边不如身边，道理不如故事。讲理论要接地气，要让马克思讲中国话，让大专家讲家常话，让基本原理变成生动道理，让根本方法变成管用办法；要充分发挥网络的作用，推动思想政治工作传统优势同信息技术高度整合；“要

① 《习近平谈治国理政》第二卷，外文出版社 2017 年版，第 378 页。
② 《习近平谈治国理政》第二卷，外文出版社 2017 年版，第 378 页。
③ 《习近平谈治国理政》第二卷，外文出版社 2017 年版，第 378 页。

力避千书一面、千人一面的大一统、一般齐”，力避脱离实际的“空话”“大话”，注重分析不同学生特点和实际。习近平总书记在讲话中关于思想政治工作方法的论述，丰富了高校思想政治工作方法论体系，实现了高校思想政治工作方法的创新。

（六）关于高校思想政治工作队伍建设

毛泽东指出：“思想政治工作，各个部门都要负责任。共产党应该管，青年团应该管，政府主管部门应该管，学校的校长教师更应该管。”①毛泽东的讲话确立了高校思想政治工作全员育人的大格局基本原则，构成高校思想政治工作的基本共识。在全国高校思想政治工作会议讲话中，习近平总书记充分继承了这一思想，对高校教师提出具体要求：“坚持教书和育人相统一，坚持言传和身教相统一，坚持潜心问道和关注社会相统一，坚持学术自由和学术规范相统一，引导广大教师以德立身、以德立学、以德施教。”②习近平总书记还对高校党政领导、地方党政领导提出思想政治工作明确要求：“各级党委要把高校思想政治工作摆在重要位置，加强领导和指导，形成党委统一领导、各部门各方面齐抓共管的工作格局。各地党委书记和有关部门党组书记要多到高校走走，多同师生接触，多去高校作报告，回答师生关注的理论和现实问题。要加强同高校知识分子的联系，多关心、多交流、多鼓励，善交朋友、广交朋友、深交朋友，多听他们的意见，真听他们的意见。”③习近平总书记还进一步充分肯定高校思想政治工作专门力量的作用，对专门力量建设指明方向和建设路径，并对各级党委和政府提出加强高校思想政治工作专门力量建设的具体要求。要像关心教学科研骨干的成长一样关心思想政治工作队伍成长，“保证这支队伍后

① 《毛泽东文集》第七卷，人民出版社 1999 年版，第 226 页。
② 《习近平谈治国理政》第二卷，外文出版社 2017 年版，第 379 页。
③ 《习近平谈治国理政》第二卷，外文出版社 2017 年版，第 379 页。

继有人、源源不断”[①]。这些讲话为高校思想政治工作专门力量建设指明了方向和提供了发展平台。

第三节　高校思想政治教育的新战略

习近平总书记在全国高校思想政治工作会议上的讲话，把高校思想政治工作纳入党的治国理政重要组成部分，从党和国家宏观发展的战略全局、从高等教育改革与发展、从大学生一生成长和一代人精神面貌、从统筹国际国内发展的大局等战略高度，深刻阐述了高校思想政治工作的战略意义。习近平总书记关于高校思想政治工作新战略体现在以下几个方面。

一、在治国理政中的战略地位

习近平总书记关于高校思想政治工作的讲话并不局限于高校，而是从治国理政的战略高度，从中华民族伟大复兴的战略高度，充分阐述高校思想政治工作对党的治国理政、对实现中华民族伟大复兴的战略意义。习近平总书记在讲话中开宗明义地指出：“高等教育发展水平是一个国家发展水平和发展潜力的重要标志。实现中华民族伟大复兴，教育的地位和作用不可忽视。我们对高等教育的需要比以往任何时候都更加迫切，对科学知识和卓越人才的渴求比以往任何时候都更加强烈。党中央作出加快建设世界一流大学和一流学科的战略决策，就是要提高我国高等教育发展水平，增强国家核心竞争力。”[②] 把高等教育发展放在国家治国理政的战略高度，放

① 《习近平谈治国理政》第二卷，外文出版社 2017 年版，第 380 页。
② 《习近平谈治国理政》第二卷，外文出版社 2017 年版，第 376 页。

在中华民族伟大复兴的历史进程中，凸显高校思想政治工作的特殊战略意义。

二、在高等教育中的战略地位

习近平总书记关于高校思想政治工作的讲话并不局限于高校思想政治工作，而是借高校思想政治工作会议机会，论述整个高等教育的改革和发展问题，阐述中国特色高等教育的发展问题，阐述扎根中国大地办大学的问题。在论述高等教育改革和发展时，习近平总书记强调："我国有独特的历史、独特的文化、独特的国情，决定了我国必须走自己的高等教育发展道路，扎实办好中国特色社会主义高校。我国高等教育发展方向要同我国发展的现实目标和未来方向紧密联系在一起，为人民服务，为中国共产党治国理政服务，为巩固和发展中国特色社会主义制度服务，为改革开放和社会主义现代化建设服务。"①习近平总书记虽然是专门针对高校思想政治工作发表重要讲话，但阐述重点是办什么样高校、如何办高校，培养什么人、如何培养人以及为谁培养人等重大问题，涉及我国高等教育的性质、培养目标、根本任务以及发展方向，在这些重大的问题上，高校思想政治工作具有重要的战略意义。

三、在青年精神面貌营造中的战略地位

习近平总书记关于高校思想政治工作的讲话并不局限于大学阶段思想政治工作，而是着眼于青年一代的发展，着眼于整个一代青年精神面貌的问题。关于高校思想政治工作对大学生成长的重要性这个问题，2014 年

① 《习近平谈治国理政》第二卷，外文出版社 2017 年版，第 376—377 页。

习近平总书记在北京大学师生座谈会上的讲话中作过阐述，他认为“是因为青年的价值取向决定了未来整个社会的价值取向，而青年又处在价值观形成和确立的时期，抓好这一时期的价值观养成十分重要。这就像穿衣服扣扣子一样，如果第一粒扣子扣错了，剩余的扣子都会扣错”①。在全国高校思想政治工作会议讲话中，习近平总书记把大学生阶段比喻成“小麦的灌浆期”，是知识体系搭建、价值观塑造、情感心理形成的关键时期，这个时候阳光水分跟不上，就会耽误一季的庄稼，进一步论述了高校思想政治工作对大学生一生发展的重要性。不仅如此，他还在此基础上进一步阐述思想政治工作对大学生个体一生成长重要性，对一代青年精神面貌营造的重要性，他指出，高校思想政治工作过程，面上做的是学生思想政治工作，实际上将影响一代青年的思想观念、价值取向、精神风貌。习近平总书记讲话立足当前大学生成长，放眼未来大学生一生成长；针对高校思想政治工作对象，胸怀一代青年精神面貌和整个国家精神面貌，进一步拓展了高校思想政治工作的时空观，拓展了高校思想政治工作场域范围。

四、在国内国际两个大局中的战略地位

习近平总书记关于高校思想政治工作的讲话并不局限于国内思想政治工作，而是站在国内国际大局的战略高度，统筹国内国际两个大局，对高校思想政治工作提出了新的定位。习近平总书记指出，在全方位对外开放的条件下，我们每时每刻都面对着中国和世界互动，也面对着中国和世界的比较。很多学生遇到国内问题，就会习惯性地问国外是怎么样，喜欢拿西方来比。如果没有正确立场和方法，往往会得出模糊甚至错误的结论。因此，要教导学生正确认识中国和世界，正确进行中国特色和国际比较，

① 《习近平谈治国理政》第一卷，外文出版社 2018 年版，第 172 页。

从中国和世界发展的大势、人类社会发展总趋势来看待我们正进行的中国特色社会主义伟大事业，得出正确结论。习近平总书记讲话把高校思想政治工作置于人类社会总体历史发展、国际国内相互作用影响、时代发展与个人发展、个人理想与现实关系等宏观大背景下，极大地拓展了高校思想政治工作的战略空间，提升了高校思想政治工作的战略意义。

第四节　高校思想政治教育的改革创新

习近平总书记关于高校思想政治工作新理论新思想新战略的论述，是当代中国马克思主义的创新成果，它对高校思想政治工作地位进行了新的界定，重新设置了思想政治工作目标、内容、领域、途径、方法和环境，营造了高校思想政治工作的宏观生态，为高校思想政治教育理论创新指明了方向和路径。高校思想政治工作应以习近平总书记关于高校思想政治工作讲话精神为指导，更好地发挥思想政治工作在扎根中国大地办社会主义大学中的作用，实现高校思想政治工作创新发展。

一、拓宽高校思想政治工作大视野

长期以来，在高校思想政治工作领域，人们一般习惯于把高校思想政治工作作为高等教育的重要组成部分，从高等教育内部角度看待高校思想政治工作，从思想政治工作专业化角度来思考高校思想政治工作改革和发展，存在着局限性。习近平总书记在高校思想政治工作会议上的讲话从党的治国理政战略高度，从高等教育全局发展的战略高度，从统筹国内国际两个大局的战略高度，从大学生人生成长和一代青年乃至整个社会精神面貌发展的战略高度来定位高校思想政治工作，把高校思想政治工作提升到党和国家发展战略全局的高度，从政治层面来思考高校思想政治工作，从这个意义上来看，高校思想政治工作并不是一个工作层面的问题、业务领域的问题、专业层面上的问题，而是涉及党和国家长治久安的政治问题，应从政治家、教育家的双重角度来定位高校思想政治工作，确定高校思想政治工作的发展方位，拓宽高校思想政治工作的视野，建设高校思想政治工作大格局。

二、着眼高校思想政治工作的整体构建

改革开放以来，伴随着高校思想政治工作的科学化、专业化进程，高校思想政治工作逐渐走向科学化、专业化，形成了一支专业化的思想政治工作队伍，形成了相对独立的思想政治教育专门领域，但在这个过程中，也出现了一种偏向，也就是把高校思想政治工作“部门化”，即把高校思想政治工作降格为高校思想政治工作专门力量所从事的工作，高校思想政治工作职能部门所从事的工作，这样造成高校思想政治工作内部循环，使高校思想政治工作越来越脱离学校中心工作，越来越与整个高等教育改革和发展相游离。习近平总书记在全国高校思想政治工作会议的讲话和会前出台的《关于进一步加强和改进新形势下高校思想政治工作的意见》（简称31号文件），与2004年中共中央下发的《关于进一步改进和加强大学生思想政治教育的意见》（简称16号文件）相比，最根本的区别在于31号文件把高校作为一个整体如何进行思想政治工作作为建设单元，充分阐述了高校思想政治工作的战略地位和作用，进一步明确了高校思想政治工作全员育人的整体建构的路径和方法。高校思想政治工作要破除“部门化”“单位化”的魔咒，从“办什么样高等教育、如何办高等教育”“培养什么人、如何培养人以及为谁培养人”的战略高度，从整个高等学校提供给学生的教育性经验的角度，对高校思想政治工作进行整体构建。

三、把握高校思想政治工作内在规律

“遵循思想政治工作规律、遵循教书育人规律、遵循学生成长规律”，这是习近平总书记在全国高校思想政治工作会议讲话中提出的思想政治工作新的理念，反映了高校思想政治工作的内在规律。从新中国成立六十多年高校思想政治工作的历史经验来看，在新中国成立以后的一段时期内，高校思想政治工作片面重视意识形态建设规律，凸显思想政治工作的意识形态属性。改革开放以后的一段时期内，伴随着思想政治工作的科学化进程，又较为重视高校思想政治工作科学化和专业化，一定程度上出现邓小平所指出的“坚持四项基本原则还不够一贯”①、淡化思想政治工作意识形态属性的偏向。高校思想政治工作作为党的意识形态工作的重要组成部分，应遵循意识形态建设规律，把坚定正确的政治方向放在首位，但同时，思想政治工作又是一项需要经过专门的训练才能从事的专业化的工作，思想政治工作有其自身内在规律。思想政治工作应充分遵循思想政治工作内在规律，遵循思想政治工作规律、教书育人规律和学生成长规律，通过科学方法来体现意识形态要求。这既体现了马克思主义意识形态的科学属性，也反映了马克思主义意识形态建设的必然要求。遵循思想政治工作规律要求高校思想政治工作要适应高等教育改革和发展要求，把思想政治工作融入高等教育改革和发展，更主要通过教育教学手段和方式，实现以文化人、以文育人，更好地实现高校思想政治工作的目的和要求。

四、拓展高校思想政治工作途径和方法

“沿用好办法，改进老办法，探索新办法”，这是习近平总书记在全国

① 《邓小平文选》第三卷，人民出版社 1993 年版，第 305 页。

高校思想政治工作会议讲话中提出的新理念，既充分肯定了党的思想政治工作的传统和优势，同时也指明了高校思想政治工作改革的基本方向。高校思想政治工作首先要沿用好办法，用好用足好办法，不能把好的办法也改掉；其次是要改进老办法，思想政治工作有些在过去形成的、适应当时情况的办法，需要根据新的历史条件和发展环境变化，不断改进加强，使老办法焕发出新的生机；最后还要探索新的办法，要适应新的发展要求，创新思想政治工作手段和机制，探索高校思想政治工作的新办法。“三个办法”为高校思想政治工作方法改革和发展确立了方法论原则，为高校思想政治工作改革和发展提供了方法论指导。

五、整体推进高校思想政治工作专门力量建设

高校思想政治工作专门力量是思想政治工作的直接承担者，也是调动高校其他力量开展思想政治工作，整合各种教育力量、教育因素、教育影响、教育环境中的思想政治工作因素，形成有利于学生思想政治发展的总体教育因素的主导力量。思想政治工作专门力量建设对高校思想政治工作目标实现意义重大。在以往高校思想政治工作专门力量建设中，较重视直接从事思想政治工作队伍建设，而对间接起到思想政治工作作用的教育力量关注不够，比如高校内部哲学社会科学教师和其他各科教师、各研究机构科研人员、行政管理人员、后勤服务人员以及学生组织和广大学生等，高校外部家长、社会组织机构、新闻媒体和网络等，都可以成为高校思想政治工作的重要力量，因此，习近平总书记在讲话中明确了高校思想政治工作专门力量的主要构成，并要求“整体推进高校党政干部和共青团干部、思想政治理论课教师和哲学社会科学课教师、辅导员班主任和心理咨询教师等队伍建设”①。其

① 《习近平谈治国理政》第二卷，外文出版社 2017 年版，第 380 页。

中，把心理咨询教师作为高校思想政治工作队伍内在组成部分是第一次提出，并且提出拓展选拔视野，抓好教育培训，强化实践锻炼，健全激励机制，整体推进各支队伍建设的思路。习近平总书记的重要论述拓宽了高校思想政治工作队伍建设思路，壮大了思想政治工作专门力量，为高校思想政治工作队伍建设指明了方向。

第五章

新时代高校思想政治教育深刻变化

2016 年 12 月 7—8 日中共中央召开的全国高校思想政治工作会议，是新的历史条件下党中央召开的关于高校思想政治工作重要会议，这次会议虽然围绕高校思想政治工作而召开，但其论及主题并不仅仅局限于高校思想政治工作，而是从“事关推进中国特色社会主义伟大事业、事关推进党的建设新的伟大工程、事关更好进行具有许多新的历史特点的伟大斗争”的战略高度，对高等教育改革发展、党的建设和思想政治工作等若干重大问题进行新的目标定位和战略部署。本章对比 2005 年 1 月 17—18 日中共中央召开的全国加强和改进大学生思想政治教育工作会议及下发的相关文件的变化，并总结全国高校思想政治工作会议召开以来，高校思想政治工作取得的历史性成就和发生的历史性变革。

第一节　高校思想政治工作的新要求

对比两次以中共中央名义召开的大学生思想政治教育工作、高校思想政治工作会议，这两次会议都是在中共中央、国务院下发相关文件以后召开的重要会议，前次会议中共中央、国务院下发《关于进一步加强和改进大学生思想政治教育的意见》（简称 16 号文件），后次会议期间中共中央、国务院下发《关于进一步加强和改进新形势下高校思想政治工作的意见》

(简称 31 号文件)。对比两个文件和两次会议,两次会议精神在总体思想和基本思路上是高度一致的,体现了既一脉相承又与时俱进的辩证关系,但两次会议也有一些新的变化。

一、时代方位:从全面建设小康社会到实现中华民族伟大复兴

两次会议聚焦大学生思想政治教育和高校思想政治工作问题,但两次会议是在不同的历史发展时段和不同发展要求下召开的,因此,会议所表现的时代方位不同。前次会议是在全面贯彻党的十六大会议精神、继往开来、与时俱进、全面建设小康社会、加快推进社会主义现代化、开创中国特色社会主义事业新局面的背景下召开。会议主要针对大学生思想政治工作面临的新情况新问题与新形势新任务不相适应的问题,以及工作中的薄弱环节。采取的策略具有全面布局的性质和特点。后次会议是在党的十八大以后,我国全面实现小康社会的战略目标,中华民族正以昂扬的姿态向着中华民族伟大复兴目标阔步向前迈进的重要历史时期召开,是在大学生思想政治教育已经取得明显成效、高校思想政治工作持续加强和改进并呈现良好发展态势的形势下,党中央在新的历史起点上主动谋划,积极开展思想政治工作的重要举措。对比 16 号文件和 31 号文件的文字表述,16 号文件侧重阐述大学生思想政治教育的各个方面的重要意义,提出建设性意见;31 号文件重点针对高校思想政治工作中存在的薄弱环节和问题,有针对性地提出意见和措施,是在前一个文件的基础上重点推进。从两次会议体现的总体心态来看,后次会议对中国特色社会主义发展、对高校思想政治工作发展显得更有信心,各方面的举措更坚决有力。

二、聚焦主体：从大学生为主体到以高校为主体

从两次会议聚焦的主体来看，前次会议的主题是大学生思想政治工作，聚焦主体是大学生，是针对大学生的重要地位、大学生面临的新要求和挑战、大学生中存在的问题以及大学生思想政治教育薄弱环节提出的加强和改进大学生思想政治教育工作的重大举措，虽然也涉及高等教育全局性的工作，但建设的主体是大学生，政策的着力点也围绕大学生而展开。后次会议的主题是高校思想政治工作，聚焦的主体是高校，也就是高校如何加强和改进思想政治工作，针对高校思想政治工作的特殊重要性，高校思想政治工作在当前国际国内形势发生深刻变化的情况下的现实紧迫性，以及高校思想政治工作中存在的问题而展开，是对高校思想政治工作进行改进和加强。习近平总书记重要讲话重点阐述的是办什么样的高校、如何办高校以及培养什么样的人、如何培养人、为谁培养人的问题。讨论的是扎根中国大地、办好中国特色社会主义高校的问题。因此，习近平总书记强调高校要“为人民服务，为中国共产党治国理政服务，为巩固和发展中国特色社会主义制度服务，为改革开放和社会主义现代化建设服务”①。提出以立德树人为核心点来带动其他工作。从31号文件和习近平总书记重要讲话来看，虽然两次会议同是为实现培养社会主义合格建设者和可靠接班人战略任务而召开，但前者聚焦主体是大学生，后者聚焦主体是高校。

三、治理问题：从大学生思想政治教育到高校思想政治工作

两次会议治理的问题从总体上都是加强大学生思想政治教育工作和高

① 《习近平谈治国理政》第二卷，外文出版社2017年版，第377页。

校思想政治工作，但两者治理的问题具有不同。前者针对一些大学生不同程度地存在政治信仰迷茫、理想信念模糊、价值取向扭曲、诚信意识淡薄、社会责任感缺乏、艰苦奋斗精神淡化、团结协作观念较差、心理素质欠佳等问题，以及“一些地方、部门和学校的领导对大学生思想政治教育工作重视不够，办法不多。全社会关心支持大学生思想政治教育的合力尚未形成。学校思想政治理论课实效性不强，哲学社会科学一些学科教材建设滞后，思想政治教育与大学生思想实际结合不紧，少数学校没有把大学生的思想政治教育摆在首位、贯穿于教育教学的全过程。学生管理工作与形势发展要求不相适应，思想政治教育工作队伍建设亟待加强，少数教师不能做到教书育人、为人师表”① 等问题。后者针对“有的地方和高校思想政治工作重视不够，存在重智育轻德育、重学术轻思想政治工作、重科研轻课堂教学等现象，领导体制和工作机制有待完善；对高校思想政治工作规律的认识和把握不够，针对性、实效性需要进一步增强；哲学社会科学育人功能有待提升，学术评价导向存在一定偏差；个别教师不能很好做到教书育人、为人师表，师德师风建设和思想政治工作队伍建设亟待加强；有的高校阵地建设管理不到位，错误思想观点仍有传播空间；有的高校基层党组织软弱涣散，存在工作弱化、效应递减现象；等等”②。前者治理大学生思想政治教育相关问题，后者治理高等教育整体和各个环节问题。

四、解决方法：从思想政治工作内部环节建设到外部环境营造

由于时代方位、聚焦主体和治理问题不同，两次会议出台的文件在指

① 《加强和改进大学生思想政治教育重要文献选编（1978—2008）》，中国人民大学出版社 2008 年版，第 377 页。

② 《十八大以来重要文献选编》（下），中央文献出版社 2018 年版，第 479 页。

导思想、基本原则和具体举措上存在着明显不同。16 号文件的指导思想、基本原则和具体举措主要侧重于大学生思想政治教育本身，着重处理大学生思想政治教育过程内部关系，比如教育者与教育对象之间的关系，教育主体与教育内容、教育途径、教育手段、教育方法、教育管理等的关系，涉及教育教学过程本身；采取的策略涉及大学生思想政治教育工作的各个环节，相对比较具体和微观。31 号文件在指导思想上侧重从办什么样的高校、如何办高校的问题，基本原则主要强调坚持党的领导和社会主义办学方向以及扎根中国大地办社会主义大学的根本问题，它处理的高等学校与党的领导、社会主义制度、高等学校性质等外部环境的问题。在具体举措上，重点讨论高校办学方向、高校哲学社会科学建设、高校教师队伍建设、高校思想政治工作体制和机制以及加强党对高等学校领导方面具体措施，建设举措涉及高等教育中观层面和宏观层面的问题。从建设措施的覆盖面和措施的有力程度来看，31 号文件所覆盖的范围更加广泛，其举措的约束力更强。

第二节　高校思想政治工作的新观点

全国高校思想政治工作会议以及 31 号文件，特别是习近平总书记的重要讲话，不仅根据新的历史条件提出新的要求，而且提出了一些新的思想和观点，这些新的思想和观点主要体现在以下几个方面。

一、高校思想政治工作是高等教育的核心工作

全国高校思想政治工作会议和下发的 31 号文件，特别是在习近平总书记重要讲话中，对新时期高校思想政治工作地位作了新的概括。主要包

括：一是坚持正确政治方向是高等教育的基本原则。31 号文件中加强和改进高校思想政治工作的指导思想明确提出，要全面贯彻党的教育方针，坚持社会主义办学方向，扎根中国大地办大学。习近平总书记指出："我国高等教育肩负着培养德智体美全面发展的社会主义事业建设者和接班人的重大任务，必须坚持正确政治方向。"① 明确指明我国高校的性质和方向。二是立德树人是高等学校核心任务。我国高校虽然肩负着人才培养、科学研究、社会服务、文化传承创新、国际交流合作等重要任务，但立德树人是核心任务，要以立德树人为根本。习近平总书记指出："高校立身之本在于立德树人。只有培养出一流人才的高校，才能够成为世界一流大学。办好我国高校，办出世界一流大学，必须牢牢抓住全面提高人才培养能力这个核心点，并以此来带动高校其他工作。"② 三是高校思想政治工作关系到为谁培养人的重大问题。本次会议，习近平总书记在讲话中首次提出"为谁培养人"的问题。"为谁培养人"是一个十分尖锐的问题，它关涉中国特色社会主义大学性质和办学方向，它的提出把高校思想政治工作地位从服务整个高等教育改革和发展的地位，提升到高等教育的根本性问题的重要地位，高校思想政治工作并不是游离于高等教育的额外工作，也不仅仅是服务于"中心工作"起保障作用的基础性工作，更不是"说起来重要，做起来次要，忙起来不要"的可有可无的工作，而是关涉高等教育性质、人才培养方向和高等教育中心任务的重要工作。

二、党对高校领导是高校思想政治工作重要体现

我国高校是社会主义高校，是党领导的高校，高校思想政治工作是

---

① 《习近平谈治国理政》第二卷，外文出版社 2017 年版，第 377 页。

② 《习近平谈治国理政》第二卷，外文出版社 2017 年版，第 377 页。

党对高校领导的重要体现。全国高校思想政治工作会议中，31号文件和习近平总书记重要讲话强化了高校思想政治工作必须坚持党的领导，社会主义办学方向和必须坚持立德树人根本任务。31号文件提出加强和改进高校思想政治工作的基本原则第一条是坚持党对高校领导。“坚持党的政治路线、思想路线、组织路线、群众路线，落实全面从严治党要求，把党的建设贯穿始终，着力解决突出问题，把加强和规范党内政治生活、加强党内监督各项任务落到实处，维护党中央权威、保证党的团结统一，牢牢掌握党对高校的领导权。”① 习近平总书记指出：“我们的高校是党领导下的高校，是中国特色社会主义高校。办好我们的高校，必须坚持以马克思主义为指导，全面贯彻党的教育方针”②，“办好我国高等教育，必须坚持党的领导，牢牢掌握党对高校工作的领导权，使高校成为坚持党的领导的坚强阵地”③。31号文件和习近平总书记重要讲话中的新观点主要体现在：一是对高校领导体制进行明确说明，提升高校党委在办学治校中的重要作用。“高校党委对学校工作实行全面领导，承担管党治党、办学治校主体责任，把方向、管大局、作决策、保落实。”④ 二是对院（系）党的组织进行明确规定。“要加强高校党的基层组织建设，创新体制机制，改进工作方式，提高党的基层组织做思想政治工作能力。”三是对每一个党员干部的职责进行进一步明细：“要做好在高校教师和学生中发展党员工作，加强党员队伍教育管理，使每个师生党员都做到在党爱党、在党言党、在党为党。”⑤ 四是对地方党委的作用提出明确要求：“各地党委书记和有关部门党组书记要多到高校走走，多同师生接触，多去高校作报告，回答师生

---

① 《十八大以来重要文献选编》（下），中央文献出版社2018年版，第480页。
② 《习近平谈治国理政》第二卷，外文出版社2017年版，第377页。
③ 《习近平谈治国理政》第二卷，外文出版社2017年版，第379页。
④ 《习近平谈治国理政》第二卷，外文出版社2017年版，第379页。
⑤ 《习近平谈治国理政》第二卷，外文出版社2017年版，第379页。

关注的理论和现实问题。要加强同高校知识分子的联系，多关心、多交流、多鼓励，善交朋友、广交朋友、深交朋友，多听他们的意见，真听他们的意见。”[①]有一些规定具有政策上的创新性，比如要求“纪委书记、组织部长、宣传部长、统战部长担任党委常委或不设常委会的委员。”“推行党政班子成员交叉任职，党员院长（系主任）一般应同时任党委（党总支）副书记或委员，党员副院长（系副主任）一般应进入党委（党总支）。”“各省（自治区、直辖市）党委常委会每年至少研究一次高校思想政治工作，党委书记是高校思想政治工作的第一责任人”等，都具有政策上的创新性。

三、高校思想政治工作要强化思想理论教育和价值引领

马克思主义是我们党的意识形态的根本，立党立国的思想基础，学习研究宣传马克思主义是思想政治工作的根本任务。因此，习近平总书记在全国宣传思想工作会议讲话中明确指出：“宣传思想工作就是要巩固马克思主义在意识形态领域的指导地位，巩固全党全国人民团结奋斗的共同思想基础。”[②]全国高校思想政治工作会议上，习近平总书记进一步强调指出：“我们的高校是党领导下的高校，是中国特色社会主义高校。办好我们的高校，必须坚持以马克思主义为指导，全面贯彻党的教育方针。”[③]习近平总书记重要讲话和31号文件对思想理论教育和价值引领给予高度重视，提出的新观点主要体现在以下几个方面：一是提出高校思想政治工作新的基本任务。高校思想政治工作的新任务：“要坚持不懈传播马克思主义科学理论，抓好马克思主义理论教育，为学生一生成长奠定科学

① 《习近平谈治国理政》第二卷，外文出版社2017年版，第379页。
② 《习近平谈治国理政》第一卷，外文出版社2018年版，第153页。
③ 《习近平谈治国理政》第二卷，外文出版社2017年版，第377页。

的思想基础。要坚持不懈培育和弘扬社会主义核心价值观，引导广大师生做社会主义核心价值观的坚定信仰者、积极传播者、模范践行者。要坚持不懈促进高校和谐稳定，培育理性平和的健康心态，加强人文关怀和心理疏导，把高校建设成为安定团结的模范之地。要坚持不懈培育优良校风和学风，使高校发展做到治理有方、管理到位、风清气正。”① 二是提出高校思想政治工作新的重点。当前高校思想政治工作的重点：“要教育引导学生正确认识世界和中国发展大势，从我们党探索中国特色社会主义历史发展和伟大实践中，认识和把握人类社会发展的历史必然性，认识和把握中国特色社会主义的历史必然性，不断树立为共产主义远大理想和中国特色社会主义共同理想而奋斗的信念和信心；正确认识中国特色和国际比较，全面客观认识当代中国、看待外部世界；正确认识时代责任和历史使命，用中国梦激扬青春梦，为学生点亮理想的灯、照亮前行的路，激励学生自觉把个人的理想追求融入国家和民族的事业中，勇做走在时代前列的奋进者、开拓者；正确认识远大抱负和脚踏实地，珍惜韶华、脚踏实地，把远大抱负落实到实际行动中，让勤奋学习成为青春飞扬的动力，让增长本领成为青春搏击的能量。”② 三是明确思想理论教育和价值引领内容。31 号文件把“强化思想理论教育和价值引领”作为首要任务，提出加强理想信念教育、培育和弘扬社会主义核心价值观、弘扬中华优秀传统文化和革命文化、社会主义先进文化等任务，要“进一步办好高校思想政治理论课”、“加强高校马克思主义学院建设”的重要举措，强化了马克思主义理论学科领航作用、思想政治理论课引领作用和马克思主义学院示范作用。

① 《习近平谈治国理政》第二卷，外文出版社 2017 年版，第 377 页。
② 《习近平谈治国理政》第二卷，外文出版社 2017 年版，第 377—378 页。

四、各类课程要与思想政治理论课同向同行

把思想政治工作贯穿于学校教育全过程，全程、全方位施教，是党对高校思想政治工作的基本要求，全国高校思想政治工作会议和习近平总书记重要讲话更进一步重申了这方面的思想。习近平总书记重要讲话中提出的新思想主要体现在以下几个方面：一是把课堂教学作为思想政治工作的主渠道，这就进一步拓展了思想政治工作主渠道概念，在以往的文件中，我们主要强调思想政治理论课在思想政治工作内部的主渠道地位和作用，并没有把整个高等学校课堂教育作为思想政治工作主渠道，习近平总书记重要讲话把课堂教学作为主渠道，从更开阔的视野拓展了思想政治教育的渠道。不仅如此，习近平总书记也论述了课堂教学主渠道中思想政治理论课程的作用，“要用好课堂教学这个主渠道”①。二是思想政治理论课要坚持在改进中加强。习近平总书记在论述课堂教学主渠道作用以后，专门论述了思想政治理论课的问题，思想政治理论课的主要问题在于亲和力不够和针对性不强，要在改进中加强，“提升思想政治教育亲和力和针对性，满足学生成长发展需求和期待”②。三是各类课程要与思想政治理论课同向而行。其他各门课除了发挥好课程育人作用、“守好一段渠、种好责任田”以外，还要“与思想政治理论课同向同行”，并且要“形成协同效应”。③ 四是进一步提出文化育人和实践育人的问题。习近平总书记除了充分阐述哲学社会科学加快构建中国特色哲学社会科学学科体系和教材体系，发挥哲学社会科学育人作用以外，还专门阐述文化育人的作用：“要更加注重以文化人以文育人，广泛开展文明校园创建，开展形式多样、健康向上、格调高雅的校园文化活

① 《习近平谈治国理政》第二卷，外文出版社 2017 年版，第 378 页。
② 《习近平谈治国理政》第二卷，外文出版社 2017 年版，第 378 页。
③ 《习近平谈治国理政》第二卷，外文出版社 2017 年版，第 378 页。

动，广泛开展各类社会实践。”[①] 五是要推动思想政治工作传统优势同信息技术高度整合。习近平总书记高度重视网络新媒体作用，把我们能否占领网络和新媒体阵地作为我们能否打赢意识形态攻坚战的重要指标，在全国高校思想政治工作会议讲话中，习近平总书记进一步对新媒体在思想政治工作中的作用作了新的阐述：“要运用新媒体新技术使工作活起来，推动思想政治工作传统优势同信息技术高度融合，增强时代感和吸引力。”[②] 提出实现思想政治工作传统优势同信息技术的高度融合，使思想政治工作活起来的思想。

五、高校思想政治工作是全体人员所开展的工作

思想政治工作并不是思想政治工作专门力量所开展的工作，而是高校全体人员都要开展的工作，要实现思想政治工作的全员化与专门化的结合。习近平总书记重要讲话中提出的新思想主要体现在：一是对所有高校教师提出明确思想政治工作职责。“教师是人类灵魂的工程师，承担着神圣使命。传道者自己首先要明道、信道。”[③] 正因为如此，所有教师都应该“坚持教书和育人相统一，坚持言传和身教相统一，坚持潜心问道和关注社会相统一，坚持学术自由和学术规范相统一，引导广大教师以德立身、以德立学、以德施教”[④]。“四个统一”的要求进一步深化了习近平总书记在北京师范大学师生座谈会上讲话中对教师的要求。二是要从选拔、教育、锻炼、激励等方面整体推进思想政治工作专门力量建设。习近平总书记重要讲话既肯定思想政治工作队伍的重要作用，又对专门队伍建设提出

① 《习近平谈治国理政》第二卷，外文出版社 2017 年版，第 378 页。
② 《习近平谈治国理政》第二卷，外文出版社 2017 年版，第 378 页。
③ 《习近平谈治国理政》第二卷，外文出版社 2017 年版，第 379 页。
④ 《习近平谈治国理政》第二卷，外文出版社 2017 年版，第 379 页。

新的要求，他指出“长期以来，高校思想政治工作队伍兢兢业业、甘于奉献、奋发有为，为高等教育事业发展作出了重要贡献”，提出“要拓展选拔视野，抓好教育培训，强化实践锻炼，健全激励机制，整体推进高校党政干部和共青团干部、思想政治理论课教师和哲学社会科学课教师、辅导员班主任和心理咨询教师等队伍建设”。[①] 表明我们以往思想政治工作专门队伍建设选拔的视野相对比较局限、教育培训不够、缺乏实践锻炼、激励机制不健全，并且没有整体推进各类思想政治工作专门力量建设。习近平总书记重要讲话，不仅指明专门力量建设的方向和路径，而且从更开阔的角度提出了队伍建设的路径。三是心理咨询教师是思想政治工作的专门力量。在讲话中，习近平总书记第一次把心理咨询教师作为高校思想政治工作教师队伍的一支独立力量提出来，充分肯定心理咨询教师在高校思想政治工作队伍中的相对独立地位，丰富和拓展了思想政治工作专门力量。

第三节　高校思想政治工作的新趋向

从大学生思想政治教育工作会议到全国高校思想政治工作会议，从16号文件到31号文件，特别是习近平总书记的重要讲话，充分反映了改革开放以来高校思想政治工作取得的重要成果，昭示着高校思想政治工作发展的基本趋势和发展方向。

一、从首位拓展到中心地位

改革开放以后，伴随着党的中心工作转移，党的思想政治工作一度受

① 《习近平谈治国理政》第二卷，外文出版社2017年版，第379—380页。

到削弱，邓小平曾反思："十年最大的失误是教育，这里我主要是讲思想政治教育，不单纯是对学校、青年学生，是泛指对人民的教育。"[①]江泽民在中央思想政治工作会议上也指出："在思想政治工作方面，我们也有过教训，一段时间内曾经发生过邓小平同志批评的抓经济建设一手比较硬、抓思想政治建设一手比较软的现象。"[②]在高校，伴随着高等教育改革进程，也出现了"重智育轻德育、重学术轻思想政治工作、重科研轻课堂教学等现象"，中共中央16号文件对高校思想政治工作的地位的论述，主要强调思想政治工作的首要位置，强调"学校教育要坚持育人为本、德育为先，把人才培养作为根本任务，把思想政治教育摆在首要位置"[③]。本次会议及31号文件，明确把高校思想政治工作放在办什么样的高校、如何办高校以及培养什么样的人、如何培养人、为谁培养人的战略高度，把高校思想政治工作作为高等教育的核心环节，进一步具体和明确高校思想政治工作在整个高等教育中的地位和作用，高校思想政治工作成为扎根中国办社会主义大学的核心环节，是高等教育的内在有机组成部分，起着核心和中心环节的作用，是党的领导和社会主义大学在高等学校的集中体现。这就使高校思想政治工作的地位发生了深刻变化，高校思想政治工作从在德育、智育、体育、美育的对比中争取一席之地的位置，提升到是所有教育活动的中心环节和必须贯穿的内容，要把思想政治工作贯穿教育教学全过程，实现全程育人、全方位育人，高校思想政治工作从首位走到了高等教育的中心和核心地位。

① 《邓小平文选》第三卷，人民出版社1993年版，第306页。

② 《江泽民文选》第三卷，人民出版社2006年版，第75—76页。

③ 《加强和改进大学生思想政治教育重要文献选编（1978—2008）》，中国人民大学出版社2008年版，第377页。

二、从局部拓展到整体

改革开放以来，伴随着思想政治工作的专门化、职业化的进程，高校思想政治工作形成了相对独立的专门领域，有了一支专门思想政治工作力量，高校思想政治工作日益成为专门的职业，这是高校思想政治工作的发展和进步。但在这个过程中，也出现了另外一种偏差，即高校思想政治工作越来越成为思想政治工作专门人员的工作，高校辅导员工作，思想政治理论课教师的工作，高校思想政治工作也日益局限于从思想政治工作的专门领域来加强和改进思想政治工作。“这样，直接学科德育课程地位得到了强化，但是间接德育课程的地位却遭到了弱化；专门德育教师在德育过程中的地位得到了保证，而学校广大教职员工教书育人、服务育人、管理育人的地位，遭到了弱化。”[①]16号文件虽然着力倡导整体大思想政治工作格局，强调教书与育人结合，既充分发挥思想政治理论的主渠道作用，也充分发挥高校哲学社会科学和各门课程的育人功能；既充分发挥党团组织、班级社团和日常思想政治工作的主阵地作用，也充分发挥网络、社会实践和社会服务教育等渠道的作用，但文件的着力点是从大学生思想政治教育的角度，对整体高等学校的要求和制约相对比较弱。31号文件，特别是习近平总书记重要讲话，把高校思想政治工作提升到我们办什么样的高等教育、如何办高等教育以及培养什么样的人、如何培养人和为谁培养人的战略高度，从改变整个高等教育的宏观整体生态来改变思想政治工作的内部循环，使高校思想政治工作生态发生了重大变化。加强和改进高校思想政治工作不能仅仅停留在高校思想政治工作专门领域，而应从整个高等教育整体的角度来加强思想政治工作。高校思想政治工作要适应从局部到整体，从思想政治教育行业内部工作向整个高等教育宏观生态环境的营

① 余双好：《现代德育课程论》，中国社会科学出版社2010年版，第126—127页。

造的转变，充分发挥党的领导、社会主义大学的整体优势，培养社会主义合格建设者和可靠接班人。

三、从国内拓展到国外

从国内拓展到国外，这是我国改革开放和社会主义现代化建设新的历史时期的新要求。伴随着我国对外开放的不断拓展，我国与世界的依存关系日益紧密，我们已经不可能把自己的发展置于世界之外，事实上，改革开放以来，大学生思想政治教育、高校思想政治工作中的很多问题，确有来自国内的影响因素，但相当多的因素也来自国外的干扰，我们不可能封闭起来开展思想政治教育工作，高校思想政治工作应统筹国际国内因素，从国际和国内两个方面来思考思想政治工作的改革和创新，而不能单纯强调思想政治工作的中国特色而忽略其与世界的联系。因此，在全国高校思想政治工作会议上，习近平总书记重要讲话对大学生提出的“四个正确认识”中有两个“正确认识”与国外相关：一是教育引导学生正确认识世界和中国发展大势，从我们党探索中国特色社会主义历史发展和伟大实践中，认识和把握人类社会发展的历史必然性，认识和把握中国特色社会主义的历史必然性，不断树立为共产主义远大理想和中国特色社会主义共同理想而奋斗的信念和信心；二是要正确认识中国特色和国际比较，全面客观认识当代中国、看待外部世界。第一个正确认识涉及人类社会发展规律、社会主义建设规律和中国特色社会主义建设规律，体现人类社会发展的宏观整体视野；第二个正确认识阐述中国和世界的关系，即处理好中国特色和国际比较，从世界发展的大格局来充分认识和理解中国特色社会主义的特色和优势，增强中国特色社会主义道路自信、理论自信、制度自信和文化自信。本次会议和习近平总书记重要讲话表明，高校思想政治工作不能局限于思想政治工作领域讨论思想政治工作，不能局限于高校做高校思想政治工作，不能局限于从国内讨论高校思想政治工作，而应从全面统筹国际国内、校内校外、行业内与行业外的全局，不断拓展高校思想政治教育领域，挖掘高校思想政治工作资源，实现高校思想政治工作的全方位变革。

四、从专门拓展到全员

高校思想政治工作是全员全方位的工作，这是我们党的高校思想政治工作的优良传统，毛泽东指出："思想政治工作，各个部门都要负责任。共产党应该管，青年团应该管，政府主管部门应该管，学校的校长教师更应该管。"①但改革开放以后，伴随着思想政治工作的专业化进程，思想政治工作逐渐成为一个具有专门内涵和领域的工作，思想政治工作专业化在提升思想政治工作能力和水平的同时，也造成了专门力量与全员思想政治工作相脱离的倾向，正如有学者分析："就学校管理人员而言，有主管教务的、政务的和后勤的。一般认为政务人员抓思想品德教育工作，理所应当，而教务人员和后勤人员往往忽视对学生有意识的影响。就德育专任教师与其他科任教师而言，班主任、少先队辅导员、团委书记、思想品德课教师往往被赋予明确的德育责任，而自然科学、音体美各科教师则觉得德育非分内之事，名不正，言不顺，不必承担责任和义务。"②因此，在全国高校思想政治工作会议和习近平总书记重要讲话中，既充分强调高校思想政治工作专门力量的专门作用，同时也对广大教师和学校的所有力量提出思想政治工作职责，高校思想政治工作队伍应从加强专门力量专门化、职业化建设的基础上，拓展到所有人员，各方面力量都需要围绕高校立德树人这个核心任务而展开人才培养、科学研究、社会服务、文化传承创新和

① 《毛泽东文集》第七卷，人民出版社 1999 年版，第 226 页。

② 鲁洁、王逢贤：《德育新论》，江苏教育出版社 1994 年版，第 337 页。

国际交流合作等任务，做到高校思想政治工作人人有责、人人负责，实现高校思想政治工作的全员化。从全员到专门再到全员思想政治工作的转变，并不是一种简单的重复，而是一种更高水平的发展，它揭示了高校思想政治工作力量发展的一种新的趋向。

第四节　高校思想政治工作的主要成就

全国高校思想政治工作会议以来，在党中央高度重视和关怀下，在教育部门大力支持和强力推进下，高校思想政治工作积极回应挑战，主动谋划和积极推动高校思想政治工作创新发展，取得了明显进展和成绩。

一、高校思想政治工作地位的认识进一步提升

中国共产党历来高度重视高校思想政治工作，把它看成是体现党对高校领导和社会主义大学本质特征的重要工作，改革开放以来，高校思想政治工作在科学化、专业化和规范化方面取得了长足的进步，但也出现了《意见》指出的“有的地方和高校对思想政治工作重视不够，存在重智育轻德育、重学术轻思想政治工作、重科研轻课堂教学的现象”，习近平总书记在全国高校思想政治工作会议上也明确指出，“有的地方和高校在办学方向上存在模糊认识，对我国高校发展目标要求的把握还不到位”等问题。针对上述问题，《意见》明确指出：“加强和改进高校思想政治工作，事关办什么样大学、怎样办大学的根本问题，事关党对高校的领导，事关中国特色社会主义事业后继有人，是一项重大政治任务和战略工程。”习近平总书记在会上也明确指出：“要坚持把立德树人作为中心环节，把思想政治工作贯穿教育教学全过程，实现全程育人、全方位育人，努力开

创我国高等教育事业发展新局面。”① 并要求“党委要保证高校正确办学方向，掌握高校思想政治工作主导权，保证高校始终成为培养社会主义事业建设者和接班人的坚强阵地”②。全国高校思想政治工作会议以来，党中央高度重视，习近平总书记围绕高校思想政治工作发表了一系列重要讲话，中共中央及中宣部、教育部下发一系列加强和改进高校思想政治工作的配套文件，各地方和高校先后召开系列加强和改进高校思想政治工作会议，出台相关文件，高校思想政治工作被纳入意识形态责任制的重要内容，成为高校巡视巡查的重要指标。高校思想政治工作被提升到全局性、整体性、战略性的高度，有效改善了有些地方和高校在办学方向上存在模糊认识，对我国高校发展目标的把握不到位的状况，高校思想政治工作一度被削弱、不受重视的局面有了根本改观，高校思想政治工作的地位和作用的认识得到明显深化。

二、高校思想理论教育和价值引领的工作进一步加强

坚定正确政治方向和鲜明价值导向是高校思想政治工作的核心任务。“我们的高校是党领导下的高校，是中国特色社会主义高校，办好我们的高校，必须坚持以马克思主义为指导，全面贯彻党的教育方针。”③全国高校思想政治工作会议以来，高校思想理论教育和价值引领工作得到进一步加强。一是马克思主义理论教育得到高度重视，社会主义大学的底色日益擦亮。中共中央办公厅出台《关于加强新时代马克思主义学院建设的意见》，教育部先后多次修订《马克思主义学院建设标准》。马克思主义理论学科被列入“双一流”学科和重点学科建设得到加强，在高校增设马克思

① 《习近平谈治国理政》第二卷，外文出版社 2017 年版，第 376 页。
② 《习近平谈治国理政》第二卷，外文出版社 2017 年版，第 379 页。
③ 《习近平谈治国理政》第二卷，外文出版社 2017 年版，第 377 页。

主义理论本科专业成为专业建设的重要亮点；在广大学生中，学习马克思主义理论，为一生奠定科学理论基础成为课程学习和课外社团活动的热点，一些高校存在的马克思主义理论一度被弱化、边缘化的局面有了根本改观。二是用党的创新理论铸魂育人明显加强。党的十九大把习近平新时代中国特色社会主义思想确立为党必须长期坚持的指导思想并庄严地写入党章，第十三届全国人民代表大会第一次会议通过的宪法修正案，把习近平新时代中国特色社会主义思想载入宪法，实现了党和国家指导思想的与时俱进。党确立习近平同志党中央的核心、全党的核心地位，确立习近平新时代中国特色社会主义思想的指导地位，对新时代党和国家事业发展、对推进中华民族伟大复兴历史进程具有决定意义。用习近平新时代中国特色社会主义思想铸魂育人成为新时代高校思想政治工作重中之重。五年来，高校着力推进习近平新时代中国特色社会主义思想进教材、进课堂、进学生头脑工作，构建以习近平新时代中国特色社会主义思想为核心的课程体系，在全国重点马克思主义学院开设《习近平新时代中国特色社会主义思想概论》课程，开展各种类型习近平新时代中国特色社会主义思想研习活动，学习和研究习近平新时代中国特色社会主义思想成为时代潮流。三是社会主义核心价值观培育和践行日益深入。高校以培养担当民族复兴大任的时代新人为着力点，通过教育引导、舆论宣传、文化熏陶、实践养成等方式，促进社会主义核心价值观内化于心外化于行，广大大学生勤学、修德、明辨、笃实，积极践行社会主义核心价值观，“使核心价值观的影响像空气一样无所不在、无时不有”①。高校思想理论教育和价值引领的作用得到进一步加强。

① 《习近平谈治国理政》第一卷，外文出版社 2018 年版，第 165 页。

三、高校课堂教学主渠道的协同性进一步加强

课堂教学是学生学习的主渠道。现代社会学生获取知识的途径固然很多，但课堂学习更具有基础性和系统性。改革开放以来，高等学校在深化改革和全面开放的进程中取得了长足的进步和发展，但在发展过程中也带来了重学术轻教学、重智育轻德育、重教书轻育人等问题，课堂教学主渠道建设受到不同程度的弱化。针对这些问题，高校思想政治工作会议以来，高校思想政治工作加强课堂教学主渠道建设，强化思想政治理论课（以下简称思政课）引领作用，引导其他课程与思政课同向同行，加强课堂阵地管理，课堂教学主渠道发生深刻变化：一是课堂教学主渠道地位受到重视。习近平总书记在高校思想政治工作会议上明确要求，高校要履行人才培养的职责，首先老师要回归课堂、用足用好课堂，要求广大教师要敬畏讲台、珍惜讲台、热爱讲台，把更多时间和精力投入到课堂教学中去，认认真真讲好每一堂课。二是思政课教学得到明显加强。为加强思政课教学，习近平总书记亲自主持召开中国共产党历史上首次思政课教师座谈会，中共中央、国务院办公厅联合下发《关于深化新时代学校思想政治理论课改革创新的若干意见》及配套文件，教育部专门下发《新时代高校思想政治理论课教学工作基本要求》，重新修订《思想政治理论课建设标准》，教育部相关部门每年提出《“新时代高校思想政治理论课创优行动”工作方案》《深化新时代学校思想政治理论课改革创新先行试点工作方案》等，思政课教学受到高度重视。三是其他课程与思政课同向同行的问题有了明确载体。针对其他课程重智育轻德育的问题，习近平总书记明确提出“其他各门课都要守好一段渠、种好责任田，使各类课程与思想政治理论课同向同行，形成协同效应”①。教育主管部门在总结一些地区高校解决其

① 《习近平谈治国理政》第二卷，外文出版社2017年版，第378页。

他课程立德树人问题时，使用了“课程思政”这个术语，并制定《高等学校课程思政建设指导纲要》，为其他各类课程开展思想政治教育提出指导性意见，并且在高校设立课程思政建设中心，引导全国高校其他课程开展思想政治教育。四是课堂教学阵地得到有效管理。为了防止高校以人文素质课程代替思政课程，改变人文素质课程开设过于随意混乱的问题，高校规范开设各类人文素质课程，对人文素质课程教育教学进行规范管理；有效巩固高校阵地建设，切断错误思想观点传播渠道。

四、高校思想政治工作格局进一步构建

思想政治工作决不是单纯一条线的工作，而应该是全方位、无处不在、无时不在的，要做好高校思想政治工作，需要构建全员、全程、全方位育人（以下简称“三全育人”）“大思政”的工作格局。从高校内部工作格局来看，《意见》明确把坚持全员全过程全方位育人作为高校思想政治工作的基本原则。要求把思想价值引领贯穿教育教学全过程和各个环节，形成教书育人、科研育人、实践育人、管理育人、服务育人、文化育人、组织育人的长效机制。为构建高校思想政治工作大格局，中共教育部党组专门印发《高校思想政治工作质量提升工程实施纲要》，从课堂育人、科研育人、实践育人、文化育人、网络育人、心理育人、管理育人、服务育人、资助育人、组织育人等十个方面构建育人体系，将推进“三全育人”综合改革作为提升高等学校思想政治工作质量的重要抓手，纳入评估体系标准和高校思想政治工作体系建设任务的衡量指标，推动实现人人育人、时时育人、事事和处处育人。教育部办公厅印发《关于开展“三全育人”综合改革试点工作的通知》，在全国高校开展“三全育人”综合试点工作，遴选高校“三全育人”综合改革试点区、综合改革试点高校和综合改革试点院（系）。“三全育人”综合改革试点的推行，高校“一站式”空间的建

设，一体化的育人格局的形成，有效促进了多维度、广范围、立体化的高校思想政治工作格局形成。“三全育人”的理念和模式得到高校广泛认同，在高校初步建立起党委统一领导、党政齐抓共管、有关部门负责的工作机制，“大思政”的工作格局。从高校与外部关系格局来看，高校思想政治工作既与社会大舞台、与家庭的相互作用和影响、与中小学思想政治基础密切关联，还与教育主管部门和各地区各部门为高校思想政治工作营造社会环境存在密切关系。高校思想政治工作会议以来，高校思想政治工作外部环境构建得到充分重视，中宣部、教育部出台《新时代学校思想政治理论课改革创新实施方案》等文件，统筹推进大中小思政课建设，高校与社会、家庭的联系和联络得到明显改善，各地各部门领导重视高校思想政治工作、关心和支持高校思想政治工作的氛围明显加强，“全党全社会努力办好思政课，教师认真讲好思政课、学生积极学好思政课的良好氛围”①正在逐渐形成。

五、高校思想政治工作领域和载体进一步拓展

习近平总书记多次强调：“人在哪儿，宣传思想工作的重点就在哪儿”②，“思想政治工作从根本上说是做人的工作，必须围绕学生、关照学生、服务学生，不断提高学生思想水平、政治觉悟、道德品质、文化素养，让学生成为德才兼备、全面发展的人才”③。高校思想政治工作会议以来，伴随着大学生生活领域、活动范围的拓展，高校思想政治工作的作用领域也逐渐扩展。随着思想政治工作从课堂向日常化的转变，高校

① 习近平：《思政课是落实立德树人根本任务的关键课程》，人民出版社 2020 年版，第 24 页。

② 《习近平谈治国理政》第三卷，外文出版社 2020 年版，第 318 页。

③ 《习近平谈治国理政》第二卷，外文出版社 2017 年版，第 377 页。

思想政治工作领域从思想政治教育教学、科研、实践等专门领域延伸到学校管理、服务、文化、组织等其他领域。而当代大学生作为互联网的“原住民”，行为习惯和思维方式深受网络影响，网络思想政治教育已然成为高校思想政治工作的重要场域，充分利用网络新媒体和新技术使思想政治工作活起来，实现“面对面”与“键对键”相结合，有效提升思想政治教育的亲和力和针对性。高校积极关注家庭贫困学生的学习生活状况，高校思想政治工作及时将“资助育人”纳入高校思想政治工作育人体系中，明确了推进高校思想政治工作作用领域向高校资助育人拓展的新思路。高校关注大学生心理素质、提高学生身心健康和谐发展的心理健康教育备受重视，将心理咨询师也纳入高校思想政治工作队伍。高校思想政治工作逐渐向网络领域、资助领域、心理领域不断拓展和延伸，作用领域覆盖学校生活的方方面面，实现了从理论到实践、从现实到虚拟、从显性到隐性、从直接到间接等各作用领域的新拓展。

六、高校思想政治工作力量建设发生根本变化

高校思想政治工作是全员和全方位的，并不仅仅是思想政治工作专门力量所从事的专门工作。在全国高校思想政治工作会议上，习近平总书记不仅对高校思想政治工作队伍进行充分肯定，并提出明确建设要求：“保证这支队伍后继有人、源源不断。”① 而且对全体教师提出“要加强师德师风建设，坚持教书和育人相统一，坚持言传和身教相统一，坚持潜心问道和关注社会相统一，坚持学术自由和学术规范相统一”② 的要求。高校思

① 《习近平谈治国理政》第二卷，外文出版社 2017 年版，第 380 页。
② 《习近平谈治国理政》第二卷，外文出版社 2017 年版，第 379 页。

想政治工作力量发生深刻变化。一是高校教师队伍建设得到明显加强。教育部先后出台《关于全面深化新时代教师队伍建设改革的意见》（2018 年 1 月）、《关于全面落实研究生导师立德树人职责的意见》（2018 年 1 月）、《新时代高校教师职业行为十项准则》（2018 年 11 月）、《高校教师师德失范行为处理的指导意见》（2018 年 11 月）、教育部等七部委《关于加强和改进新时代师德师风建设的意见》（2019 年 12 月）、《关于加强博士生导师岗位管理的若干意见》（2020 年 9 月）、教育部等六部委《关于加强新时代高校教师队伍建设改革的指导意见》（2021 年 1 月）等，教师立德树人责任、意识和能力得到明显提高。二是高校思想政治工作专门队伍数量明显增加。《意见》明确规定思政课教师、辅导员、心理咨询员师生比，并要求配备组织员。截至 2021 年 11 月底，"登记在库的全国高校思政课专兼职教师超过 12.7 万人，其中专职教师超过 9.1 万人"①，思政课师生比 1∶350 的规定比例基本达标。截至 2021 年 9 月，"全国高校专兼职辅导员共有 21.87 万人，比 2017 年增加了 7 万人，师生比达 1∶171"②。三是专门队伍结构优化素质明显。教育部出台专门措施保障思政课教师学历提升和后备人才培养计划。部分高校成立党委教师工作部、教师发展中心，实行青年教师导航计划，开展师德师风建设专项行动，实行专项培训等，大力促进高校思想政治工作的队伍建设质量提升。9 万多名专职思政课教师中，49 岁以下教师占 77.7%，拥有研究生以上学历的占 72.9%，具有高级职称的占 35%。2021 年，思政课专职教师中拥有博士学位的有 17866 人，比 2016 年增加 8486 人，增幅达 89%。高学历、年轻化已成为思政

① 教育部社会科学司：《全国高校思想政治工作会议召开五年来高校思政课建设进展成效介绍》，中华人民共和国教育部门户网：http://www.moe.gov.cn/fbh/live/2021/53878/sfcl/202112/t20211207_585339.html。

② 教育部思想政治工作司：《关于全国高校思想政治工作会议精神贯彻落实情况》，中华人民共和国教育部门户网：http://www.moe.gov.cn/fbh/live/2021/53878/sfcl/202112/t20211207_585342.html。

课教师队伍发展新状态。[①] 有 8 所高校马克思主义学院、49 名高校思政课教师获得全国教育系统先进集体和先进个人荣誉称号，10 位高校思政课教师被中宣部表彰为“全国基层理论宣讲先进个人”。高校思想政治工作队伍建设展现新风貌，一定程度上扭转了个别教师不能教书育人、为人师表的状况，强化了师德师风建设和思想政治工作队伍建设。调查显示，约 95%的学生对辅导员等思政工作队伍表示满意。[②]

高校思想政治工作取得的巨大成就，深刻地改变了高校思想政治工作的格局和面貌，推动高校思想政治创新发展，为建设社会主义现代化强国奠定了坚定的基础，积累了有益的经验，也昭示着高校思想政治工作一些新的发展趋向。

① 参见教育部社会科学司：《全国高校思想政治工作会议召开五年来高校思政课建设进展成效介绍》，中华人民共和国教育部门户网：http://www.moe.gov.cn/fbh/live/2021/53878/sfcl/202112/t20211207_585339.html。

② 参见教育部思想政治工作司：《关于全国高校思想政治工作会议精神贯彻落实情况》，中华人民共和国教育部门户网：http://www.moe.gov.cn/fbh/live/2021/53878/sfcl/202112/t20211207_585342.html。

第六章

新时代思想政治理论课建设的价值指针

思想政治理论课（以下简称“思政课”）是高校思想政治教育主渠道的重要课程，在高校思想政治教育中具有引领、示范、导向和整合的功能，是高校加强和改进思想政治教育的风向标。党的十八大以来，以习近平同志为核心的党中央高度重视思想政治理论课建设，习近平总书记多次就思政课建设作出批示、发表讲话。2013 年底，习近平总书记专门就思政课作出“高校思政课必须办好，关键是把教材编好，队伍建设好，把课讲好”的重要批示。2016 年 12 月 7 日在全国高校思想政治工作会议上，习近平总书记全面阐述高校思想政治工作改革发展新理念新思想新战略的过程中，对思政课改革和发展提出明确要求。2018 年 5 月 2 日在北京大学师生座谈会上，提出学校思想政治工作体系，对马克思主义理论教育提出明确要求。2019 年 1 月初在南开大学考察时又强调思政课建设。2019 年 3 月 18 日，习近平总书记主持召开全国学校思政课教师座谈会，对思政课教学进行专题集中系统阐述。2021 年 3 月 6 日，习近平总书记在看望参加全国政协十三届四次会议的医药卫生界教育界委员并参加联组会时的讲话中明确提出“大思政课”的概念：思政课不仅应该在课堂上讲，也应该在社会生活中来讲，“大思政课”我们要善用之，一定要跟现实结合起来。上思政课不能拿着文件宣读，没有生命、干巴巴的。习近平总书记如此密集就思政课作出批示、发表讲话，充分体现以习近平同志为核心的党中央对思政课建设的高度重视。这些讲话或批示，不仅充分阐述了思政课建设的地位和作用，而且揭示了思政课建设发展的规律，为新时代思政课改革发展指明了方向，提供了基本遵循，是新时代思政课建设的价值指针。

第一节　高校思想政治教育视域的思政课建设

在全国高校思想政治工作会议上，习近平总书记从高校培养什么样的人、如何培养人以及为谁培养人的战略高度，深刻阐述事关高等教育改革和发展的重大原则性和方向性问题。这篇重要讲话的基本内容被收入《习近平谈治国理政》第二卷，成为党中央治国理政的重要组成部分。这篇重要讲话对我国高等教育发展方向、基本原则、培养目标、教学改革、队伍建设和根本保障进行了充分阐述，而且对推进高校思想政治工作改革创新提出明确指导，蕴含着丰富的关于思政课建设的思想观点。

一、要用好课堂教学这个主渠道

在思想政治教育领域，关于思政课的定位，主要从高校思想政治教育内部，从课程教育与日常思想政治工作的关系角度，对思政课进行课程定位，把思政课确定为对大学生进行马克思主义理论和思想品德教育的主渠道和基本环节。在全国高校思想政治工作会议上，习近平总书记并不是从思想政治教育内部关系对思政课地位进行界定，而是从更为开阔的角度，来界定课堂教学与其他教育的关系，把课堂教学作为教育的主渠道，“要用好课堂教学这个主渠道”[①]。这就把思政课教学放在整个高等教育基本环

① 《习近平谈治国理政》第二卷，外文出版社 2017 年版，第 378 页。

节中，从课堂教学与其他教育形式的关系角度，对思政课进行功能定位。习近平总书记还分析了课堂教学是主渠道的原因，他指出，在当前社会环境下，虽然学生有很多获取知识的途径，但课堂教学是最根本的途径，更具基础性和系统性，这是其他知识获取渠道所不能替代的，进而提出要用足用好课堂教学主渠道的要求。思政课与思想政治教育其他渠道相比，更具有基础性和系统性，尽管在学校教育中，学生有多种渠道获得思想理论信息，但思政课是最具有基础性和系统性的渠道，要建设好思政课，首先应守住课堂教学主渠道，认认真真讲好每一堂课。

二、思政课要坚持在改进中加强

关于思政课改革的原则和方向，习近平总书记反复指出："思想政治理论课要坚持在改进中加强、在创新中提高，及时更新教学内容，丰富教学手段，不断改善课堂教学状况，防止形式化、表面化。"① 讲话明确了思政课发展的方向，建设内容和要注意的问题：一是明晰了思政课改革的目的和要求，改革的目的是加强思政课建设，要在改进中加强、在创新中提高，不能借改革的旗号消解思政课教学，以创新的名义削弱思政课教学。二是指明了改革内容和方向，即要在教学内容和教学手段上下功夫。改革的方向和重点应聚焦在课堂教学环节，要达到的目标是课堂教学的状况的改善。三是明确指出改革中应该避免的问题，是防止形式化、表面化。在内容与形式关系上，习近平总书记更重视内容改革，思政课要更加重视教学内容改革，从更深层次解决学生思想理论问题，为学生一生的成长打下坚实的思想理论基础，而不能停留在浅层阶段，避免流于形式和表面。

① 习近平：《论党的宣传思想工作》，中央文献出版社 2020 年版，第 374 页。

三、思政课建设最重要的问题是教师自信

习近平总书记指出，思政课建设固然有师资、教材、课程体系方面的问题，但最重要的是要解决自信问题。习近平总书记充分阐述了教师自信对于思政课教学的重要性，把它作为课程教学中最重要的问题：一是在思政课建设中，与教材、课程等这些教学过程中“物”的因素相比，教师作为主体的“人”的因素是更为积极的因素，要充分发挥教学过程中教师的主体作用，应提升教师在教学活动中的自信，以调动其在教学过程中的积极性、主动性和创造性。二是思政课教师素质能力要素中，专业知识、学术能力等方面的因素固然是重要的，但最重要的是教师的情感，教师要坚定马克思主义信仰、中国特色社会主义信念和对党和政府的信心，要有讲好思政课的自信，才能把自信传递给学生。三是对于如何传递自信，习近平总书记明确指明方法，即要把马克思主义理论同中国特色社会主义实践有机结合起来，把思想品德教育同中国特色社会主义理论、中华优秀传统文化教育结合起来，通过教学实践把自信传递给学生，让学生领会科学理论的实践价值、中华优秀传统文化的智慧力量、中国发展的时代意义。

四、不能把思想政治工作只当作思政课的事

在阐述思政课建设以后，习近平总书记把视野拓展到其他课程，强调所有课堂都有育人功能，不能把思想政治工作只当作思政课的事，“其他各门课都要守好一段渠、种好责任田，使各类课程与思想政治理论课同向同行，形成协同效应”①。他提出：一是思想政治教育是全员、全程、全方

① 《习近平谈治国理政》第二卷，外文出版社 2017 年版，第 378 页。

位的，所有的课程都有育人功能，都应该按照立德树人的要求，切实履行育人的功能，不能把思想政治工作推给思政课，各门课程都要承担起自己的责任。二是各种类型课程所传递的价值，需要同思政课传递的价值相一致，做到同向同行，形成协同效应。三是与思政课同向同行、发挥育人功能是所有课程的基本职责，但不同的课程在育人功能方面采取的方式是不一样的，对于所有的课程，都要把做人做事的基本道理、把社会主义核心价值观的要求、把实现民族复兴的理想和责任融入各类课程教学之中。同时要推进高校课程体系和教育教学体系创新，规范开设各类人文素质课程，形成良好课堂教学秩序，不给错误思想观点提供传播渠道。要推进高校课程体系和教育教学创新，规范开设各类人文素质课程。要加强课堂管理。课堂是为国家培养人才的地方，不能“我的地盘我做主”。

五、思想政治教育的最普遍的问题是“理论与现实脱节”

在阐述课堂教学主渠道后，习近平总书记把视野拓展到思想政治教育中的问题，他借用相关调查，指出思想政治教育（包括思政课教学）中存在的问题，学生反映思想政治教育最普遍的问题是“理论与现实脱节”。具体表现在：一是对现实缺乏关注。一些教师自说自话，缺乏对现实问题的关注。二是针对学生思想实际不够。一些教师照本宣科，不面对学生的思想实际。三是教材过于理论化，注重结论，忽视了生动性和可读性。四是教学过程实践性不够。教师讲的内容学生认为不能解决问题而不想听，学生想听的内容教师不会讲或者讲不好，弄得“言者谆谆，听者藐藐”，影响思政课程教学实效性。

六、提升思想政治教育的亲和力和针对性是提高实效性的关键

在分析思政课教学存在的问题后，习近平总书记指出："提升思想政治教育亲和力和针对性，满足学生成长发展需求和期待。"[①]是新形势下提高高校思想政治工作实效性的关键。从这段论述来看，要提升思想政治工作（含思政课教学）效果，就需要提升思想政治教育的亲和力和针对性，只有学生接受认可活动，才有可能进一步接受活动背后的价值观念。习近平总书记对教师进行教学方法指导：教师要注意方式方法，讲求艺术性。有的教师说，天边不如身边，道理不如故事。讲理论要接地气，要让马克思讲中国话，让大专家讲家常话，让基本原理变成生动道理，让根本方法变成管用办法，将总体上的"漫灌"和因人而异的"滴灌"结合起来。

习近平总书记在全国高校思想政治工作会议上的重要讲话，从培养什么样的人、如何培养人以及为谁培养人的战略高度，从高校思想政治教育改革和创新的总体高度，对思政课的地位和作用进行新的界定，明确了思政课改革和发展的重点，思政课建设的重要问题，思政课与其他课程的关系，并为如何教好思政课提供了途径方法，为办好思政课提供了宏观指导。

第二节　高校思政课建设的内在理路

在学校思想政治理论课教师座谈会上的重要讲话，是习近平总书记对办好思政课进行的集中系统阐述，讲话重点阐述了以下几个方面的问题：一是办好思政课的重大意义；二是办好思政课的关键因素；三是办好思政

① 《习近平谈治国理政》第二卷，外文出版社 2017 年版，第 378 页。

课要遵循的教学规律；四是办好思政课的领导和保障等。讲话全面深刻阐明了思政课建设的基本理念、目标要求、内在规律和条件保障等问题，揭示了思政课建设的内在理路。

一、思政课是落实立德树人根本任务的关键课程

关于思政课的地位和作用，习近平总书记作了新的定位："思政课是落实立德树人根本任务的关键课程，思政课作用不可替代，思政课教师队伍责任重大。"① 一是明确思政课在落实立德树人根本任务中的关键作用，用关键课程对思政课进行课程定位。在思政课地位的论述的相关文献中，思政课曾经被定位为"主渠道"课程，"灵魂课程"、"核心课程"等，习近平总书记在讲话中用"关键课程"对其进行新定位，关键课程与"主渠道"课程相比，在课程地位方面更重要；与"灵魂课程"相比，灵魂课程更偏重课程内容，关键课程更偏重课程作用，阐述的是课程与其他因素之间的关系；与"核心课程"相比，关键课程的作用进一步提升。二是明确思政课的不可替代性，是对思政课作用的进一步强化。三是从更为开阔的视角明确思政课的重要地位。习近平总书记指出，在当前形势下，办好思政课，要放在世界百年未有之大变局、党和国家事业发展全局来看待，要从坚持和发展中国特色社会主义、建设社会主义现代化强国、实现中华民族伟大复兴的高度对待。这就进一步拓展了办好思政课建设意义的视野。讲话从我们党立志于中华民族千秋伟业，必须培养一代又一代拥护中国共产党领导和我国社会主义制度、立志为中国特色社会主义事业奋斗终身的有用人才这样的战略高度，对思政课的作用和功能作更进一步提升，进一步凸显了思政课的"关键课程"的地位。

① 习近平：《思政课是落实立德树人根本任务的关键课程》，人民出版社 2020 年版，第 2 页。

二、思政课的根本任务是用习近平新时代中国特色社会主义思想铸魂育人

关于思政课的根本任务，习近平总书记明确指出："办好思政课，就是要开展马克思主义理论教育，用新时代中国特色社会主义思想铸魂育人，引导学生增强中国特色社会主义道路自信、理论自信、制度自信、文化自信，厚植爱国主义情怀，把爱国情、强国志、报国行自觉融入坚持和发展中国特色社会主义、建设社会主义现代化强国、实现中华民族伟大复兴的奋斗之中。"① 这段论述从根本任务的提出，明确了思政课教学内容，为思政课程设置提出了指导。办好思政课，要从以下几个方面进行教学设计：一是开展马克思主义理论教育，这是思政课教学的基础任务。二是用习近平新时代中国特色社会主义思想铸魂育人，引导学生增强中国特色社会主义道路自信、理论自信、制度自信、文化自信，这是思政课教学的核心任务。三是厚植爱国主义情怀，把爱国情、强国志、报国行自觉融入坚持和发展中国特色社会主义、建设社会主义强国、实现中华民族伟大复兴的奋斗之中，这是思政课教学要达到的教学目标要求，也包含着具体教学内容的要求。

三、办好思政课要把握"两个关键"

习近平总书记把"人"的因素作为思政课建设的关键，指出办好思政课关键在教师，关键在发挥教师积极性、主动性、创造性，把教师作为思政课这个关键课程的"关键"：一是办好思政课关键在教师，要提高教师

① 习近平：《思政课是落实立德树人根本任务的关键课程》，人民出版社2020年版，第6—7页。

素质。讲好思政课不容易，这个课要求高，正是基于这样的认识，讲话对思政课教师提出更高的要求，与对教师的一般要求相比，习近平总书记对思政课教师的要求不仅内容更多，而且程度更深，在北京师范大学师生座谈会上，习近平总书记曾对全国所有教师提出“四有”的要求，即有理想信念、有道德情操、有扎实学识、有仁爱之心，也就是对普通教师的“四个方面要求”只要求“有”，而对思政课教师要求是“强”、“深”“新”、“广”、“严”、“正”。同时，在内容上更具体，在政治要求方面，特别强调了马克思主义信仰问题，要有信仰的人讲信仰，要做到真懂真信真用；在情怀方面，提出思政课教师要有家国情怀、传道情怀、仁爱情怀的要求；在思维和视野方面，对思政课教师国际视野、历史视野提出了要求；在自律方面，对思政课教师在课上课下、线上线下提出要求；在人格方面，提出用真理力量感召学生，以深厚理论功底赢得学生，用人格感召学生的更高要求。二是办好思政课关键在发挥教师积极性、主动性、创造性。对思政课教师提出更高的要求，为思政课教师创造更优越条件等，都是办好思政课的积极因素，但更关键的是发挥思政课教师自身的积极性、主动性、创造性。三是办好思政课，教师要发挥积极性、主动性、创造性，同时也要增强职业认同感、荣誉感、责任感。习近平总书记指出，讲好思政课不仅有“术”，也有“学”，更有“道”。思政课的政治性、思想性、学术性、专业性是紧密联系在一起的，其学术深度和学术含金量不亚于任何一门哲学社会科学，要增强教师职业认同感、荣誉感、责任感。这就进一步对思政课教师提出更高要求。

四、办好思政课最重要的是解决好信心问题

办好思政课，教师是“关键”，但最重要的问题是信心问题。讲话中习近平总书记再次把教师的自信作为思政课建设中最重要的问题，进一步

阐述教师自信对于办好思政课的重要性，并且也充分阐述了有足够信心办好思政课的理由，传递了办好思政课的信心。讲话中提出办好思政课有充分的理由：一是党中央对教育工作高度重视。我们对思想政治工作高度重视，始终坚持马克思主义指导地位，大力推进中国特色社会主义学科体系建设，为思政课建设提供了根本保证。二是我们对共产党执政规律、社会主义建设规律、人类社会发展规律的认识和把握不断深入，开辟了中国特色社会主义理论和实践发展新境界，中国特色社会主义取得举世瞩目的成就，中国特色社会主义道路自信、理论自信、制度自信、文化自信不断增强，为思政课建设提供了有力支撑。三是中华民族几千年来形成的博大精深的优秀传统文化，我们党带领人民在社会主义革命、建设、改革过程中锻造的革命文化和社会主义先进文化，为思政课建设提供了深厚力量。四是思政课建设长期形成的一系列规律性认识和成功经验，为思政课建设守正创新提供了重要基础。有了这些基础和条件，有了这支可信、可敬、可靠，乐为、敢为、有为的思政课教师队伍，我们完全有信心有能力把思政课办得越来越好。

五、推进思政课改革要遵循“八个相统一”的规律

关于思政课教学改革创新的问题，习近平总书记在充分肯定思政课教学实践探索成绩和经验的基础上，从“八个相统一”的高度，揭示了办好思政课教学的内在规律。这“八个相统一”规律：一是更新了思政课程观念。传统思政课程观念把知识作为课程的本质，把列在课表上显性的思政课作为课程设置，注重课程建设的知识性。“八个相统一”规律从更开阔的课程观，对思政课教学中涉及的知识性与价值性、理论性与实践性、显性教育与隐性教育等问题进行整合，突破了传统的以“知识”为本质的课程观，更新了思政课程观念。二是揭示了教学过程内在规律。“八个相统

一”规律中，政治性和学理性相统一规律是从课程性质角度总结出的教学过程规律，建设性和批判性相统一规律从教学针对性和教学艺术角度提出要求，统一性和多样性从教学内容的角度提出要求，主导性和主体性从教学过程中师生关系提出要求，灌输性和启发性相统一规律是从教学方法角度总结出的教学规律，揭示了思政课教学的内在规律。三是指明教学基本方法。“八个相统一”都具有教学方法指导意义，其中坚持灌输性和启发性相统一、显性教育和隐性教育相统一更具有教学方法的指导意义。在灌输性和启发性相统一的教学规律阐述中，习近平总书记从马克思主义基本原理的灌输性与教学方法的启发性相统一的高度，既阐述了教师在教学过程中的讲授方法，也指出组织学生自己讲的方法；在显性教育和隐性教育相统一的教学规律论述中，习近平总书记从教学规律角度提出思政课教学既要有“惊涛拍岸”的声势，也要有“润物无声”的效果。这些指导性方法，增强了思政课教师对教学方法的把握。

六、办好思政课要加强党的领导和各方面支持

在学校思想政治理论课教师座谈会上，习近平总书记深刻阐述了办好思政课的组织领导和条件保障问题，指出：“办好中国的事情，关键在党。各级党委要把思政课建设摆上重要议程，抓住制约思政课建设的突出问题，在工作格局、队伍建设、支持保障等方面采取有效措施。”①习近平总书记还具体提出要求：一是要建立党委统一领导、党政齐抓共管、有关部门各负其责、全社会协同配合的工作格局，推动形成全党全社会努力办好思政课、教师认真讲好思政课、学生积极学好思政课的良好氛围。二是要调动思政课教师积极性、主动性、创造性，增强教师职业认同感、荣誉

① 《习近平谈治国理政》第三卷，外文出版社2020年版，第331页。

感、责任感。要配齐建强思政课专职教师队伍，建设专职为主、专兼结合、数量充足、素质优良的思政课教师队伍；要创新工作机制，加大培养激励工作力度，落实各项政策保障，提高这个岗位对优秀人才的吸引力，让思政课教师特别是青年教师的创造活力竞相迸发、聪明才智充分涌现；要改革思政课教师评价机制，提高评价中的教学和教学研究占比，克服唯文凭、唯论文、唯帽子等弊端，引导教师把主要精力放在教书育人上；要高度重视思政课教师队伍后备人才培养，加强马克思主义学院、马克思主义理论学科建设，统筹推进马克思主义理论本硕博一体化人才培养工作，不断为思政课教师队伍输送高水平人才等具体举措。三是要把统筹推进大中小学思政课一体化建设作为一项重要工程，坚持问题导向和目标导向相结合，坚持守正和创新相统一，推动思政课建设内涵式发展。四是要完善课程体系，解决好各类课程和思政课相互配合的问题，鼓励教学名师到思政课堂上讲课，解决好推动其他教职员工和思政课教师相辅相成的问题，推动思想政治工作贯通人才培养体系，发挥融入式、嵌入式、渗透式的立德树人协同效应。五是思政课的学习效果和家长、家庭、家风的作用密切相关，要注重家校合作。民办学校、中外合作办学也要把思政课建设摆在重要位置。六是对各地区各部门负责同志到学校讲思政课提出明确要求，把能不能讲好思政课看成是一个领导干部政治素质、理论水平、工作作风的体现。

习近平总书记对加强思政课领导和管理的要求，既体现了党中央对思政课教学的重视和要求，又回应了思政课建设中遇到的问题和困难，具有明确的针对性和指向性，为营造办好思政课的教学环境提供了领导和组织保障。

第三节　新时代办好思政课的路径和方法

从习近平总书记关于思政课重要讲话论述，特别是两次集中系统论述来看，习近平总书记系列重要论述既一脉相承，又与时俱进、不断深化和具体化。两次集中论述的共通之处：一是对思政课教学地位和作用定位高度一致，高度重视思政课的主渠道地位和关键作用；二是对思政课建设的最重要问题的认识，都把自信和信心作为办好思政课的最重要的问题；三是对思政课建设主要任务的认识，都把坚持马克思主义教育，用习近平新时代中国特色社会主义思想铸魂育人作为思政课建设根本任务；四是对提升思政课教学有效性的因素的认识，都强调把握教学规律，提升思政课教学思想性理论性、亲和力、针对性；五是对办好思政课的环境和条件，都强调加强党的领导、其他课与思政课同向同行、大中小课程相互衔接、学校社会家庭支持等。两次讲话也有深化发展之处：一是对思政课的论述角度不一样，前者主要从宏观思想政治工作进行全面阐述，后者具体聚焦思政课程建设。二是对思政课论述角度不同，前者主要从思想政治工作体系中思政课的地位和作用展开，后者讨论办好思政课本身需要加强基本环节。三是对思政课论述的对象不一样，前者是以高校领导和所有高校工作人员作为讲授对象，后者专门针对思政课教师，同时也对整个学校教育提出要求。四是对思政课的要求和具体内容不一样，前者主要是宏观层面的要求，后者在思政课内在规律和要求的认识上更为深入，在办好思政课的具体措施和要求方面更明确。习近平总书记关于思政课的系列论述，明确思政课地位和作用，更新了思政课程观念，揭示课程建设内在规律，为新时代思政课建设指明了方向和基本遵循，新时代思政课建设应以习近平总书记关于思政课系列论述为指导，更新思政课程观念，遵循思政课建设规律，实现思政课创新发展。

一、更新思政课程观念

课程观是对课程的基本观点和看法。传统课程观把课程看成一种外在于个体经验的知识，课程教学任务主要传授知识。现代课程观更倾向于把课程看成是学习者在学校教育环境中获得的经验，这极大地拓展了课程概念。在全国高校思想政治工作会议上，习近平总书记提出同向同行的问题，在学校思想政治理论课教师座谈会上讲话中，习近平总书记明确提出理论和实践相统一、知识性和价值性相统一、显性教育和隐性教育相统一等问题，这些论述都突破了传统课程观念。习近平总书记对思政课的理解既关注课程的知识性，也关注课程的价值性；既关注课程的理论性，也关注课程的实践性；既关注课程的显性功能，也关注课程的隐性影响，这种课程观念突破了课程即知识的课程观，用更开阔的课程观念阐述思政课与其他课程的问题，理论课程与实践课程问题，显性课程与隐性课程问题。在 2021 年 3 月，明确提出“大思政课程”的概念，从更开阔的视野和更丰富多元的内容界定课程观念。新时代思政课建设要以习近平总书记关于大思政课观的重要论述为指导，树立以学生为本的课程教学观、直接课与间接课相贯通、大中小学课程相衔接、理论与实践相结合、线上与线下相呼应的“大思政课程”观，实现课程观念的变革。

二、发挥思政课教师主体作用

在学校思想政治理论课教师座谈会上，习近平总书记十分明确提出思政课建设“两个关键”，即关键在教师，关键在发挥教师积极性、主动性、创造性。一方面，讲好思政课不容易，这个课要求高，涉及多方面的知识，不经过系统专业训练，不可能上好思政课。因此不能把思政课上不好的责任全部归咎于思政课教师，思政课没有达到预期效果，有多方面的原因，需要多方共同承担责任。另一方面，思政课教师不能因为课难讲而不作努力，也不能把原因推给外部，思政课教师也应该勇于承担自己的责任。办好思政课，思政课教师应主动作为，努力按照习近平总书记提出的六个方面具体要求，不断提升自己思想理论素质，把握思政课教学规律，发挥思政课建设中的主体作用。

三、紧扣课程教学主渠道

课堂教学是思政课教学的主渠道，在现代教学环境下，虽然学生获取思想政治信息的渠道十分多样，但思政课是学生获取思想政治教育信息的主渠道，课堂讲授的思政课教学内容，更具有基础性和系统性。其中讲授的马克思主义真理和思想政治理论对大学生主观精神世界的建构具有重要的支撑作用，为学生一生的成长打下坚实的思想政治基础。同时，思政课教学具有把其他渠道获取的思想政治信息进行系统化、整合和导向的功能，可以对各方面来的分散信息进行系统化的批判性提升。尽管在思政课教学中，要坚持理论性和实践性相统一，要把思政小课堂同社会大课堂结合起来，做到理论联系实际，但是毫无疑问，课堂教学是更基础性的教学环节。因此，思政课教学改革首先要坚守课堂教学的主渠道，认认真真地上好每一堂课，在课程教学本身思想性、理论性、针对性、亲和力上下功夫，及时更新教学内容、丰富教学手段，不断改善课堂教学状况，这才是新时代思政课教学改革的基本方向。离开课堂教学主渠道，尽管其他形式教学丰富多样，也没有实现思政课教学的根本目标和功能。

四、创新思政课教学内容

理论创新每前进一步，理论传播每跟进一步，这是中国共产党加强自我建设的基本经验。不断根据时代发展变化，以与时俱进的精神传播与时俱进的理论，是思政课建设的基本经验。中国特色社会主义进入新时代，党的思想理论形成新的理论成果：习近平新时代中国特色社会主义思想，要加强理论武装，推动习近平新时代中国特色社会主义思想深入人心。思政课要顺应要求，推进习近平新时代中国特色社会主义思想“三进”，形成以习近平新时代中国特色社会主义思想为核心的新的课程体系，实现课程内容的时代发展。在学校思想政治理论课教师座谈会讲话中，习近平总书记十分明确指出思政课教学改革的根本任务，就是要“开展马克思主义理论教育，用新时代中国特色社会主义思想铸魂育人，引导学生增强中国特色社会主义道路自信、理论自信、制度自信、文化自信”①，做到“知行合一”。

五、遵循思政课教学规律

思政课教学过程本质上是教师和学生以思政课程教学内容为中介的特殊的教育活动。它既是对学生精神世界的建构，也是一个对学生有计划地、有系统地施加教育影响的过程；同时思政课还是马克思主义理论教育教学过程。思政课教学既应遵循教育教学规律，又要遵循思想政治教育规律，还要遵循马克思主义理论教育规律，呈现出多重规律的叠加效应。因此，思政课教育教学过程比一般哲学社会科学课程教学具有更为复杂和特殊的教学规律。在学校思想政治理论课座谈会讲话中，习近平总书记用“八个相统一”对思政课内部教学规律进行揭示，为思政课教学提供了基本遵循，新时代思政课建设要遵循教育规律，实现课程教学规律性发展。

① 习近平：《思政课是落实立德树人根本任务的关键课程》，人民出版社2020年版，第6—7页。

六、提升思政课教学自信

在历次关于思政课的集中讲话中，习近平总书记都把自信和信心问题看成办好思政课的最重要问题。在学校思政课教师座谈会上，习近平总书记不仅对思政课教师提出自信的要求，而且从根本保证、有力支撑、深厚力量、重要基础等多个角度，对我们办好思政课充满信心。并且，习近平总书记还对讲好思政课的难度也作了充分阐述，认为思政课不仅有“术”，也有“学”，更有“道”。思政课的政治性、思想性、学术性、专业性是紧密联系在一起的，其学术深度广度和学术含金量并不亚于任何一门哲学社会科学，对思政课教学给予充分理解和信任，同时也寄予高度期待和希望。思政课教师应努力提升课程教学自信，迎难而上，理直气壮办好思政课。

第七章

新时代思想政治理论课建设的整体推进

党的十八大以来，以习近平同志为核心的党中央高度重视思想政治理论课（以下简称“思政课”）建设，习近平总书记围绕思政课建设发表系列重要讲话，作出大量指示、批示等，为思政课建设和改革提供新理念新思路和新方法，为思政课建设指明发展方向，提供基本遵循。在习近平总书记直接指导和关心下，新时代思政课建设取得重大成就和进展，发生深刻变化。特别是 2019 年 3 月，习近平总书记主持召开学校思想政治理论课教师座谈会发表重要讲话（以下简称“讲话”）以后，思政课建设全面发力，全方位整体推进，迎来了改革和发展的春天。本章我们重点总结“讲话”以来思政课建设的整体推进和深刻变化。

第一节　新时代思政课建设的新举措

“讲话”以来，中共中央和教育部门把宣传贯彻落实讲话精神，推进新时代思政课改革和发展作为头等大事，出台系列文件政策和举措，开展了一系列活动，推动思政课建设和发展，思政课建设局面发生深刻变化，为进一步深化思政课改革创新奠定了坚实的基础。

一、召开了宣传贯彻落实“讲话”精神会议

“讲话”以来，中宣部、教育部及时召开学习贯彻“讲话”精神推动思政课建设工作会议，把深入学习贯彻“讲话”精神作为教育战线头等大事和重要政治任务，把加强思政课建设作为教育系统加强党的政治建设的重要内容，列入教育部头等重大工作任务，列入政治巡视的核心指标，列入地方党委专项督查内容，列入高校党委书记和校长履职考核内容，列入“双一流”评估指标体系，思政课建设成为考核教育系统坚持社会主义办学方向，落实立德树人根本任务的核心指标。教育部专门出台学习贯彻“讲话”精神的工作方案和具体措施，为推进思政课改革创新创造良好的环境和氛围，思政课地位和作用得到切实重视和保障。

二、出台了深化思政课改革的系列新文件

“讲话”以来，中共中央和教育部出台了一系列文件，为贯彻落实“讲话”精神作出指导。主要包括以下几个方面：一是从总体上对深化思政课改革创新作出明确规定。中共中央办公厅、国务院办公厅印发的《关于深化新时代学校思想政治理论课改革创新的若干意见》（以下简称《意见》）深刻阐明了深化思政课改革创新的重大意义和总体要求，明确了完善思政课课程体系的目标内容和教材体系建设的要求，推出了建设高素质思政课教师队伍的举措，指明了深化思政课改革创新的路径，并提出了加强思政课领导管理的具体要求。中共中央宣传部、教育部印发的《新时代学校思想政治理论课改革创新实施方案》，对大中小思政课纵向衔接和横向贯通进行系统设计和整体规定。二是对其他课程与思政课程同向同行提出要求。教育部出台《高等学校课程思政建设指导纲要》，为其他各类课程开展思想政治教育提出指导性意见，并且在高校设立课程思政建设中心，引

导全国高校其他课程与思政课协同发展。三是关于加强学校思政课教师队伍建设的文件，如教育部等五部门联合出台的《关于加强新时代中小学思想政治理论课教师队伍建设的意见》，教育部以部长令的形式出台的《新时代高等学校思想政治理论课教师队伍建设规定》（以下简称《规定》）等，对思政课教师职责与要求、配备与选聘、培养与培训、考核与评价、保障与管理作出明确规定。四是关于深化思政课改革创新的工作方案，如中共教育部党组印发的《"新时代高校思想政治理论课创优行动"工作方案》（以下简称《方案》），教育部办公厅印发的《深化新时代学校思想政治理论课改革创新先行试点方案》，分别从工作目标、工作思路、工作举措等方面对《意见》提出的要求进行具体化，并对不同地方、不同类型高校和不同层次马克思主义学院布置了先行试点任务。上述几类文件是对新时代思政课建设的顶层设计和制度安排。

三、推出了加强思政课建设的系列新活动

"讲话"以来，教育系统在加强常规教育活动的同时，推出了一系列加强思政课建设的新活动：一是高校思政课建设优秀成果巡礼活动。对党的十八大以来高校思政课教学案例和教学成果进行征集和遴选，并对成果进行网络巡礼、媒体巡礼和宣讲巡礼等活动。二是设立"周末理论大讲堂"。把它作为抓好思政课教师理论培训，特别是马克思主义经典著作专题培训的重中之重，邀请全国哲学社会科学领域权威专家导读、领学，提高思政课教师的思想理论素质。三是开展"一省一策思政课"集体行动。要求各地充分发挥区位优势和资源优势，因地制宜，在省级层面打造一批品牌工作项目，总结凝练一批可复制可推广的先进经验和做法。四是开展首届全国高校思政课教学展示活动。对全国推荐的优秀教师的教学视频进行评审，对教学展示活动中的优秀作品进行奖励。五是举行深化新时代学

校思政课改革创新现场推进会。对思政课教学改革发展成果通过现场观摩、经验交流等方式进行总结升华。此外，教育系统还组织高校思政课骨干教师进行实践研修、“我心中的思政课”全国大学生微电影展示活动、全国大学生讲思政课公开课展示活动等，这些活动有效地推进了思政课教学改革和发展。

四、设立了深化思政课教学改革的科研项目

“讲话”以来，全国哲学社会科学规划办公室加大对思政课研究的支持力度。一是专门针对高校思政课教师设立“高校思政课研究专项”，对思政课教育教学基本规律和重大问题，对推动构建中国特色思政课学科体系、学术体系、话语体系建设等进行课题研究。二是在国家社会科学基金项目中加大对思政课研究的支持，如在研究指南中专门设立有关思政课建设的选题。教育部哲学社会科学项目对思政课研究支持力度更大，其一在教育部哲学社会科学重大课题攻关项目中增列相关研究课题，如 2020 年公布的 60 个课题名称中，特别设立“习近平总书记关于学校思政课建设的重要论述研究”、“新时代大中小学思政课课程教材一体化建设研究”等两个项目；其二在教育部人文社会科学一般项目中加大思政课研究项目比例，如 2020 年一般项目（含青年项目）立项通知中，在 149 项马克思主义理论与思想政治教育类课题中，有 19 项直接是对思政课开展研究，占比 12.75%。除此以外，教育部还通过示范马克思主义学院项目、思政课专项、中国特色社会主义理论体系研究专项等，加大思政课研究力度。

与此同时，各地各高校采取了系列举措和办法，如地方主要领导主动到高校讲授“形势与政策”课，出台加强思政课建设的意见和行动纲领，投入专项资金建设思政课“名室”、“名课”、“名篇”、“名牌”，加强专职教师力量配备，加大绩效激励力度，为教师职务晋升开通“绿色通道”，

推进课程思政和日常思政的协同，加强大中小学思政课教学协作，提供社会教育大舞台，等等，在整个教育系统营造了学校努力办好思政课、教师认真讲好思政课、学生积极学好思政课的良好氛围。

第二节　新时代思政课建设的深刻变化

“讲话”以来，在各方面的共同努力下，思政课建设取得了明显的进展，发生了一些深刻的变化。

一、思政课地位和作用的新提升

思政课是体现社会主义学校根本要求和本质特征的课程，是对学生进行思想政治教育的主渠道。在学校开设思政课，不仅体现着教育的性质和要求，而且表明了教育的发展方向。2015年，中共中央宣传部、教育部颁布的《普通高校思想政治理论课建设体系创新计划》指出：思想政治理论课是巩固马克思主义在高校意识形态领域指导地位，坚持社会主义办学方向的重要阵地，是全面贯彻落实党的教育方针，培养中国特色社会主义事业合格建设者和可靠接班人，落实立德树人根本任务的主干渠道，是进行社会主义核心价值观教育、帮助大学生树立正确世界观人生观价值观的核心课程。习近平总书记明确指出：“思政课是落实立德树人根本任务的关键课程，思政课作用不可替代，思政课教师队伍责任重大”①。这些论述对思政课在学校教育中的重要地位和作用进行了明确界定，不仅如此，习近平总书记还把思政课建设放在世界百年未有之大变局、党和国家事业

① 习近平：《思政课是落实立德树人根本任务的关键课程》，人民出版社2020年版，第2页。

发展全局来看待，从坚持和发展中国特色社会主义、建设社会主义现代化强国、实现中华民族伟大复兴的高度来对待，这样，思政课建设就不只是具体的课程教学的局部问题，更是关涉学校教育的根本任务和发展方向的宏大问题；不只是学校教育的局部问题，更是关涉中国特色社会主义事业长治久安的全局性战略性问题。这就进一步明确了思政课教学在学校教育和整个中国特色社会主义事业发展全局中的地位。“讲话”以来，各地各高校对思政课地位和作用的认识有了进一步提升，过去那种认为思政课是可有可无的“水课”，那种轻视思政课地位，动辄以各种各样的借口削减思政课课时或取消思政课的现象一去不复返了，思政课建设成为学校党委书记、校长履职工作的重要组成部分，成为学校落实立德树人根本任务的核心课程和灵魂课程。

二、思政课课程体系建设的新发展

高校思政课课程体系由系列思政课构成，主要是采取必修课的方式，面向全体学生开设。当前，积极推进用习近平新时代中国特色社会主义思想铸魂育人，在思政课原有课程体系的基础上，构建以习近平新时代中国特色社会主义思想为核心的课程体系成为新时代思政课课程体系建设的重要任务。“讲话”以来，思政课课程体系建设方面的新发展主要体现在：一是课程内容的深刻变化。围绕习近平新时代中国特色社会主义思想，采取一门为主、多门渗透的方式，在“毛泽东思想和中国特色社会主义理论体系概论”课中加大习近平新时代中国特色社会主义思想的内容，在其他各门课中推进以习近平新时代中国特色社会主义思想为核心的课程体系构建，思政课教学内容体系发生深刻变化。二是课程设置的深刻变化。根据《意见》和《方案》，全国重点马克思主义学院要率先开设“习近平新时代中国特色社会主义思想概论”课。三是课程类型的深刻变化。根据《意见》

等文件规定，各高校要重点围绕习近平新时代中国特色社会主义思想，党史、新中国史、改革开放史、社会主义发展史，宪法法律，中华优秀传统文化等特定课程模块，开设系列选择性必修课程，形成了必修课程和选修课程相结合的课程体系，增加了思政课课程设置的弹性和选择性，课程类型发生新变化。

三、思政课教师队伍面貌的新改观

“讲话”以来，关于办好思政课关键在教师的认识被广泛认同，思政课教师队伍状况和精神面貌发生了明显变化。一是教师队伍数量有了大幅度增长。根据高校师生比不低于 1∶350 的比例核定专职思政课教师岗位的要求，各地各高校采取选留、转任、转岗等方式增加专职思政课教师，采取鼓励辅导员兼任思政课教师、聘任特聘教师等方式聘任兼职教师，思政课教师队伍数量有了明显增加。二是教师队伍的思想理论水平有了进一步提升。通过参加各级各类思政课教师专题研修班、骨干研修班、实践研修活动、“周末理论大讲堂”、集体培训和集体备课等活动，思政课教师的思想理论素质有了很好的提升，进一步增强了讲好思政课的自信。三是教师队伍考核评价机制有了明显改观。根据《意见》等文件规定，思政课教师在考核评价和职务晋升方面的特殊性得到了重视，教学和教学研究在考核评价中的占比得到了提高，有条件的高校在专业职务评审过程中单独设立马克思主义理论类别，对思政课教师职务评审给予倾斜政策。四是教师队伍激励机制得到初步落实。在国家高层次人才支持计划中加大对思政课教师支持力度，在“万人计划”国家教学名师项目中单列适当比例支持思政课教师，思政课教师教学津贴得到了初步保障，在党和国家设立的荣誉称号中注意表彰优秀思政课教师，媒体宣传也加大了对优秀思政课教师的宣传力度，等等。“讲话”以来，思政课教师的荣誉感、责任感、使命感得到显著增强，整体心理状态和精神面貌发生深刻变化。

四、思政课教学改革创新的新气象

以往关于思政课教学改革创新主要围绕教学内容、教学方法、教学手段、教学组织方式和教学实践活动等具体问题层面展开，“讲话”把思政课教学改革提升到规律性的认识高度，从提升思政课思想性、理论性和亲和力、针对性的高度，对思政课教学改革创新提出明确要求。“讲话”以来，广大思政课教师在课程观念、教学模式、教学手段和教学实践活动等方面进行大胆改革创新，激活课堂教学的“革命”，思政课教学模式发生了深刻变化。一是教学方式呈现多样化。习近平总书记对很多学校在思政课上积极采用案例式教学、探究式教学、体验式教学、互动式教学、专题式教学、分众式教学等，运用现代信息技术等手段建设智慧课堂等给予充分肯定，极大地激发了广大教师探索思政课教学方法的积极性，思政课教学方法呈现多样化。二是教学形态发生深刻变化。教育部加大了对思政课信息化建设力度，积极推动人工智能等现代信息技术在思政课教学中的应用，推动思政课教师网络集体备课平台建设，打造思政课国家精品在线课程，建设融媒体公开课，等等，使思政课教学不断从实体课堂向虚拟课堂、实践课堂、社会大课堂延伸，呈现出多样化的课程形态。三是教学效果得到明显提升。“讲话”以来，广大思政课教师基于对思政课教学特点和规律的把握，深入探索思政课教学模式和内在规律，在提升思政课对学生的影响力等方面取得良好成效。据教育部高校思想政治工作创新发展中心（武汉大学）课题组 2019 年面向全国 70 所高校开展的网络问卷调查显示，大学生对思政课教学给予较高评价，80.5%的大学生对思政课教学总体状况表示满意，其中表示“非常满意”的占 36.1%，表示“比较满意”的占 44.4%。在 2020 年初突如其来的新冠疫情的严峻挑战下，思政课教学不仅经受住疫情考验，而且在线上课程教学、“战疫课堂”等方面表现突出，这充分体现出思政课教学改革创新的积极成果。

五、思政课建设格局的新拓展

“讲话”以来，思政课建设格局发生系列变化：一是思政课建设的战略格局发生变化。各学校将思政课建设列入学校中心工作，列入学校党委书记和校长的年度考核，把思政课建设提升到学校落实立德树人根本任务核心课程的全局性地位。二是思政课建设的课程格局发生变化。学校其他课程与思政课同向同行，思政课程与其他课程思政建设协同发展，思政课与日常思想政治工作协同推进，思政课实践教学与学生社会实践活动统筹发展，直接课程与间接课程、理论课程与实践课程相结合的课程格局初步形成。三是思政课建设的一体化格局发生变化。教育部专门组织“大中小学思政课课程教材一体化建设”、“大中小学思政课课程一体化建设”、“新时代高校思政课课程和教材一体化建设”等课题组，分片区对全国各省市高校教师、中小学教师和学生进行广泛调查，形成大中小学课程教材一体化的调研报告，大中小学思政课教材一体化意识得到提升，一些地方和高校也开展了大中小学思政课教材一体化的实践探索，思政课一体化建设的意识逐渐形成，一体化建设的思路也逐步明确。四是思政课建设的社会格局发生变化。习近平总书记指出，“推动形成全党全社会努力办好思政课、教师认真讲好思政课、学生积极学好思政课的良好氛围”①，构建学校、家庭、社会办好思政课的社会大格局。“讲话”以来，思政课建设受到国家和社会各界的广泛关注，一些社会机构主动尝试参与思政课建设，如中教

① 习近平：《思政课是落实立德树人根本任务的关键课程》，人民出版社 2020 年版，第 24 页。

华影全国校园电影院线推出《重生》校园行、《一堂思政课》等活动，通过电影的方式讲授思政课教学故事，创新思政课教学载体，创新社会共建思政课的新模式。总之，思政课建设的格局已经摆脱局限于思政课系统内部进行思政课建设的局面，日益拓展到学校教育的全局性工作层面、学校课程体系的核心层面、大中小学课程一体化层面、学校家庭社会整体联动的层面，极大地拓展了思政课改革和建设的时空。

上述思政课建设的深刻变化并不是思政课变化的全部，但从思政课建设的这些深刻变化来看，"讲话"以来思政课建设已经取得了明显进展，也许思政课领域的革命性变化正蕴含在这些静悄悄的变化之中。

第三节　新时代推动思政课创新发展的路径

"讲话"以来，思政课领域推出了一系列举措，思政课建设发生了一系列明显变化，这为深化思政课改革创新提供了良好基础。但思政课建设和改革永远在路上，并且越是深化改革和深入推进，思政课建设难度也会更大。

一、抓好中央和教育部等相关文件和政策的落实

"讲话"以来，中共中央和教育部等先后出台了一系列加强思政课建设的文件和政策，各地各高校也采取了系列举措加强思政课建设，这些举措对于推进思政课教学改革发展，营造思政课建设环境和氛围，起到了明显的促进作用。但从文件和有关政策的落实情况来看，各地各高校之间不仅存在着落实政策的不平衡，而且各地各高校的文件和政策也存在着不平衡的问题，这种不平衡虽然有各地各高校客观上存在的层次性和差异性的原因，但是对于思政课这样的国家课程的建设而言，如果在落实相关文件

和政策方面存在差异性，会冲淡课程建设统一性的要求。尽管中央和教育部等相关文件和政策对思政课建设和改革作出了明确具体规定，但文件精神的落实还需要有相当长的一段时间，如《意见》规定的思政课教材体系建设问题、队伍建设问题、课程改革创新问题等，都不是短期内能够彻底解决的问题，需要有一个长期持续的建设过程。在这个过程中，不折不扣落实文件和相关政策要求，稳步推进文件和政策相关举措落实，推进各地各高校思政课建设均衡发展，这既是一项需要长期深入和持续探索的工作，也是一项需要足够韧性的十分艰巨的工作。

二、紧扣思政课教学的根本任务

"理论创新每前进一步，理论武装就跟进一步，这是我们党加强自身建设的一条重要经验。"①党的十九大把习近平新时代中国特色社会主义思想确立为我们党必须长期坚持的指导思想并写入党章，第十三届全国人民代表大会通过的宪法修正案把习近平新时代中国特色社会主义思想载入宪法，实现了党和国家指导思想的与时俱进。及时推进党的创新理论成果进教材、进课堂、进学生头脑，用习近平新时代中国特色社会主义思想铸魂育人，这是新时代思政课建设的根本任务。"讲话"以来，以习近平新时代中国特色社会主义思想为核心的思政课课程体系建设取得了明显进展，37家全国重点马克思主义学院率先开设"习近平新时代中国特色社会主义思想概论"课，在其他思政课教材和教学中贯彻习近平新时代中国特色社会主义思想的工作也深入展开，但以习近平新时代中国特色社会主义思想为核心的思政课课程体系还没有完全形成，新课程体系的实施和全面推进还需要一段时间。这就需要在思政课课程建设中进一步紧扣用习近平新

① 《胡锦涛文选》第三卷，人民出版社2016年版，第530页。

时代中国特色社会主义思想铸魂育人这个核心任务，加快完善思政课课程体系建设的步伐。

三、增强思政课的思想性、理论性和亲和力、针对性

思政课教学作为一种课程教学活动，尽管可以通过政治、行政、法律、经济、社会等外部手段进行加强，但真正决定课程建设的根本性因素在于课程教学本身，在于增强课程建设的思想性、理论性和亲和力、针对性。“讲话”以来，各高校加强马克思主义理论学科建设，努力提升思政课建设的学理性和说服性；加强思政课教师队伍建设，努力提升思政课教师队伍的学术素养和教学感召力；加强思政课教学方法的试验和探索，努力提升思政课教学的亲和力和针对性；加强思政课教学环境和条件建设，为思政课教学提供良好的保障和支撑，思政课教学状况发生了积极明显的变化。但从思政课教学总体面貌来看，要使思政课课堂效果明显改观，还有待时日；从思政课教学改革创新的研究来看，对“八个相统一”的总体研究和具体研究受到高度重视，而如何从总体上达到增强思政课思想性、理论性和亲和力、针对性的改革创新目标方面的研究相对不足。[①] 思政课建设要在把握教学规律的基础上，进一步增强思政课的思想性、理论性和亲和力、针对性，实现课程教学面貌的根本改观。

四、提升思政课教师成长和发展的内在动力

习近平总书记对思政课教师队伍建设给予高度重视，提出思政课建设

① 参见佘双好、张琪如：《习近平总书记在学校思想政治理论课教师座谈会重要讲话研究透析》，《学校党建与思想教育》2020 年第 5 期。

关键在教师，关键在发挥教师的积极性、主动性、创造性。思政课建设的“两个关键”充分说明了教师队伍建设对于思政课建设的重要作用。“讲话”以来，中共中央和教育部出台了系列关于加强思政课教师队伍建设的文件和政策，为思政课教师发展创造了良好的条件，为思政课教师成长和发展提供了符合实际的政策和保障。虽然这些政策措施还有一个进一步落实的问题，但是毫无疑问，在这些文件和政策的支撑下，思政课教师队伍建设无论从数量上还是从质量上都有了明显提高，思政课教师队伍面貌有了明显改观。但从总体来看，相比较于为思政课教师发展创造外在条件和保障，相比较于对思政课教师能力和素质提出更高要求，如何为思政课教师提供内在的精神激励和支撑，特别是如何充分发挥思政课教师的积极性、主动性、创造性，如何提升思政课教师的职业认同感、荣誉感、责任感，提升思政课教师内在的自信等，还需要进一步加大支持力度，需要有足够的时间等待，需要有更进一步的激励措施。要进一步激发思政课教师成长和发展的内在动力，让思政课教师更有自信地开展思政课教学。

五、整合教育资源形成思政课建设的合力

学校思想政治工作不是单一条线的工作，而应该是全方位的，要促进各方面力量和资源的协作，形成协同效应。“讲话”以来，在提升思政课建设格局，推动思政课程与课程思政相协调，思政课与日常思想政治教育相协作，大中小学思政课相衔接，学校教育与家庭教育、社会教育相配合等方面取得了明显进展。但从总体来看，全社会共同关心支持思政课建设的大格局还需要进一步推进，思政课建设与其他建设相协调配合的环境还需要进一步营造。要把加强思政课建设与《中共中央关于坚持和完善中国特色社会主义制度、推进国家治理体系和治理能力现代化若干重大问题的

决定》《新时代爱国主义教育实施纲要》《新时代公民道德建设实施纲要》等文件的贯彻落实结合起来，与我们正在推进的改革开放和社会主义现代化建设伟大事业结合起来，同频共振，形成全方位开展思政课建设的强大合力。

第八章

新时代思想政治教育模式演进

思想政治教育模式是指在一定理念指导下的一整套思想政治教育活动运行和实施体系。思想政治教育是中国共产党的优良传统、鲜明特色和明显优势，在中国革命、建设和改革实践中发挥着“生命线”的重要作用。在新民主主义革命时期，尽管中国共产党从建党之初就开启了思想政治教育活动，但在革命战争条件下，思想政治教育活动主要在党内、党领导的军队内部和党局部执政地区等有限范围开展，具有局部性、零星性和不稳定性的特点，还没有条件和能力在全国范围内、面向全国人民开展体制化的思想政治教育活动，形成一整套系统成型的思想政治教育模式。新中国成立开启了党在全国范围内、面向全体人民进行整体性、体系化的思想政治教育实践活动。本章以新中国成立作为思想政治教育模式构建的起点，探索新时代思想政治教育模式的创新发展。

第一节　新中国成立初期思想政治教育模式的构建

新中国成立开启了在中国共产党执政条件下，在全国范围进行思想政治教育的新的历史时期。“充分运用执政党掌握的上层建筑及意识形态资源，发挥思想政治教育的优势，扩大马克思主义在中国的宣传普及，使党的指导思想上升为国家主流意识形态，同时构建适应新中国经济、政治形势和思想文化需要的思想政治教育制度，为新兴社会制度的巩固和发展提供强大的思想保证、精神动力和舆论支持，是新中国初期思想政治教育面临的紧迫任务。”①

一、新中国成立初期思想政治教育模式的特点

新中国成立初期，特别在社会主义革命刚刚完成，社会主义建设刚刚起步时，如何在全国范围内和全体规模上构建适应社会主义性质的思想政治教育模式，如何充分利用党的执政优势把党的指导思想上升到国家意识形态并让人民接受，如何建立与党的意识形态相适应的领导机制和工作机制，这些都是当时党需要考虑和解决的问题。由于缺少思想政治教育模式构建的经验，党在新中国成立初期对思想政治教育模式构建主要基于革命战争时期的经验和借鉴苏联建设模式，使得当时思想政治教育具有浓厚的革命色彩和新政权建设初期的痕迹，而当时相对封闭、落后的社会环境，对新生社会制度热情与党和政府的高度威信，又使得当时思想政治教育具有理想主义和全面主义特色。新中国成立初期思想政治教育从总体上属于一种全面主义、社会本位、权威主义的思想政治教育模式，它主要采取以党和政府为主导，采取自上而下方式，以专门机构为主体协调，以社会动员为主要方式，以说理教育为主要方法，调动各个方面力量和资源，共同促进教育对象思想政治发展的模式。

新中国成立初期思想政治教育模式具有以下一些特点：一是全面主义。在思想政治教育力量构成方面，素来有全面主义与德目主义教育模式之争。德目主义模式认为，思想政治教育应通过专门的机构、采取专门的

① 王树荫主编：《中国共产党思想政治教育史》第2版，中国人民大学出版社2016年版，第129页。

思想政治教育内容、进行专门化的思想政治教育活动；而全面主义则主张思想政治教育的全面参与、全过程施教、全方位思想政治工作。在思想政治教育模式的选择中，新中国初期思想政治教育采用了全面主义模式。全面主义思想政治教育模式并不排斥思想政治教育的专门化、部门化，更强调在此基础上全员参与、全程施教和全方位思想政治工作。二是社会本位。在思想政治教育价值取向方面，素来有社会本位和个人本位之争，西方思想政治教育模式主要以个人为本位，以个人主义为价值取向。新中国成立初期的思想政治教育模式采取了社会本位的模式，即以国家和社会的发展作为思想政治教育发展的出发点，以集体主义为价值取向，从国家和集体角度出发来进行思想政治教育模式构建。三是权威主义。在思想政治教育运作方式方面，素来有权威主义和民主主义之争，权威主义思想政治教育模式主张自上而下地推进思想政治教育，强调教育者的权威性，主张少数服从多数、个人服从组织、全党服从中央，而民主主义思想政治教育模式则主张自下而上地思想政治教育，强调发挥思想政治教育对象的积极性和主动性，尊重思想政治教育对象的自发性和个性。这种模式鼓励思想政治教育的自发性，实际上演化成一种放任式的思想政治教育模式。在思想政治教育运作模式选择过程中，党的思想政治教育模式选择了权威主义运作模式。四是社会动员。在思想政治教育发动方式方面，素来有社会动员和制度法治之争，社会动员的思想政治教育模式通过动员、采取运动式方式，思想政治教育活动主要围绕中心工作展开。而制度法治建设的思想政治教育模式通过制度和法治，注重思想政治教育活动的稳定性和阵地化建设。新中国成立初期思想政治教育主要采取社会动员的模式展开。

二、新中国成立初期思想政治教育模式的优点

新中国成立初期党的思想政治教育模式虽然有其特殊的历史背景，但

它反映了社会主义思想政治教育的性质和中国共产党第一代领导集体对中国特色思想政治教育模式的有益探讨，具有长足的优点：一是充分发挥政府部门的主导作用，采取自上而下的方式推进思想政治教育。在国家强势主导、专门机构大力推动和各级组织积极响应下，党中央的决策短时间内即可传递到基层，具有全面覆盖、深入渗透的特色和优势。二是重视专门机构的作用，通过专门机构整合各种教育资源，体现思想政治教育的整体优势。三是强化意识形态教育内容，重视政治因素和思想因素的主导作用。这为教育对象成长和发展提供了长远、宏观、整体的视野，使其能用宏观、整体的思维方式处理问题，为其形成积极的人生态度奠定良好基础。四是广泛参与性，通过社会动员方式调动人们参与其中，并与各种运动结合在一起，形成声势浩大的气势，造成强大的思想压力。五是采取说理教育方法进行思想引导，说服而不是压服，说理而非说教。开创了无产阶级和广大劳动人民自己掌握政权以后的新的思想政治教育的形式，正如毛泽东所指出："有了人民的国家，人民才有可能在全国范围内和全体规模上，用民主的方法，教育自己和改造自己，使自己脱离内外反动派的影响。"①六是通过政权的力量，借助党和政府的高度权威，采取显性方式开展思想政治教育。正如毛泽东所说："现在社会主义在意识形态的斗争中，具有优胜的条件。政权的基本力量是在无产阶级领导下的劳动人民手里。共产党有强大的力量和很高的威信。"②这体现了我们党的思想政治教育模式的革命性和彻底性，敢于将自己的思想政治教育公开明确进行，这和资产阶级既重视思想政治教育，但又不敢明确提出思想政治教育形成鲜明对比，充分体现了中国共产党思想政治教育的优势。

---

① 《毛泽东选集》第四卷，人民出版社 1991 年版，第 1476 页。

② 《毛泽东文集》第七卷，人民出版社 1999 年版，第 231 页。

三、新中国成立初期思想政治教育模式的局限

新中国成立初期思想政治教育模式虽然具有鲜明的时代特点和长足的优势，但这一阶段思想政治教育模式是在一个相对封闭的环境下，在新中国成立初期我们对社会主义建设规律的认识还不够深刻的条件下，思想政治教育模式难以避免的局限性。主要体现在：一是重视政府和教育部门在思想政治教育中的主导性作用，忽视受教育对象的主体作用，他们在这个过程中是参与者，而不是行动的主体。二是重视正规、有组织、系统的正面教育渠道，思想政治教育活动主要由政府部门和学校等机构展开，忽视非正式、活动性、偶发的教育渠道。三是重视直接、显性教育渠道的作用和功能，比较忽视间接、隐性教育渠道的作用和功能。四是重思想政治内容方面的教育，忽视道德心理素质的培养；重认知发展，忽视情感和心理的发展；重教育力量，忽视其他力量。五是以社会动员为主要方式展开思想政治教育，但系统性、稳定性和科学性不够。

第二节　改革开放新时期思想政治教育模式的探索

改革开放以后，随着社会结构、利益格局、生活方式日渐多样化、复杂化，人们思想观念日趋多元、多变，思想文化交流、交融、交锋不断凸显，加之信息技术迅猛发展，思想政治教育面临日益复杂的环境，受到多样化社会思潮和观点的挑战。改革开放初期，深感于此前频繁的运动对思想政治教育科学性的破坏和冲击，人们提出了思想政治教育科学化的命题。在总结经验教训基础上，思想政治教育走上了科学化、专业化、规范化发展道路，构建了以科学主义、专业主义和制度化为导向的思想政治教育模式。

一、改革开放新时期思想政治教育模式的特点

改革开放以来，伴随着社会环境的复杂深刻变化，我国融入世界政治经济文化发展大环境，思想政治教育面临的外部环境发生深刻变化，思想政治教育的任务和要求也发生深刻变化。体现在以下几个方面：一是思想政治教育要求发生深刻变化，从政治到经济、文化、社会、生态等方面，思想政治教育面临着更为复杂的社会环境。二是人们思想观念发生了深刻变化，人们思想的多样性、复杂性、选择性和变化性更大，思想政治方面的问题并不是占主导地位的人们关心的问题。三是思想政治教育内容的主导性受到影响，多样化的社会思潮干扰人们的思想政治观念，影响人们形成坚定正确政治观念。四是党的思想政治教育部门的权威和威信受到影响，思想政治教育部门并非最有影响力的部门。五是思想政治教育面临的环境更为复杂，世界范围内各种思想文化交流交融交锋更加频繁，国际思想文化领域斗争深刻复杂，西方国家把我国发展壮大视为对其价值观和制度模式的挑战，加紧对我国进行思想文化渗透。六是思想政治教育面临信息技术迅猛发展的新环境，思想政治教育不仅面对现实环境的挑战，而且面临着网络等虚拟环境的挑战。网络的出现，直接造成教育“不对称性”消逝，影响着思想政治教育主导性；网络的虚拟环境产生了道德“旁观者”，分散了思想政治教育的责任；网络空间的匿名性，增加了各种非理性思想和情绪出现的可能性；碎片化的问题，现代信息传播的碎片化，对整体系统理论教育形成冲击；自媒体出现使每个人都拥有话语权，对思想政治教育主导性和权威性提出挑战。

为了应对改革开放以后思想多元化的挑战，中共中央和相关行政部门出台了一系列实施思想政治教育的纲领性、指导性文件，推进思想政治教育科学化、专业化进程。如《关于改进和加强高等学校思想政治工作的决定》《关于进一步加强和改进学校德育工作的若干意见》《关于加强和改进

思想政治工作的若干意见》《关于进一步加强和改进大学生思想政治教育的意见》等。这些文件进一步明确了思想政治教育的重要意义、作用和功能、目标任务、途径方法、组织管理、队伍建设等，促进了思想政治教育日益制度化、体制化和规范化。其中，《关于进一步加强和改进大学生思想政治教育的意见》是思想政治教育科学化、专业化、专门化、职业化的最典型代表。此后，中共中央又下发了多个配套文件，思想政治教育进一步走向科学化、专业化。

改革开放新时期思想政治教育模式呈现出以下特点：一是强调思想政治教育科学化。思想政治教育科学化是推动思想政治教育发展的重要力量。改革开放以后，思想政治教育被确定为一门科学，按照科学方式建设思想政治教育，推进思想政治教育科学化，成为思想政治教育创新发展的根本动力。二是强调思想政治教育专业化。专业化是思想政治教育科学化的结果，也是思想政治教育发展的内生力量。在这种力量的推动下，思想政治教育实现从科学到本科专业、到学科、再到马克思主义理论一级学科目录下独立二级学科的转变。思想政治教育成为一项伟大的事业、成为一门专门的职业，任何人不经过思想政治教育系统训练，就无法胜任专门的思想政治工作。三是强调思想政治教育规范性。在行政部门的推动下，中共中央和教育部出台了一系列关于加强和改进思想政治教育的文件，这些文件明确思想政治教育的重要意义、作用和功能、目标任务、途径方法、组织管理、队伍建设等，使思想政治教育日益制度化、体制化和规范化。其中最典型、最集中的成果就是《中共中央国务院关于进一步加强和改进大学生思想政治教育的意见》，它是思想政治教育科学化、专业化、专门化、职业化的一个最典型的代表。之后，中共中央又下发了十多个配套文件，标志着思想政治教育逐渐走向专业精致化。

二、改革开放新时期思想政治教育模式的深刻变化

改革开放以来，思想政治教育模式在外部环境、政策举措及内部动力等各种力量的形塑下发生深刻变化，呈现出多元、双向、互动、并重的发展状态。一是思想政治教育形态从经验状态向科学和学科状态转化，思想政治教育活动逐渐成为有学理和学科支撑的实践活动，这提升了思想政治教育的科学化水平。二是思想政治教育模式从党政主导向双向互动转变，思想政治教育越来越尊重教育对象的主体地位和作用，教育者和教育对象的双向沟通对话的特点更明显。三是思想政治教育状态从运动式向制度化、体制化转变，伴随着与思想政治教育有关的文件出台，思想政治教育制度建设日益健全。四是思想政治教育方式从重视直接教育、显性教育向兼顾间接教育、隐性教育转变，思想政治教育活动日益向学校整体教育教学活动延伸。五是思想政治教育方法从注重认知向认知、情感和活动并重转变，方法日益丰富。六是思想政治教育内容从政治内容向全面发展内容转变，思想道德教育、心理健康教育日益成为重要内容。七是思想政治教育渠道从重视正规渠道向兼顾非正式、活动性、偶发的渠道转变。八是思想政治教育手段从教育教学向多样化手段转变，网络、微信等新媒体手段得到充分利用。九是思想政治教育研究视角从重视教育者向重视教育对象转变，受教育者在思想政治教育中的影响成为关注的重要因素。十是思想政治教育队伍从全员到重视专职、再到专门职业与全员并重的转变，思想政治教育队伍呈现出多元化态势。

从上述十个方面的描述来看，改革开放新时期思想政治教育模式已经发生深刻变化，呈现出多元、双向、互动、并重的发展状态，思想政治教育模式不仅仅从国家和社会需要出发开展活动，而是充分兼顾了个人的发展，把促进个人发展与国家和社会发展结合起来；思想政治教育也不是一种单一由党和政府自上而下的发动模式，而是把自上而下与自下而上结合

起来；思想政治教育方式方法并不是单一通过说理教育、从教育者角度思考问题，而是充分认识到教育对象的主动性因素，通过多样化教育方式实现双向沟通互动；思想政治教育模式的样态并不是以经验为基础，而是在专业思想政治教育人员的科学研究基础上，实现思想政治教育的科学化和规范化，思想政治教育活动日益摆脱单纯靠经验来工作的状态。

三、改革开放以来思想政治教育模式的局限

改革开放以来，思想政治教育模式在科学化、专业化、规范化建设过程中取得了明显的成绩，但也留下了一些问题：比如思想政治教育本来应该是全社会共同关注的，但因为有了思想政治教育专业和思想政治教育专职人员，使得很多人误以为只有思想政治教育专职人员做的工作才是思想政治教育工作。由此，思想政治教育逐渐变成专职人员从事的工作，变得越来越部门化。而思想政治教育的部门化，使思想政治教育者承担了一些本不应有的压力。

改革开放新时期思想政治教育模式的主要问题：一是伴随着思想政治教育的专业化、学科化进程，思想政治教育的“教育成分”日益深厚，思想政治教育活动往往局限于“教育”领域和“教育”手段，思想政治教育越来越局限于学校领域、专门领域。二是伴随着思想政治教育学科化进程，思想政治教育的理论性和学理性受到重视，思想政治教育的实践性和经验性受到忽视，理论与实践的矛盾日益凸显。三是伴随着思想政治教育双向互动转变，思想政治教育活动中受教育者的思想政治观念越来越受到重视，在尊重教育对象的主体性的同时，思想政治教育内容的主导性受到削弱。四是伴随着思想政治教育制度化体制化转变，思想政治教育日益微观具体，大范围、调动全员、激动人心的活动日益减少。五是伴随着领域的分化，思想政治教育关注视野日益微观，思想政治教育宏观生态环境优

化成为问题。六是伴随着专业思想政治教育人员出现，思想政治教育越来越成为专门的工作。从总体上来看，改革开放以来，尽管思想政治教育的科学化、专业化和规范化程度日益提升，但思想政治教育活动依然相对比较封闭、相对单一、相对静态，依然没有走出自我循环、自说自话的困境。

改革开放新时期思想政治教育模式的发展，既为新时代思想政治教育模式发展提供了有益经验，同时也构成新时代思想政治教育模式变迁的背景，新时代思想政治教育模式构建正是在新中国成立以来，特别是改革开放以来思想政治教育模式基础上，实现思想政治教育模式创新发展的。

第三节　新时代思想政治教育模式构建的理论指导

党的十八大以来，以习近平同志为核心的党中央把意识形态、精神文明建设、思想政治工作作为全局性的重要工作，把思想政治工作提升为国家治理体系和治理能力现代化的重要手段，成为党的治国理政战略思想的重要内容，成为中国特色社会主义的本质属性和基本标志，极大地丰富和发展了党的思想政治工作内容，为全面推动思想政治教育模式转变提供了基本遵循。

一、新时代思想政治教育模式的理论指导

党的十八大以来，习近平总书记在不同场合多次发表重要讲话，对思想宣传领域改革作出部署，对不同领域的思想政治工作提出要求，其中关于高校思想政治工作的重要论述更为充分。习近平总书记关于高校思想政治工作的重要论述有一个逐渐深入、聚焦和发展的过程，为新时代思想政

治教育模式构建提供了重要理论指导和实践遵循。

第一，提出思想政治工作“盐”的比喻。2016 年 12 月 7—8 日，习近平总书记在全国高校思想政治工作会议上发表重要讲话，充分论述高校思想政治工作对高等教育改革和发展的重要意义。此次讲话既与有关思想政治工作的其他重要讲话（全国宣传思想工作会议、文艺工作座谈会、全军政治工作会议、中央统战工作会议、全国党校工作会议、党的新闻舆论工作座谈会、网络安全和信息化工作座谈会、哲学社会科学工作座谈会等）一脉相承，又具有高校思想政治工作的特殊内涵。在这次会议上，习近平总书记并没有直接论述思想政治工作模式，而是提出了许多新思想新理念新观点。他指出，高校“要坚持把立德树人作为中心环节，把思想政治工作贯穿教育教学全过程，实现全程育人、全方位育人”①，强调高校思想政治工作涉及教育根本问题，需要不断改进和加强，这对高校思想政治工作重新进行了定位。同时，习近平总书记提出了“因事而化、因时而进、因势而新”的重要理念，以及“四个坚持不懈”、“四个正确认识”的重要任务，为高校思想政治工作模式构建指明了方向。习近平总书记还用“盐”比喻巧妙的思想政治教育方法，认为“好的思想政治工作应该像盐，但不能光吃盐，最好的方式是将盐溶解到各种食物中自然而然地吸收”②，要求教育者在思想政治工作中力避千书一面、千人一面，力避脱离实际的空话、大话，注重分析不同学生的特点和实际，改进教学方式方法，讲求艺术性。在全国高校思想政治工作会议上，习近平总书记虽然从宏观整体上对高校思想政治工作进行全面阐述，把思想政治工作比作“盐”，但还没有提出高校思想政治工作模式的问题。

第二，提出建设思想政治工作体系的任务。2018 年 5 月 2 日，在北

---

① 《习近平谈治国理政》第二卷，外文出版社 2017 年版，第 376 页。

② 《沿用好办法 改进老办法 探索新办法——三论学习贯彻习近平总书记高校思想政治工作会议讲话》，《人民日报》2016 年 12 月 11 日。

京大学师生座谈会上，习近平总书记明确提出了建设思想政治工作体系的任务，对思想政治工作的任务由此前的“贯穿教育教学全过程”上升为“贯穿人才培养体系”，强调了思想政治工作体系在人才培养体系中的基础性地位。习近平总书记指出：“人才培养体系涉及学科体系、教学体系、教材体系、管理体系等，而贯通其中的是思想政治工作体系。加强党的领导和党的建设，加强思想政治工作体系建设，是形成高水平人才培养体系的重要内容。”[①] 建设思想政治工作体系这项任务的提出，是对新时代思想政治工作模式认识的深化。

第三，提出“融入式、嵌入式、渗透式”思想政治教育模式。2018 年 9 月 10 日，在全国教育大会上，习近平总书记从坚持中国特色社会主义教育发展道路，培养德智体美劳全面发展的社会主义建设者和接班人的战略高度，对党的十八大以来教育改革发展的一系列新理念新思想新观点进行系统总结，对新时代教育改革发展进行总体目标定位和战略部署。关于思想政治工作模式，习近平总书记分别从思想政治工作的重要地位、方式方法、工作重心、专业队伍、渠道拓展等方面展开专门论述。他强调，“思想政治工作是学校各项工作的生命线，各级党委、各级教育主管部门、学校党组织都必须紧紧抓在手上”[②]，要把思想政治工作贯穿学校教育管理全过程。这进一步明确了思想政治工作在学校各项工作中的重要地位。在此前提出思想政治工作体系的基础上，习近平总书记用“融入式、嵌入式、渗透式”总结高校思想政治工作模式，对“全员全过程全方位”的育人模式进行理论概括，指出思想政治工作决不是单纯一条线的工作，而应该是全方位的，无处不在、无时不在的，融入式、嵌入式、渗透式的，不能搞成“两张皮”。这种新的思想政治工作模式，是对改革开放

① 习近平：《在北京大学师生座谈会上的讲话》，人民出版社 2018 年版，第 10 页。

② 《习近平在全国教育大会上强调　坚持中国特色社会主义教育发展道路　培养德智体美劳全面发展的社会主义建设者和接班人》，《人民日报》2018 年 9 月 11 日。

以后形成的专门化、专业化、专家化模式的升华，也是对高校思想政治工作贯穿教育教学全过程、人才培养体系全过程、学校教育管理全过程的理论总结。从“因事而化、因时而进、因势而新”的理念，到“融入式、嵌入式、渗透式”模式的提出，标志着高校思想政治工作模式的具体化，表明新时代思想政治工作模式的形成和深化。

第四，提出坚持显性教育与隐性教育相统一的要求。2019 年 3 月 18 日，习近平总书记在学校思想政治理论课教师座谈会上指出，思想政治理论课改革创新要坚持“八个相统一”。其中包括坚持显性教育和隐性教育相统一，“挖掘其他课程和教学方式中蕴含的思想政治教育资源，实现全员全程全方位育人”①，第一次明确提出显性教育和隐性教育相统一的教学要求，标志着思想政治理论课课程观念的深刻变化。学校思想政治理论课要将显性教育与隐性教育结合起来，不仅需要通过显性方式对学生直接进行思想政治理论教育，而且需要通过隐性方式对学生进行间接渗透教育。为此，必须“完善课程体系，解决好各类课程和思政课相互配合的问题，鼓励教学名师到思政课堂上讲课”②，解决好推动其他教职员工和思政课老师相辅相成的问题，推动思想政治工作贯通人才培养体系，发挥融入式、嵌入式、渗透式的立德树人协同效应。这进一步从课程建设角度，深化了“融入式、嵌入式、渗透式”思想政治工作模式的具体内涵。

从“盐”的比喻到思想政治工作体系的提出，再到融入式、嵌入式、渗透式模式以及显性教育与隐性教育相统一思想的明确，标志着新时代思想政治教育模式逐渐明晰化。

① 习近平：《思政课是落实立德树人根本任务的关键课程》，人民出版社 2020 年版，第 23 页。

② 习近平：《思政课是落实立德树人根本任务的关键课程》，人民出版社 2020 年版，第 27 页。

二、新时代思想政治教育模式的实践探索

在习近平总书记关于思想政治教育重要论述的指导下，新时代思想政治教育模式构建也在不断推进。2013 年，中共中央办公厅印发了《关于培育和践行社会主义核心价值观的意见》，这是以社会主义核心价值观培育和践行为主题的思想政治教育实践活动的纲领性文件，文件从教育引导、舆论宣传、文化熏陶、实践养成、制度保障、政策导向、法律健全、生活引导等方方面面，对社会主义核心价值观培育和践行作出规定，“使核心价值观的影响像空气一样无所不在、无时不有”①，构筑了思想政治教育新模式的实践形态。2015 年 1 月，中共中央办公厅、国务院办公厅印发《关于进一步加强和改进新形势下高校宣传思想工作的意见》，从宣传思想工作的宏观视角，对高校思想政治教育的战略任务、指导思想、基本原则、主要任务和途径方法进行部署。2017 年 2 月，中共中央、国务院印发《关于加强和改进新形势下高校思想政治工作的意见》，从高等教育事业发展全局和扎实办好中国特色社会主义大学出发，指明了高校思想政治教育发展的方向。2019 年 6 月，中共中央以党内法规形式出台《中国共产党宣传工作条例》，明确宣传思想工作领域思想政治教育的职责。2019 年 10 月，党的十九届四中全会通过《中共中央关于坚持和完善中国特色社会主义制度、推进国家治理体系和治理能力现代化若干重大问题的决定》，把坚持马克思主义在意识形态领域指导地位作为中国特色社会主义文化建设的根本制度，提出坚持以社会主义核心价值观引领文化建设制度，提出“加强和改进学校思想政治教育，建立全员、全程、全方位育人体制机制”②，对新时代思想政治教育制度提出明确要求。2019 年 10 月和 11 月，中共中央、

---

① 《习近平谈治国理政》第一卷，外文出版社 2018 年版，第 165 页。

② 《中共中央关于坚持和完善中国特色社会主义制度　推进国家治理体系和治理能力现代化若干重大问题的决定》，人民出版社 2019 年版，第 23 页。

国务院先后印发了《新时代公民道德建设实施纲要》和《新时代爱国主义教育实施纲要》，站在新的历史方位和时代形势下对公民道德建设和爱国主义教育进行制度安排，丰富了新时代思想政治工作的内容和领域。2021 年 4 月，中共中央、国务院印发《关于新时代加强和改进思想政治工作的意见》，意见明确新时代思想政治教育的地位作用、指导思想和基本原则，并提出把思想政治工作作为治党治国的重要方式、深入开展思想政治教育、提升基层思想政治工作质量和水平、推动新时代思想政治工作守正创新和构建共同推进思想政治工作的大格局等任务①，对全面建设社会主义现代化国家新征程的思想政治教育模式从文件和制度上进行规定，是中国特色社会主义新时代对思想政治教育认识达到的新高度和积淀的新成果。

三、新时代思想政治教育模式的特点

新时代思想政治教育模式既继承了新中国成立以来思想政治教育模式的优点，又在新时代条件下对党的思想政治教育模式进行创新和超越，具有以下鲜明的特点。

一是回归原点。新时代党对思想政治教育的探索，坚持初心使命，把思想政治教育作为中国共产党治党治国的优势，明确“巩固马克思主义在意识形态领域的指导地位，巩固全党全国人民团结奋斗的共同思想基础”②的思想政治教育根本任务，回到党和国家开展思想政治教育初衷，回到思想政治教育根本任务的原点。

二是整体推进。新时代党对思想政治教育的探索是把思想政治教育

① 参见《中共中央国务院印发〈关于新时代加强和改进思想政治工作的意见〉》，《人民日报》2021 年 7 月 13 日。

② 《全面提升新时代宣传工作的科学化规范化制度化水平——中央宣传部负责人就〈中国共产党宣传工作条例〉答记者问》，《人民日报》2019 年 9 月 1 日。

提升到党和国家的整体性战略地位，作为国家治理体系和治理能力现代化的重要手段，用国家政权综合整体的力量开展思想政治教育，使得思想政治教育不再局限于局部领域和专业部门，提升了思想政治教育的宏观视野。

三是融入贯通。新时代党对思想政治教育的探索确立了融入式、嵌入式、渗透式的思想政治教育模式，使思想政治教育融入渗透于社会生活的方方面面，像空气一样无所不在、无时不有。

四是主动谋划。新时代党的思想政治教育强调主动出击，掌握意识形态领域的领导权和话语权，要求在事关大是大非和政治原则问题上，必须增强主动性、掌握主动权、打好主动仗，帮助干部群众划清是非界限、澄清模糊认识[①]。

五是制度法治。新时代在改革开放和社会主义现代化建设新时期思想政治教育制度化建设的基础上，在全面依法治国和依规治党的战略推进下，思想政治教育制度化、法治化取得了明显进展，实现思想政治教育的制度法治化。

六是全员专业。新时代党对思想政治教育的部署强调全员与专业相结合，不仅要求思想政治教育部门和思想政治教育工作者“真正成为在理论上、笔头上、口才上或其他专长上有‘几把刷子’、让人信服的行家里手”[②]，而且提出要“完善党委统一领导、党政齐抓共管、宣传部门组织协调、有关部门和人民团体分工负责、全党全社会共同参与的思想政治工作大格局”[③]。这些特点表明，新时代思想政治教育已经站在新的历史方位，

① 参见《习近平谈治国理政》第一卷，外文出版社 2018 年版，第 155 页。

② 《习近平总书记系列重要讲话读本（2016 年版）》，学习出版社、人民出版社 2016 年版，第 196 页。

③ 《中共中央国务院印发〈关于新时代加强和改进思想政治工作的意见〉》，《人民日报》2021 年 7 月 13 日。

形成新的思想政治教育模式。

第四节　新时代思想政治教育模式的发展路向

从新中国成立以来思想政治教育模式的发展历程来看，思想政治教育模式有一个从权威、全面经过科学、专业再到整体、融入的发展过程。思想政治教育模式发生了深刻变化。新时代思想政治教育应以习近平新时代中国特色社会主义思想为指导，推动思想政治教育模式向整体综合、双向并举、融入渗透、科学艺术、多样差异、全员专家的思想政治教育模式延伸，形成新时代思想政治教育新的模式。

一、整体性与全覆盖的思想政治教育模式

充分运用党的领导优势，使党的指导思想上升为国家主流意识形态，形成整体和全覆盖的思想政治教育工作格局，这是中国共产党进行思想政治教育的有利条件。党的十八大以来，思想政治工作提升到党和国家发展的战略全局高度。从这个意义上来看，思想政治工作并不是思想政治工作部门的局部工作，也不只是部分人员的专职工作，而是培养担当民族复兴大任的时代新人的重大问题。因此，要推动思想政治工作从专门部门工作向全局工作、中心工作、核心任务转变，推进思想政治教育从具体教育活动向系统整体的战略高度转变，让思想政治教育像空气一样无所不在、无时不有。从整体上构建思想政治教育的宏观生态，形成整体性与全覆盖的思想政治教育模式，充分发挥思想政治教育对全社会思想文化建设的促进作用。

二、主导性与主体性的思想政治教育模式

思想政治教育是利用先进思想政治观念对受教育者进行教育引导的活动。思想政治教育活动不是个人的活动，思想政治教育工作者作为党和政府或者单位的代表而介入思想政治教育过程。所以，在思想政治教育过程中，教育者应发挥主导作用。思想政治教育亦应注意人的主体性问题。主体性是指教育过程中人的因素，人与教育内容相对应，人是积极活动的主体。因此，相对于物的因素，所有思想政治教育过程中的人都是活动的主体。而在教育过程中的人际关系里，教育者是教育活动的主要因素。随着信息技术的发展和社交媒体的普及，思想政治教育工作者与教育对象之间趋于双向互动，思想政治教育对象的主体性不断凸显。因而，在思想政治教育过程中，要处理好人与物关系中人的主体性和人际关系中教育者主导性的问题，形成充分发挥主体性与主导性作用的思想政治教育模式。

三、融入式、嵌入式、渗透式的思想政治教育模式

思想政治教育作为系统进行马克思主义理论教育的社会实践活动，不可能仅通过间接渗透的方式进行，必须进行专门的教育实践活动，才能达到思想政治教育的目标。但是，这并不是说思想政治教育只能采取专门化的教育才能实现。改革开放以来，思想政治教育主渠道和主阵地地位的确立，对改进和加强思想政治教育发挥了重要作用，但也使人们形成了思想政治教育由专门机构和人员展开，而与其他业务活动关系不密切的误解。实际上，“一个马克思主义者如果以为，被整个现代社会置于愚昧无知和囿于偏见这种境地的千百万人民群众（特别是农民和手工业者）只有通过纯粹马克思主义的教育这条直路，才能摆脱愚昧状态，那就是最大的而且

是最坏的错误”[①]。党的十八大以来，思想政治教育在抓好主渠道和主阵地建设的同时，从专门领域向专业领域、文化领域、实践领域、社会领域等所有领域延伸，推进思想政治教育全面、全方位、全过程发展，这使此前由于专业化、专门化而造成的思想政治教育领域窄化的问题得以解决。同时，以往被忽视的间接渗透式教育也日益受到关注，把思想政治教育活动贯穿各个领域，推进思想政治教育融入式、嵌入式、渗透式发展，成为新时代思想政治教育发展的重要取向。在全国教育大会上，习近平总书记不仅提出了“融入式、嵌入式、渗透式”的思想政治教育模式，而且提出“要把立德树人融入思想道德教育、文化知识教育、社会实践教育各环节，贯穿基础教育、职业教育、高等教育各领域，学科体系、教学体系、教材体系、管理体系要围绕这个目标来设计，教师要围绕这个目标来教，学生要围绕这个目标来学”[②]，从学校教育管理的各个方面、各个环节指明了融入、嵌入、渗透的路径，并要求思想政治教育工作者善于运用一切场合、一切载体、一切方式，全方位、多领域、深层次地开展思想政治工作。

四、科学性与艺术性的思想政治教育模式

思想政治教育是一门科学，通过科学方法说明意识形态要求，是思想政治教育方法的基本属性。改革开放以来，思想政治教育科学化进程取得长足发展，但却忽视了思想政治教育方式方法的艺术性。思想政治教育活动有艺术性要求，好的思想政治教育活动应具有艺术性。在全国高校思想政治工作会议上，习近平总书记指出，要“提升思想政治教育亲和力和针对性”，“更加注重以文化人以文育人”，“运用新媒体新技术使工作活起

① 《列宁选集》第4卷，人民出版社2012年版，第648—649页。

② 《习近平在全国教育大会上强调　坚持中国特色社会主义教育发展道路　培养德智体美劳全面发展的社会主义建设者和接班人》，《人民日报》2018年9月11日。

来”[①]，深刻揭示“表面上”与“实际上”、“宏观上”与“微观上”、“显性”与“隐性”、“道理”与“故事”、“键对键”与“面对面”、“漫灌”与“滴灌”的关系，对提升思想政治教育的艺术性提出了具体要求。新时代思想政治教育模式应该是科学性与艺术性并重的模式。

五、多样性与差异性的思想政治教育模式

思想政治教育是一项多元复杂的工作，仅从某一角度对其进行建设，不仅有局限，而且是危险的。尊重差异、包容多样是新时代思想政治教育的基本原则，是中国共产党处理思想政治问题的优势。面对当今复杂多变的社会环境，教育对象有着诸多思想困惑和发展需求，思想政治教育工作者要学会把差异当成资源，把多样当成优势，而不能使差异变成威胁，让多样成为对主导的消解。因而，要构建多样化与差异性相结合的思想政治教育模式，并使这些教育模式相互补充、相互支持，推动思想政治教育多元多样繁荣发展。

六、全员化与专家化的思想政治教育模式

新中国成立初期，思想政治教育队伍呈现全员化特点。改革开放以后，专门的思想政治教育机构和队伍不断发展，思想政治教育队伍呈现专业化与全员化并重的状态。党的十八大以后，思想政治教育被提升到全局性战略地位，思想政治工作依靠力量由专职思想政治工作者向全社会拓展，要求思想政治教育成为各方面人员尤其是领导干部的基本技能。在北京大学师生座谈会上，习近平总书记指出，贯通人才培养体系的是思想政

① 《习近平谈治国理政》第二卷，外文出版社 2017 年版，第 378 页。

治工作体系。一方面，思想政治教育是教育的基本目的，是高等教育的基本任务，需要全员化发展。另一方面，思想政治教育是一门科学、一门专业、一门职业，需要专门化、专业化的思想政治教育工作者作导引。思想政治工作者除了要把专门工作做好以外，还需要在更广阔的领域，带动各种教育力量共同做好思想政治工作，推动思想政治教育模式创新发展。要培养思想政治教育人员的专业精神、专业知识、专业态度、专业能力、专业人格，也要推动全员思想政治教育格局形成，学会从“自己做”到“调动大家一起做”，推动整体思想政治教育合力的形成。因而，新时代思想政治教育模式应是全员化与专家化相结合的模式。

第九章
新时代思想政治教育方法演变

思想政治教育方法是“教育者和受教育者在思想政治教育过程中所采用的思想方法和工作方法”，“是教育者和受教育者为了达到一定的目的所采用的手段和方式”。① 中国共产党在长期革命、建设和改革以及新时代以来的实践中积累了十分丰富的思想政治教育方法，成为中国共产党克敌制胜、武装全党、教育人民为实现党的理想和目标奋斗的法宝，发挥着过河的船或桥梁的重要作用。系统梳理中国共产党成立以来思想政治教育方法百年发展历程，总结其中的经验教训，对新时代开启全面建设社会主义现代化新征程、建设社会主义现代化强国具有重要的价值。

第一节　新民主主义革命时期思想政治教育方法探索

中国共产党思想政治教育方法探索的历史可以追溯到中国共产党建立初期，在《中国共产党第一个决议》中就提出宣传教育的任务，开始针对工人、农民、士兵和广大民众等不同群体特点进行思想政治教育方法探索的实践活动。

① 郑永廷：《思想政治教育方法论（修订版）》，高等教育出版社 2010 年版，第 3 页。

一、思想政治教育方法的探索历程

党的思想政治教育方法最初是与宣传、传播、鼓动等联系在一起的，主要通过马克思主义科学理论宣传传播来唤起广大民众为实现自身利益和广大劳动人民共同利益而奋斗。在此期间，党利用一切宣传思想工作阵地，通过各种各样为广大人民容易接受的方法，来宣传传播马克思主义，比如通过报刊媒体、广播书籍、标语口号、学校和工人夜校等一切方法传播马克思主义科学理论。

在党有了自己的军队以后，党的思想政治教育方法开始以军队为载体进行实践探索，军队既是战斗队、也是先锋队、还是宣传队，把党的思想政治教育原则和方法通过军队这个载体来探索，形成完整系统的军队政治工作方法。1944 年谭政《关于军队政治工作问题》的报告，"是继"古田会议决议"以后，中国共产党领导的人民军队思想政治教育的又一历史性文献，是整风运动的重要成果，是全党集体智慧的结晶，是中国共产党思想政治教育理论成熟的标志"①。其中蕴含着丰富的思想政治教育方法：比如首长负责、自己动手，领导骨干与广大群众相结合，一般号召与具体指导相结合的方法；遇事要从分析具体情况出发，采用选择典型与抓住典型的方法；启发诱导与检讨反省的方法；开展革命竞赛，表彰英雄模范的方法；思想教育要从中间分子甚至落后分子的水平出发，选择为中间分子与落后分子也能接受的组织形式与工作方法，从而达到团结积极分子，吸引中间分子，鼓励落后分子的目的；等等。②

在苏维埃红色根据地和党局部执政环境下，党也形成了一系列思想政

---

① 王树荫主编:《中国共产党思想政治教育史》第 2 版，高等教育出版社 2018 年版，第 97 页。

② 参见王树荫主编:《中国共产党思想政治教育史》第 2 版，高等教育出版社 2018 年版，第 96 页。

治教育方法，比如关心群众生活，把群众关心的具体问题与思想问题结合起来的方法，毛泽东在《关心群众生活，注意工作方法》一文中称赞兴国和赣东北的同志们："他们把群众生活和革命战争联系起来了，他们把革命的工作方法问题和革命的工作任务问题同时解决了。他们是认真地在那里进行工作，他们是仔细地在那里解决问题，他们在革命面前是真正负起了责任，他们是革命战争的良好的组织者和领导者，他们又是群众生活的良好的组织者和领导者。"① 在《论联合政府》中，毛泽东把思想教育提升到中国共产党区别于其他任何政党的显著标志之一，提出："掌握思想教育，是团结全党进行伟大政治斗争的中心环节"② 的重要命题，在《论人民民主专政》一文中，毛泽东把党的思想政治教育方法用"民主的方法"进行总体概括，并指出"民主的即说服的方法，而不是强迫的方法"，③ 总结了党的思想政治教育方法的总体特征。在解放战争阶段，党也形成一些更有成效的思想政治教育方法，比如忆苦思甜方法、对敌伪军俘虏的思想转化方法、典型示范教育方法等，这些方法在当时革命战争环境条件下，得到广泛推广使用，发挥过重要作用，产生广泛的威力。

二、思想政治教育方法的特点

新民主主义革命时期党的思想政治教育方法取得了丰富的理论和实践成果，呈现出一些明显的特点：一是宣传鼓动性，思想政治教育方法主要以宣传传播马克思主义观点和党的路线方针政策展开，它既包含对马列主义的理论、党的纲领与主张的宣传，也包括同敌对思想进行斗争等方面，渗透在一切理论、主张、教育、文化、文艺等活动中，中共中央宣传部专

① 《毛泽东选集》第一卷，人民出版社 1991 年版，第 140 页。
② 《毛泽东选集》第三卷，人民出版社 1991 年版，第 1094 页。
③ 《毛泽东选集》第四卷，人民出版社 1991 年版，第 1476 页。

门出台《关于党的宣传鼓动工作提纲》（1941年6月20日），宣传鼓动是这一阶段思想政治教育方法的总体特点。二是革命性，思想政治教育方法主要动员广大人民群众参加革命实践活动，具有浓厚的推翻帝国主义和反动派统治的革命色彩。三是服务性，思想政治教育方法主要围绕党的中心任务，围绕党的宣传思想工作、军队政治工作和在局部执政环境下的思想政治工作展开，思想政治教育方法也随着任务不同、主题不同和环境不同而呈现不同，思想政治教育方法主要特点是适应工作环境和革命任务需要，具有服务性的特点。四是探索性，把马克思主义与中国实践相结合，探索马克思主义中国化和思想政治教育，是一个崭新的课题，不仅缺乏足够经验参考，而且在思想政治教育过程中，也存在着来自各方面的干扰和破坏，因此，无论是党组织开展系统的思想政治教育活动，还是个人按照党的思想政治教育方法开展的思想政治教育实践探索，都具有明显探索性特点。

三、思想政治教育方法的局限

新民主主义革命时期，由于党的中心任务主要围绕夺取政权而展开，受革命战争任务和党局部执政等环境和条件影响，思想政治教育方法的探讨也存在着一些局限性。一是未分化，由于当时思想政治教育还处于萌芽时期，思想政治教育方法还处于初步摸索探讨阶段，还没有形成较为系统明确的思想政治教育方法，关于思想政治教育方法与党的其他工作、任务联系在一起，思想政治教育方法总体上处于经验积累阶段。二是局部性，思想政治教育方法的探讨主要在党内、党领导的军队和党局部执政的地区展开，在其他地区党的宣传思想教育活动还处于非法状态，从事党的宣传思想工作还有“被抓到监牢里，甚至有杀头的危险”①。三是不稳定性，受

① 《建国以来重要文献选编》第2册，中央文献出版社1992年版，第290页。

到革命战争的影响和人们思想观念影响，思想政治教育方法的探索受到冲击和干扰，呈现不稳定的特点。新民主主义时期党的思想政治教育方法为新中国成立之后系统探索思想政治教育方法提供了有益经验和准备。

第二节 社会主义革命和建设时期思想政治教育方法的发展

中华人民共和国的成立，为中国共产党在执政条件下，在全国范围内和全体人民开展思想政治教育方法探索提供了条件。正如毛泽东所说："有了人民的国家，人民才有可能在全国范围内和全体规模上，用民主的方法，教育自己和改造自己，使自己脱离内外反动派的影响。"[①]伴随着社会主义革命和建设的展开，党开始在执政条件下在全国范围内、面对全体人民进行思想政治教育方法的探索历程。

一、思想政治教育方法探索历程

新中国成立后，如何充分运用执政党掌握的上层建筑和意识形态资源，发挥思想政治教育的优势，使党的指导思想上升为国家主流意识形态，同时构建适应新中国经济、政治形势和思想文化需要的思想政治教育制度，为新兴社会制度的巩固和发展提供强大的思想保证、精神动力和舆论支持，成为新中国初期思想政治教育面临的紧迫任务。

1951 年 5 月，中共中央召开第一次全国宣传工作会议，刘少奇发表重要讲话，深刻分析党的宣传思想工作的发展形势和要求，明确了中心工作与宣传思想工作的关系，指出宣传工作的重要任务，提出运用好各种宣

① 《毛泽东选集》第四卷，人民出版社 1991 年版，第 1476 页。

传工具，如报纸、刊物、出版、戏剧、电影、美术、音乐、广播、学校等，发动与指导全党一切干部、党员、党外积极分子去进行他们所能够做、又需要做的宣传教育工作，提出了宣传思想工作组织建设和经常化的要求，这是中国共产党执政以后，如何运用党掌握的政权和宣传思想工具开展思想政治教育的第一次系统全面阐述。1957年2月，毛泽东在最高国务会议上发表《关于正确处理人民内部矛盾的问题》的重要讲话，对无产阶级取得政权以后人民内部非对抗性思想问题的方法进行了集中系统总结，毛泽东既确定了思想政治教育方法的原则："凡属于思想性质的问题，凡属于人民内部的争论问题，只能用民主的方法去解决，只能用讨论的方法、批评的方法、说服教育的方法去解决，而不能用强制的、压服的方法去解决。"① 同时也系统地分析这种方法的历史形成和发展过程，并且从理论和实践多个角度，对处理人民内部思想问题的方法进行了集中系统阐述。正确处理人民内部矛盾的理论的提出标志着这一时期党的思想政治教育方法理论的形成。

二、思想政治教育方法的特点

社会主义革命和建设时期党的思想政治教育方法不仅形成了系统的理论成果，而且在实践中也形成了丰富多样、行之有效的思想政治教育具体方法。这一时期的思想政治教育方法具有以下一些特点：一是整体性，充分利用政权的力量，借助党和政府的权威，通过政治和行政手段，把党的指导思想上升为国家意识形态，开展马克思主义理论教育和思想政治教育(包括思想清理、思想改造、思想批判等)，为巩固新生政权奠定坚实的思想基础。二是全面性，思想政治工作既包括专门的马克思主义理论教育，

① 《毛泽东文集》第七卷，人民出版社1999年版，第209页。

又包括围绕日常工作开展的思想政治教育活动，具有全面性，正如毛泽东指出："思想政治工作，各个部门都要负责任。共产党应该管，青年团应该管，政府主管部门应该管，学校的校长教师更应该管。"① 三是系统性，针对不同阶段人群，不同特点循序渐进，进行思想政治教育。比如在新中国成立初期开展的马克思主义理论学习活动中，党中央出台系列文件，对全国范围全面开展的马克思主义理论教育活动进行整体规划，党的领导人高度重视，党员干部是学习重点，各行各业都出台相关文件整体推进，思想政治教育工作者积极推动，广大人民群众自觉参与，兴起了一股学习马克思主义思想热潮，具有系统性特点。四是说理性，说理教育的方法即通过摆事实，讲道理，用民主方法、说服方法、批评方法、讨论方法、细致讲理方法、团结—批评—团结方法、批评和自我教育方法等来开展思想政治教育。用说理教育方法来处理人民内部非对抗性思想矛盾的方法，是这一阶段思想政治教育基本方法和总的方法论特征。五是社会动员性，这一阶段思想政治教育方法还主要围绕党的中心工作展开，主要采取运动式、社会实践、思想改造等各种活动展开，通过"抗美援朝"、"三反五反"、"社会主义教育运动"、"学习雷锋活动"等方式展开。

三、思想政治教育方法的局限

社会主义革命和建设时期党的思想政治教育方法也存在着一些局限：一是单向性，这一时期思想政治教育在方法上过多强调党和政府的主导作用和权威性，采取自上而下的思想政治教育方式展开，强调思想政治教育过程的"灌输性"，对广大受教育者在思想政治教育活动中的思想需求关注不够等问题。二是相对单一，这一时期思想政治教育方法主要采取说理

① 《毛泽东文集》第七卷，人民出版社 1999 年版，第 226 页。

的方式展开，但对于人民群众内部十分复杂、广泛的思想政治教育问题的处理上，还是显得相对单一和直接。三是不稳定性，由于这一时期党的思想政治教育主要与中心工作结合在一起，采取社会动员的运动式方式展开，思想政治教育方法的系统性和制度化程度并不高。

第三节　改革开放新时期思想政治教育方法的创新发展

改革开放以后，随着社会经济结构、就业形式、分配制度、生活方式的多样化，人们思想观念的多样性、复杂性、选择性、变化性的增强，各种社会意识形态和思想观念的交流、交锋、交融日益突出，党中央在纠正“左”倾错误，拨乱反正的过程中，提出了思想政治教育是一门科学的命题，开始了新时期思想政治教育方法探索的历程。

一、思想政治教育方法的探索历程

1983年，中共中央批转《国营企业职工思想政治工作纲要（试行）》的通知，明确提出“思想政治工作是科学性、政治性、政策性很强的工作，思想政治工作干部是专业干部。”“中央和地方要筹办以培养思想政治工作的领导干部为目标的政治院校。现有的全国综合性大学、文科院校，各部、委、总局所属的大专院校，有条件的都要增设政治工作专业或政治工作干部进修班”，文件还对新形势下国有企业思想政治工作原则和方法提出明确指导意见。[①]1984年，教育部下发《关于在十二所院校设置思想政

① 参见《党的宣传工作文件选编（1983—1987）》，中共中央党校出版社1994年版，第1089—1090页。

治教育专业的意见》，开启了思想政治教育专业化的进程。①1987年，中共中央下发《关于改进和加强高等学校思想政治工作的决定》，明确指出“思想政治教育是一门以马克思主义理论为基础、综合性和实践性都比较强的科学”②。对思想政治教育进行学科定位。1994年，中共中央下发《关于进一步加强和改进学校德育工作的若干意见》，进一步明确：“思想政治教育是一门科学，有其自身的规律。”③其后，国家教委颁布《中国普通高等学校德育大纲》，思想政治教育制度化进程取得奠基性成果。1999年，中共中央专门出台《关于加强和改进思想政治工作的若干意见》，从全局战略高度，对新形势下思想政治教育进行明确定位，确定了思想政治教育方针原则和主要内容，并且从探索思想政治教育规律的角度，从新闻媒体、群众性精神文明创建、发挥文化的社会教育功能、注重运用先进典型影响和带动群众等几个角度，对思想政治教育方法进行分领域总结，是新时期思想政治教育的纲领性文件。2005年，中共中央、国务院下发《关于进一步加强和改进大学生思想政治教育的意见》，随后，中宣部、教育部出台一系列配套文件，思想政治教育专业化、制度化深入推进，思想政治教育方法多样丰富。2006年，党的十七大报告明确提出：“加强和改进思想政治工作，注重人文关怀和心理疏导，用正确方式处理人际关系。”④这确立了新时期思想政治教育方法的基本原则，体现了新时期思想政治教育方法的基本特征。

① 参见《加强和改进大学生思想政治教育重要文献选编（1978—2014）》，知识产权出版社2015年版，第23页。

② 《加强和改进大学生思想政治教育重要文献选编（1978—2014）》，知识产权出版社2015年版，第73页。

③ 《加强和改进大学生思想政治教育重要文献选编（1978—2014）》，知识产权出版社2015年版，第146页。

④ 参见《十七大以来重要文献选编》（上），中央文献出版社2009年版，第27页。

二、思想政治教育方法的特点

改革开放和社会主义现代化建设时期，思想政治教育方法在“拨乱反正”，恢复和发扬党的优良传统和方法的优势的同时，在反思“左”的错误教训的基础上，根据新时期党的中心任务和时代发展的主题变化，对思想政治教育方法从科学化、专业化和制度化方面进行探索创新，形成了鲜明的思想政治教育方法的特点。这个时期思想政治教育方法发展呈现出以下一些特点：一是科学化，改革开放初期，党的思想政治工作者深感“左”的错误对思想政治教育带来的冲击，举起了思想政治教育科学化的旗帜，提出思想政治教育是一门科学，通过科学方法开展思想政治教育活动，使思想政治教育方法建立在科学的基础之上，科学化成为改革开放时期思想政治教育方法发展的基本理念。二是专业化，与科学化相适应。改革开放以后，思想政治教育专业化、职业化受到重视，明确提出思想政治教育必须有专职人员做骨干，培养和造就一批思想政治教育的专家、教授和理论家，开启了思想政治教育专业职称的评定，思想政治教育不仅是一项伟大的事业，而且成为专门的职业，思想政治教育不仅要借助其他渠道和手段展开，而且也需要有专门的部门和专业方法进行，专门的思想政治教育方法受到重视。三是制度化，针对改革开放以前思想政治教育方法受各种运动冲击和影响的问题，新时期思想政治教育把制度建设提升到重要地位，开启思想政治教育制度化、法制化进程。从中共中央有关文件精神，到学校德育大纲，再到各个领域的思想政治教育配套文件，思想政治教育体制和制度日益明确规范，思想政治教育向制度化、体制化迈出坚实步伐。四是双向性，随着改革开放和市场经济体制推进，受教育者在思想政治教育活动中的主体地位日益受到重视，在思想政治教育方法中的双向互动性日益明显。五是注重疏导，在具体思想政治教育方法的探讨中，思想政治教育者越来越关注教育对象的思想政治观念及发展特点，立足于教育对象思想政治观念发展的特点展开思想引导，疏导成为思想政治教育方法的基本特征。

三、思想政治教育方法的局限

改革开放新时期思想政治教育方法取得了丰硕的成果，但也存在着一些问题。一是微观化，思想政治教育是中国共产党的传统和优势，是一项覆盖各项工作的全局性战略性任务，是经济工作和各项工作的生命线。改革开放以后，伴随着党的中心工作的转移，思想政治工作地位发生了深刻变化，在一段时间内，思想政治教育成了服务于中心工作的保障因素，思想政治教育活动逐渐从宏观全局战略任务，演变成服务中心工作的具体工作，思想政治教育方法的着力点日益具体微观。二是领域化，在新中国成立初期，思想政治教育主要依托党和政府权威和威信展开，思想政治教育借助党和政府权威与各种运动强力推进，覆盖到社会生活的各个角落，具有全员覆盖性。改革开放以后，思想政治教育方法日益依托科学化、专业化力量展开，成为某一领域具体工作，这样虽然提升了思想政治教育方法的专业性和科学性，但也使整体宏观渗透在全员的思想政治教育局限在专门思想政治教育领域。领域化最极端的表现是，因为有了专门的思想政治教育的专门部门，其他部门的思想政治教育责任弱化了，思想政治教育演变成思想政治专门部门的工作，使思想政治教育活动部门化。三是相对化，在新中国成立初期，思想政治教育方法具有明显的主导性，思想政治教育方法主要探讨如何将党主导意识形态转化为全体人民共同的思想基础，思想政治教育内容的主导性决定了思想政治教育方法是一种主导性的教育方法，无论是说理方法，还是批评教育的方法，都强调思想政治教育方法的主导性。改革开放以后，思想政治教育方法在反思说理教育中出现的“说服”甚至“压服”、“灌输”等问题的基础上，对双向互动的思想政治教育方法进行了探讨，注意到改革开放前思想政治教育方法中忽视的受教育者主体性、情感教育、活动教育、生活教育等问题，把说理教育作为对立面进行了方法论探讨，提出了一系列反理性主义的方法，如情感教育、实践教育、交往教育、体验教育等方法，在探索中也出现了主导性丧失的问题，比如人文关怀和心理疏导是新时期思想政治教育重要的方法论原则，对思想政治教育方法改革具有重要的指导意义，但在具体实践探索过程中，也出现了“价值无涉”、“价值中立”等偏差，使得思想政治教育方法在使用中流于相对主义的偏向。改革开放与社会主义现代化建设新时期党的思想政治教育方法的探索，为新时代思想政治教育方法的深化与拓展奠定了坚实的基础。

第四节　新时代思想政治教育方法的深化与拓展

党的十八大以后，中国特色社会主义进入新时代，以习近平同志为核心的党中央高度重视思想政治教育方法探索，习近平总书记亲身示范，针对思想政治教育方法发展进行系统阐述，在各种各样场合以身示范思想政治教育方法，思想政治教育方法发展进入到新的阶段。

一、思想政治教育方法的探索历程

为推进新时代思想政治工作，中共中央下发了一系列文件和法规，比如2013年12月，中共中央办公厅印发《关于培育和践行社会主义核心价值观的意见》，提出把培育和践行社会主义核心价值观融入国民教育全过程，把培育和践行社会主义核心价值观落实到经济发展实践和社会治理中，加强社会主义核心价值观宣传教育，开展涵养社会主义核心价值观的实践活动等举措，“使核心价值观的影响像空气一样无所不在、无时不有”①。2015年1月，中央办公厅、国务院办公厅印发《关于进一步加强和改进新形势下高校宣传思想工作的意见》，进一步明确了高校宣传思想工作的形势任务、指导思想和基本原则、主要任务和实现途径，对高校宣传思想工作提出了明确要求。2017年2月，中共中央、国务院印发《关于加强和改进新形势下高校思想政治工作的意见》，把思想政治工作提升到高等教育全局性战略高度，作为社会主义大学本质特征和明显优势、高校党的领导的具体体现的重要地位，从高等教育整体的角度对思想政治工作进行总体部署，指明思想政治教育贯穿高等教育全过程的思想政治教育方法。2019年6月，中共中央以党内法规形式出台《中国共产党宣传工作条例》明确宣传思想工作的基本内容、指导思想、使命任务和原则方法，明确宣传思想工作领域思想政治教育职责。2019年8月，中共中央办公厅、国务院办公厅印发《关于深化新时代学校思想政治理论课改革创新的若干意见》，对思想政治教育的主渠道环节进行全面部署，进一步明确了增进思想政治教育思想性、理论性和亲和力、针对性的方法论原则和具体方法。2019年10月，党的十九届四中全会对思想政治教育制度化提出更高要求，会议通过的《中共中央关于坚持和完善中国特色社会主义制度、推进国家治理体系和治理能力现代化若干重大问题的决定》将坚持马克思主义在意识形态领域指导地位作为根本制度，提出一系列有关思想政治教育制度化的举措。2020年10月，党的十九届五中全会通过的《中共中央关于制定国民经济和社会发展第十四个五年规划和二〇三五年远景目标的建议》进一步确立坚持马克思主义在意识形态指导地位、坚持以社会主义核心价值观引领文化建设、促进满足人民文化需求和增强人民精神力量相统一等思想政治教育根本原则和方法，为思想政治教育方法的深化和拓展指

① 《习近平谈治国理政》第一卷，外文出版社2018年版，第165页。

明了方向。2021年4月，中共中央、国务院印发的《关于新时代加强和改进思想政治工作的意见》把思想政治工作作为治党治国的重要方式，从深入开展思想政治教育、提升基层思想政治工作质量和水平、推动新时代思想政治工作守正创新发展、构建共同推进思想政治工作的大格局等方面对思想政治教育方法进行系统阐述，把新时代思想政治教育方法的探索提升到新的历史高度。

二、思想政治教育方法的特点

党的十八大以来，思想政治教育方法在继承改革开放以来思想政治教育制度化、专业化和法制化的基础上，在思想政治教育方法的整体性、全员性和贯通性等方面进行了进一步深化和拓展，使新时代思想政治教育在方法上呈现出一些新的特点：一是整体性，党的十八大以后，思想政治工作被提升到整体性、全局性的战略高度，思想政治教育成为党的治国理政的重要手段，成为党的领导和中国特色社会主义根本标志和重要体现，提升了思想政治教育地位和作用，使思想政治教育活动不只是局限于专门领域、专业方法，而是成为全局性的战略任务和工作。思想政治教育方法从具体微观方法提升到宏观战略层面，作为党的治国理政的重要方式，着力从宏观整体层面根治思想政治教育环境生态。二是全员性，全员性是党的思想政治工作的基本原则。在新中国成立之初，党的思想政治工作就确立了全员性的原则，全方位调动各方面力量开展思想政治教育。改革开放以后，随着思想政治教育科学化和专业化发展，思想政治教育活动中也出现了专业化带来的专门化和部门化的问题。新时代思想政治教育方法进一步提升了全员思想政治教育的理念，不仅重视思想政治教育工作者专门开展思想政治教育，而且对其他各类人员进行思想政治教育提出明确要求，比如在教育领域，“三全育人”（即全员、全方位、全过程育人)，“思政课程”与“课程思政”的相结合，“使各类课程与思想政治理论课同向同行，形成协同效应”[①]，都充分体现了思想政治教育方法的全员性特点。三是贯通性，思想政治教育既具有专门的领域性，还贯通在其他各项工作之中，具有贯通性特点。新中国成立初期，思想政治教育方法的探索主要处于初步探索阶段，思想政治教育方法的探索具有明显的经验性特点。改革开放以后，伴随思想政治教育科学化、专业化发展，专门领域的思想政治教育方法得到重视，思想政治教育方法在专业、学科的支撑下逐渐科学精进。中国特色社会主义进入新时代后，思想政治教育方法探索日益从专业思想政治教育领域向其他各类领域拓展和延伸，其他领域、非思想政治教育专业人员的思想政治教育方法受到高度重视，思想政治教育方法呈现出贯通性的特点，习近平总书记多次提出贯通方法，在全国高校思想政治工作会议讲话中，提出“要坚持把立德树人作为中心环节，把思想政治工作贯穿教育教学全过程，实现全程育人、全方位育人，努力开创我国高等教育事业发展新局面”[②]。在北京大学师生座谈会上的讲话中，提出：“人才培养体系涉及学科体系、教学体系、教材体系、管理体系等，而贯通其中的是思想政治工作体系。”[③]在学校思想政治理论课教师座谈会上，提出“推动思想政治工作贯通人才培养体系，发挥融入式、嵌入式、渗入式的立德树人协同效应”[④]。不仅提出思想政治教育的贯通性，而且明确提出思想政治教育的融入式、嵌入式、渗透式方法，为思想政治教育贯通其他工作，提供了方法论指导。四是丰富性，丰富性是改革开放以后思想政治教育方法发展的基本特点，伴随着改革开放和社会主义市场经济的深入发展，人们思想的多样

① 《习近平谈治国理政》第二卷，外文出版社 2017 年版，第 378 页。
② 《习近平谈治国理政》第二卷，外文出版社 2017 年版，第 376 页。
③ 习近平：《在北京大学师生座谈会上的讲话》，人民出版社 2018 年版，第 10 页。
④ 习近平：《思政课是落实立德树人根本任务的关键课程》，人民出版社 2020 年版，第 28 页。

性、复杂性、选择性和变化性增强，思想政治教育日益呈现出多样化的趋势。中国特色社会主义进入新时代以后，思想政治教育在方法上的多样化倾向更加明显并且手段日益丰富，思想政治教育方法探讨不仅重视发挥思想政治教育在教育、引领、引导、疏导等方面的优势，而且不断拓展到经济、政治、舆论、法律、行政、文化等手段，通过显性与隐性、直接与间接、理论与实践、现实与虚拟、“面对面”与“键对键”等方式来展开思想政治教育，总之，正如习近平总书记指出，要“通过教育引导、舆论宣传、文化熏陶、实践养成、制度保障等”；[①]“注意把我们所提倡的与人们日常生活紧密联系起来”，“使社会主义核心价值观成为人们日常工作生活的基本遵循”，“融入各种精神文明创建活动”，“要利用各种时机和场合，形成有利于培育和弘扬社会主义核心价值观的生活情景和社会氛围”；“要发挥政策导向作用，使经济、政治、文化、社会等方方面面政策都有利于社会主义核心价值观的培育”[②]。做到坚持“政治性和学理性相统一”、“价值性和知识性相统一”、“建设性和批判性相统一”、“理论性和实践性相统一”、“统一性和多样性相统一”、“主导性和主体性相统一”、“灌输性和启发性相统一”、“显性教育和隐性教育相统一”，[③] 思想政治教育方法日益丰富多样，表明中国共产党越来越充分利用执政的优势，采取多种多样、手段丰富和发展思想政治教育方法。从上述思想政治教育方法的特点来看，新时代思想政治教育方法发生了深刻变化，新时代思想政治教育方法应在改革开放以来形成的模式和方法基础上，实现思想政治教育方法的深化与拓展。

从党的思想政治教育方法百年演进来看，经过新民主主义革命时期思

① 《习近平谈治国理政》第一卷，外文出版社 2018 年版，第 164 页。

② 《习近平谈治国理政》第一卷，外文出版社 2018 年版，第 165 页。

③ 习近平：《思政课是落实立德树人根本任务的关键课程》，人民出版社 2020 年版，第 17—23 页。

想政治教育方法的探索和摸索，到社会主义革命和建设时期中国共产党在全国范围内、面向全体人民的思想政治教育方法的创建和奠基；经过改革开放以来思想政治教育方法的专业精进，到中国特色社会主义新时代思想政治教育方法的全方位深化和拓展，中国共产党运用思想政治教育方法越来越成熟，思想政治教育作为党的思想政治教育优良传统和方法，必将在新时代全面建设社会主义现代化国家新征程中发挥越来越重要的作用。

第十章

马克思主义理论教育的创新发展

马克思主义是无产阶级的世界观和方法论，是无产阶级和广大劳动人民群众认识世界和改造世界的思想武器，无产阶级和广大人民群众接受马克思主义理论过程是一种物质力量与精神力量的结合过程，马克思曾经用“闪电”来比喻这个过程。列宁认为，像马克思主义这样一种系统的理论，不可能在工人阶级自发运动中产生，需要从外部“注入”，列宁的灌输理论为开展马克思主义理论教育提供了理论依据。中国共产党是以马克思主义为指导的新型政党，在革命、建设和改革实践中高度重视马克思主义宣传、传播、教育，推进马克思主义中国化时代化大众化，形成具有鲜明特色和明显优势的马克思主义理论教育模式。总结新中国成立以来马克思主义教育的历史经验，反思存在的问题，对构建新时代马克思主义理论教育模式，推动新时代马克思主义理论教育创新发展，具有重大理论和现实价值。

第一节　社会主义革命和建设时期马克思主义教育

中国共产党马克思主义教育的历史可以追溯到建党以前。中国共产党的先驱们就利用各种渠道和方式开展马克思主义宣传教育活动，中国共产党成立以后，党开始有组织、系统地展开马克思主义教育，特别是在延安时期，党还开展了一次以马克思主义理论教育为主题的全党范围的整风运动，极大地提升了全党的马克思主义理论水平。尽管新中国成立之前，马克思主义理论教育取得了明显成效，但这些教育主要局限在党内、党领导的军队和党在局部执政的范围内，在其他范围、面向其他群体时，马克思主义理论教育还处于地下、通过口头方式、在熟悉人的范围内展开，进行马克思主义理论教育还有杀头的危险[①]。因此，本部分马克思主义理论教育以新中国成立以后马克思主义理论教育为起点。

一、马克思主义理论教育的探索历程

新中国成立为马克思主义理论教育在全国范围内和全体规模上展开提供了可能，并且新中国成立以后在全国开展马克思主义理论教育既是公开的、同时也是光荣的事业。“充分运用执政党掌握的上层建筑及意识形态资源，发挥思想政治教育的优势，扩大马克思主义在中国的宣传普及，使党的指导思想上升为国家主流意识形态，同时构建适应新中国经济、政治形势和思想文化需要的思想政治教育制度，为新兴社会制度的巩固和发展提供强大的思想保证、精神动力和舆论支持，是新中国初期思想政治教育面临的紧迫任务。”[②]新中国成立不久，党中央就颁发了一系列文件，加强干部理论学习。1951 年 2 月，中共中央颁布《关于加强理论教育的决定(草案)》，明确提出加强理论教育是提高干部理论水平、改进工作的根本方法。同年 5 月，中央召开第一次全国宣传工作会议，会议形成的《关于加强党的宣传教育工作的决议》，明确提由各级党委领导，宣传部门主管实施，以各项相关制度和组织机构为保证，以社会各界为对象，以提高思

① 参见《建国以来重要文献选编》第 2 册，中央文献出版社 1992 年版，第 290 页。

② 王树荫主编：《中国共产党思想政治教育史》第 2 版，中国人民大学出版社 2016 年版，第 129 页。

想政治觉悟为目的，以普及马列主义、毛泽东思想为内容，以多种宣传教育形式为手段的马克思主义理论教育模式和运行机制，标志着新中国成立初期马克思主义理论教育体系的初步形成。①

二、马克思主义理论教育的特点

新中国成立初期马克思主义理论教育具有以下特点：一是全局性。把马克思主义理论教育放在社会主义建设事业全局，处理上层建筑与经济基础之间的关系，为巩固新生政权提供思想政治基础。在第一次全国宣传工作会议讲话中，刘少奇就明确党的宣传工作的基本任务“可以分两项：一项是当前中心工作、时事政策的宣传，一项是马列主义基本理论的宣传”②。把马克思主义理论教育提升到宣传思想工作的全局性工作的战略高度。二是全面性。全面性涉及面向所有人员开展马克思主义理论教育。新中国成立初期的马克思主义理论教育涉及所有的人群。党和国家领导人带头开展马克思主义理论学习，领导干部重点开展马克思主义理论教育学习，各行各业推动马克思主义理论学习，比如在军队，毛泽东亲自主持起草了《军委关于在军队中实施文化教育的指示》，规定“在连队的教育时间内，暂规定以百分之六十的时间进行文化教育，以百分之三十的时间进行军事教育，以百分之十的时间进行政治教育”。政治教育主要开设历史唯物论、中共党史和政治常识等课程。在学校，根据 1949 年 9 月 29 日中国人民政治协商会议第一届全体会议通过的《中国人民政治协商会议共同纲领》：“人民政府的文化教育工作，应以提高人民文化水平，培养国家建

① 参见《党的宣传工作会议概况和文献（1951—1992 年）》，中共中央党校出版社 1994 年版，第 28—33 页。

② 《党的宣传工作会议概况和文献（1951—1992 年）》，中共中央党校出版社 1994 年版，第 3 页。

设人才，肃清封建的、买办的、法西斯思想，发展为人民服务的思想为主要任务。”[①] 在各级各类学校开展了“废除反动课程（国民党党义、六法全书等），添设马列主义的课程，逐步地改造其他课程”的任务，在高等学校逐步开设了辩证唯物论与历史唯物论（包括社会发展史）、新民主主义论（包括近代中国革命运动史）和政治经济学等课程。理论工作者积极推动马克思主义教育活动，广大群众自觉参与马克思主义理论教育活动，新中国成立之初，广大人民群众对新生的人民政权发自内心地拥护和赞成，因而自觉地开展马克思主义理论学习活动，自觉地进行思想改造工作。这项活动中最典型的是知识分子的思想改造，知识分子的思想改造问题涉及知识分子要抛弃过去形成的立场观点和方法，用马克思主义的立场观点和方法对自己过去的思想进行清理的问题。三是系统性。针对不同阶段人群、不同特点循序渐进，进行马克思主义理论教育。比如中共中央《关于加强理论教育的决定》明确把党员的理论学习按照理解程度，分成三级：第一级，学习政治常识，即关于中华人民共和国常识和中国共产党常识。第二级，学习理论常识，即关于社会主义发展史的常识，包括马克思主义经典作家个人生平常识，为学习马克思主义理论作准备。第三级，学习马克思、恩格斯、列宁、斯大林的理论著作和毛泽东的理论著作。[②] 四是时势性。以马克思主义中国化最新成果教育为重点展开。新中国成立初期马克思主义理论教育既注重与中心工作结合，同时也注意与马克思主义中国化创新成果相结合，从 1957 年以后，以马克思主义中国化最新理论成果——毛泽东思想或毛泽东理论著作为中心的马克思主义理论教育体系日渐形成，既体现了继承性，又具有时势性。五是实践性。与政治运动、生产实践、思想改造等活动联系在一起。新中国成立初期的马克思主义理论

① 《人民代表大会制度重要文献选编（一）》，中国民主法制出版社 2015 年版，第 83 页。

② 参见《建国以来重要文献选编》第 2 册，中央文献出版社 2011 年版，第 112—113 页。

教育经常与时势政策教育和日常工作结合在一起，围绕中心工作展开，在马克思主义理论教育的过程中，既有理论联系实际、注重实践的特点，同时也容易受到政治活动、中心工作的冲击。这一阶段马克思主义理论教育往往采取运动的方式展开，与思想改造相结合，采用思想总结、思想检查、整风、坦白反省及斗争大会的方法进行，也使得马克思主义理论教育中理论与实践结合上存在着局限性。

三、马克思主义理论教育的局限

新中国成立初期马克思主义理论教育的局限性主要体现在以下一些方面：一是片面性。由于受到当时历史条件和人们普遍的文化知识水平的影响，当时对马克思主义理论的总体理解并不太高，并且从马克思主义理论的来源来看，主要以苏联对马克思主义理论的理解为依据，很多马克思主义理论教育的教员往往是一边听马克思主义理论教育辅导报告，转而再向其他人进行马克思主义理论讲授，对马克思主义理论本身缺乏系统性和全面性理解。从内容上，比较偏重马克思主义理论中关于阶级性和革命性内容，对马克思主义理论理解存在着片面性。二是实用性。有时候也出现庸俗化的问题。马克思主义是无产阶级和广大人民群众认识自然和改造社会的强大思想武器，对中国革命和建设具有明显的指导意义。马克思主义理论的指导作用需要建立在对马克思主义理论和中国实际的深入了解的基础上。但是，在马克思主义理论教育过程中，由于我们对马克思主义对工作实践指导作用的理解过于急切，也出现了把马克思主义理论教育实用化、庸俗化的问题。比如邓小平曾经就批评过将毛泽东思想庸俗化的问题：“现在的主要问题是把毛泽东思想用得庸俗了，什么东西都说成是毛泽东思想。例如，一个商店的营业额多一点就说是毛泽东思想发展了，打乒乓球也说是运用了毛泽东思想。……对待毛泽东思想是一个很严肃的原则性的问题，不要庸俗化，庸俗化对我们不利，对国际共产主义运动也不利……光讲毛泽东思想，不提马克思列宁主义，看起来好像是把毛泽东思想抬高了，实际上是把毛泽东思想的作用降低了。”① 三是运动性。把马克思主义理论教育与中心工作、日常工作结合在一起既有理论联系实际的优点，同时也存在着马克思主义理论教育的基础性、理论性和系统性不够的问题。这个问题在新中国成立初期，主要问题是我们对马克思主义理论教育系统性理解和把握的问题。从 1957 年以后，马克思主义教育活动受现实运动的冲击日益明显，系统马克思主义理论教育受到干扰。

第二节　改革开放和社会主义现代化建设新时期马克思主义理论教育

改革开放以后，马克思主义理论教育面临日益复杂的环境。在总结“左”的错误经验教训的基础上，马克思主义理论教育在拨乱反正的过程中走上了科学化、规范化、专门化的发展道路，构建了科学主义、专业主义和专门化的马克思主义理论教育模式。

一、马克思主义理论教育的探索历程

改革开放以后，马克思主义理论教育在各条战线得到恢复，在总结“文化大革命”对马克思主义理论、思想政治教育的破坏的经验教训的过程中，党中央举起了马克思主义理论教育、思想政治教育科学化的旗帜。1979 年 3 月，邓小平在党的理论工作务虚会上讲话指出：党的思想理论工

① 《邓小平文选》第一卷，人民出版社 1994 年版，第 283—284 页。

作“决不是改头换面地抄袭旧书本所能完成的工作，而是要费尽革命思想家心血的崇高的创造性的科学工作。”“文化大革命”期间，由于林彪、“四人帮”的十年捣乱，许多人对思想政治工作失去信心，“这不是政治教育工作者的过错。”[①]党的十一届六中全会以后，思想政治工作是一门科学，推进思想政治教育科学化的问题成为思想理论界的共识。为推进思想政治教育科学化，中共中央连续颁发系列文件，如《中共中央关于加强农村思想政治工作的通知》(1983年)、《中共中央关于加强党员教育工作的通知》(1983年)、《中共中央关于批转〈国营企业职工思想政治工作纲要（试行)〉的通知》(1983年)、《中共中央关于改革学校思想品德和政治理论课程教学的通知》(1985)、《中共中央关于加强和改革高等学校思想政治工作的决定》(1987）等，中共中央宣传部、教育部也先后下发若干文件，改进和加强马列主义理论教育，马克思主义理论教育日益走向制度化、规范化。

改革开放以后，党的理论创新又取得新的理论成果，围绕马克思主义中国化最新理论成果开展马克思主义理论教育，成为改革开放以后马克思主义理论教育最鲜明的时代特征。1998年《中共中央关于在全党深入学习邓小平理论的通知》(以下简称《通知》)，可以看成是改革开放以后马克思主义理论教育系统化、制度化、规范化的标志性文件。《通知》不仅对新时期马克思主义理论教育的经验进行了系统总结，而且对在全党兴起学习邓小平理论新高潮的工作进行了整体部署，标志着马克思主义理论教育的实践活动日益走向系统化。此后在改革开放新的历史条件下，在全党范围内开展的以“讲学习、讲政治、讲正气”为基本内容的“三讲”活动、以学习实践“三个代表”重要思想为主要内容的保持共产党员先进性教育活动和深入学习实践科学发展观的活动等，既是在深入学习邓小平理论这一活动的基础上展开，又是在此基础上马克思主义理论教育日益制度

① 《邓小平文选》第二卷，人民出版社1994年版，第180页。

化、体系化的表现。《通知》不仅对马克思主义理论教育内容，即邓小平理论的深刻内容和精神实质、学习邓小平理论的必要性和紧迫性进行了规定，而且对领导干部学习邓小平理论、宣传与研究邓小平理论、对待邓小平理论的学习态度以及加强党组织对学习活动的领导作了明确规定。《通知》对领导干部的学习任务作了十分明确的规定：提出领导干部学习的重点是县级以上领导干部，各级领导干部特别是中央委员和省部级干部要做学习的表率；提出完善领导干部脱产进修制度；健全党委（党组）中心组理论学习制度；坚持领导干部在职自学制度；建立领导干部理论学习考核制度。提出要集中一段时间，在县级以上领导干部中深入进行以讲学习、讲政治、讲正气为主要内容的党性党风教育。要求继续在广大党员中开展学习邓小平理论、学习党章的活动，使之经常化、制度化等。《通知》为改革开放以后马克思主义理论教育提供了基本范例。此后，关于“三个代表”重要思想、科学发展观的教育活动，主要在《通知》的基础上进行深化和具体化。

二、马克思主义理论教育的特点

改革开放以后，马克思主义理论教育具有以下一些特点：一是科学化。改革开放以后，马克思主义理论教育的科学性日益受到重视，伴随着思想政治工作的科学化、专业化、学科化的进程，2005 年，国务院学位委员会、教育部下发《关于调整增设马克思主义理论一级学科及所属二级学科的通知》，“决定在《授予博士、硕士学位和培养研究生的学科、专业目录》中增设马克思主义理论一级学科及所属二级学科”①。为马克思主义

① 《加强和改进大学生思想政治教育重要文献选编（1978—2014）》，知识产权出版社 2015 年版，第 328 页。

理论教育提供学科的支撑。改革开放以后，通过学科和科学方式进行系统马克思主义教育成为改革开放以后马克思主义理论教育的共识。二是规范化。伴随着马克思主义理论教育的深入展开，马克思主义理论教育的标准化、规范化成为教育的重点，各级各类学校及各行业，纷纷出台和研制系列马克思主义理论教育类、思想品德类、思想政治教育类课程标准，马克思主义理论教育日益规范。三是制度化。伴随着马克思主义理论教育的规范化，马克思主义理论教育的制度日益完善，2004 年，中共中央下发《关于进一步繁荣发展哲学社会科学的意见》，决定实施马克思主义理论研究和建设工程，马克思主义理论特别是马克思主义中国化创新理论成果的研究、教育和教材编写成为重点研究问题，马克思主义理论教育系统性、体制化和制度化日益凸显。四是专门化。伴随着马克思主义理论研究和建设工程的实施和推进，马克思主义理论教育队伍建设受到足够重视，师资队伍日益专门化和专业化，在全国已经形成了一支相对庞大的马克思主义理论教育教学队伍。

三、马克思主义理论教育的局限

改革开放以后马克思主义理论教育也存在着一些问题。一是科学化带来的价值性的问题。伴随着马克思主义理论的科学性，马克思主义理论逐渐成为一门科学、一门学问，在注重马克思主义科学性和知识性的同时，马克思主义革命性、真理性和价值性受到忽视。二是专门化带来的部门化的问题。伴随着马克思主义成为一门专业，越来越多的专门人员从事马克思主义理论教育，马克思主义教育日益成为专门人员从事的工作，马克思主义理论教育的整体性和全员性受到影响。三是专业化带来的分化问题。马克思主义理论教育是一个整体性和连贯性教育过程，伴随着专业分化，马克思主义理论教育不仅受到专业化的分割，与其他教育的分裂，而且连贯性也被打乱，马克思主义理论教育日益走向碎片化、孤立化。四是社会环境的变化带来的相对性的问题。改革开放以后，马克思主义面临多样化社会思潮冲击，相对主义、生活化和功利主义思潮，对马克思主义理论教育形成重要影响。马克思主义理论教育在科学化、专业化、职业化的过程中，也出现局部化、部门化、具体化，马克思主义理论教育依然相对比较封闭、相对单一、相对静态，依然没有走出自我循环、自说自话的困境。

第三节　新时代马克思主义理论教育的创新发展

党的十八大以来，以习近平同志为核心的党中央，高度重视马克思主义理论教育，习近平总书记围绕马克思主义理论教育发表一系列重要讲话，为新时代马克思主义理论教育提供基本价值遵循。

一、新时代马克思主义理论教育方法的价值指导

习近平总书记关于马克思主义理论教育的系列重要讲话，可以按照讲话时间进行整理。在党的十八大后中央政治局第一次集体学习时的讲话中，习近平总书记明确指出："坚定理想信念，坚守共产党人精神追求，始终是共产党人安身立命的根本。对马克思主义的信仰，对社会主义和共产主义的信念，是共产党人的政治灵魂，是共产党人经受住任何考验的精神支柱。"① 在新进中央委员会的委员、候补委员学习贯彻十八大精神研讨班的讲话中，习近平总书记从社会主义五百年的进程，完整讲授社会主义发展故事，并进一步指出"对马克思主义的信仰，对社会主义和共产主义的信

① 《习近平谈治国理政》第一卷，外文出版社 2018 年版，第 15 页。

念，是共产党人的政治灵魂，是共产党人经受住任何考验的精神支柱。”①在全国宣传思想工作会议讲话中，习近平总书记又明确：“领导干部特别是高级领导干部要把系统掌握马克思主义基本理论作为看家本领，老老实实、原原本本学习马克思列宁主义、毛泽东思想特别是邓小平理论、‘三个代表’重要思想、科学发展观。党校、干部学院、社会科学院、高校、理论学习中心组等都要把马克思主义作为必修课，成为马克思主义学习、研究、宣传的重要阵地。”②在全国党校工作会议讲话中，习近平总书记指出：“党校是我们党对领导干部进行马克思主义理论教育的主阵地，党的各级领导干部特别是高级领导干部，要原原本本学习经典著作，努力把马克思主义立场、观点、方法学到手，成为自己的看家本领。”③在哲学社会科学工作座谈会上的讲话中，习近平总书记把坚持以马克思主义为指导作为当代中国哲学社会科学区别于其他哲学社会科学的根本标志，“要充分发挥马克思主义理论研究和建设工程、中国特色社会主义理论体系研究中心、马克思主义学院、报刊网络理论宣传等思想理论工作平台的作用，深化拓展马克思主义理论研究和宣传教育”④。在全国高校思想政治工作会议上，习近平总书记对高校马克思主义理论教育提出明确要求：“办好我们的高校，必须坚持以马克思主义为指导，全面贯彻党的教育方针。要坚持不懈传播马克思主义科学理论，抓好马克思主义理论教育，为学生一生成长奠定科学的思想基础。”⑤在北京大学师生座谈会讲话中，习近平总书记又进一步指出：“要抓好马克思主义理论教育，深化学生对马克思主义历史必然性和科学真理性、理论意义和现实意义的认识，教育他们学会运用

① 《十八大以来重要文献选编》（上），中央文献出版社 2014 年版，第 80 页。
② 《习近平谈治国理政》第一卷，外文出版社 2018 年版，第 153—154 页。
③ 习近平：《在全国党校工作会议上的讲话》，人民出版社 2016 年版，第 15 页。
④ 习近平：《在哲学社会科学工作座谈会上的讲话》，人民出版社 2016 年版，第 25 页。
⑤ 《习近平谈治国理政》第二卷，外文出版社 2017 年版，第 377 页。

马克思主义立场观点方法观察世界、分析世界，真正搞懂面临的时代课题，深刻把握世界发展走向，认清中国和世界发展大势，让学生深刻感悟马克思主义真理力量，为学生成长成才打下科学思想基础。”①在纪念马克思诞辰200周年大会讲话中，习近平总书记又明确要求：“全党同志特别是各级领导干部要更加自觉、更加刻苦地学习马克思列宁主义，学习毛泽东思想、邓小平理论、‘三个代表’重要思想、科学发展观，学习新时代中国特色社会主义思想。要深入学、持久学、刻苦学，带着问题学、联系实际学，更好把科学思想理论转化为认识世界、改造世界的强大物质力量。”②在学校思想政治理论课教师座谈会上，习近平总书记指出：“办好思政课，就是要开展马克思主义理论教育，用新时代中国特色社会主义思想铸魂育人，引导学生增强中国特色社会主义道路自信、理论自信、制度自信、文化自信，厚植爱国主义情怀，把爱国情、强国志、报国行自觉融入坚持和发展中国特色社会主义、建设社会主义现代化强国、实现中华民族伟大复兴的奋斗之中。”③除此以外，党的十八大以来，中央政治局第一、十一、二十、二十八、四十三次集体学习开展马克思主义专题学习。习近平总书记如此密集论述马克思主义理论教育，充分说明马克思主义教育的重要性。习近平总书记关于马克思主义理论教育系列重要论述，充分说明马克思主义理论教育对巩固马克思主义在我国意识形态指导地位、对巩固全党和全国人民团结奋斗的思想基础的极端重要的意义，明确了马克思主义理论教育的基本内容和思想精髓，指明了马克思主义理论教育的基本原则、途径和方法，明确了马克思主义理论教育的教育对象和重点人

① 习近平：《在北京大学师生座谈会上的讲话》，人民出版社2018年版，第6页。

② 习近平：《在纪念马克思诞辰200周年大会上的讲话》，人民出版社2018年版，第25—26页。

③ 习近平：《思政课是落实立德树人根本任务的关键课程》，人民出版社2020年版，第6—7页。

群，对马克思主义理论教育的领导和组织保障、师资队伍建设提出明确要求，是新时代开展马克思主义理论教育的基本遵循。

二、新时代马克思主义理论教育发展趋向

新中国成立以来马克思主义理论教育积累了丰富的经验和条件，习近平总书记关于马克思主义理论教育的重要论述，为新时代马克思主义理论教育创新发展提供了价值指导和基本遵循，新时代马克思主义理论教育要在新中国成立以来马克思主义理论教育积累经验基础上，以习近平新时代中国特色社会主义思想为指导，实现马克思主义理论教育创新发展。

（一）实现马克思主义理论教育的全局发展

新时代党和国家时代方位和历史使命更加凸显了马克思主义理论教育的重要性，要把马克思主义理论教育放在世界百年未有之大变局、党和国家事业发展全局中来看待，要从坚持和发展中国特色社会主义、建设社会主义现代化强国、实现中华民族伟大复兴的高度来看待马克思主义理论教育。要从中华民族千秋伟业、中国共产党长期执政、实现共产主义宏伟目标的战略高度来看待马克思主义理论教育。从这个意义上来看，马克思主义理论教育绝不只是教育领域的局部问题，也不能局限在党员或党员领导干部或青少年之内，它是事关党的前途命运、国家长治久安、事关民族凝聚力和向心力的全局性问题，是全国范围内和全体规模上都必须开展和进行的问题，因此，应提升马克思主义理论教育在党和国家发展的战略地位，实现马克思主义理论教育从教育领域向全局性领域的全局发展。

（二）实现马克思主义理论教育的时代发展

“理论创新每前进一步，理论武装就跟进一步，这是我们党加强自身

建设的一条重要经验。”①以党的创新理论成果为中心开展马克思主义理论教育，这是新中国成立以来马克思主义理论教育的一条基本经验。党的十九大把习近平新时代中国特色社会主义思想确立为党必须长期坚持的指导思想并庄严地写入党章，第十三届全国人民代表大会通过的宪法修正案，把习近平新时代中国特色社会主义思想载入宪法，实现了党和国家指导思想的与时俱进。习近平新时代中国特色社会主义思想，是新时代中国共产党人的思想旗帜，是国家政治生活和社会生活的根本指针，是当代中国马克思主义、二十一世纪马克思主义。新时代马克思主义理论教育应紧跟时代步伐，把用习近平新时代中国特色社会主义思想铸魂育人作为马克思主义理论教育的中心环节，实现新时代马克思主义理论教育的时代发展。

（三）实现马克思主义理论教育的重点发展

马克思主义理论教育是在全国范围和全体规模面对全体人员展开的思想理论教育活动，新时代马克思主义理论教育应该实现全员全方位全过程覆盖，但这并不意味着上下一般粗，没有重点。马克思主义理论教育既有普遍性的对全体人员的要求，同时也要区分不同层次、不同对象和不同人员，明确重点。在习近平总书记系列关于马克思主义理论教育的重要讲话中，强调最多的重点人群：一是党员、领导干部特别是党的高级领导干部。共产党人要把读马克思主义经典、悟马克思主义原理当作一种生活习惯、当作一种精神追求，用经典涵养正气、淬炼思想、升华境界、指导实践。二是青少年，习近平总书记多次强调在青少年中加强马克思主义理论教育，为青少年一生发展打下坚实的思想理论基础，对青少年明确提出马克思主义理论学习的要求。新时代马克思主义理论教育要在普遍教育和全

① 《胡锦涛文选》第三卷，人民出版社2016年版，第530页。

员覆盖基础上，实现马克思主义理论教育的重点发展。

（四）实现马克思主义理论教育的整体发展

中国共产党具有整体推进马克思主义理论教育的传统和优势，新中国成立初期，中国共产党形成了全面、全方位、系统的马克思主义理论教育模式。改革开放以后，伴随着马克思主义理论教育的科学化发展，马克思主义理论教育在专业化的过程中也出现了局限化、碎片化、生活化的问题。在具体教育实践过程中，出现大中小学马克思主义理论教育的脱节问题，中小学马克思主义基础积淀日益淡化，思想政治理论课日益生活化、实践化、综合化、通识化、国际化，并且在高中阶段马克思主义理论教育局限在少数人群；大学期间的马克思主义理论教育在分科性和综合性的变化中，在高等教育改革和发展变迁中，冲淡了整体性的目标要求。在领导干部的马克思主义理论教育过程中，也出现过重视业务培训，轻视马克思主义理论学习培训等问题。新时代马克思主义理论教育应从整体上规划马克思主义理论教育，实现大中小学马克思主义理论教育的衔接，学校、社会和家庭相互配合，体现马克思主义理论教育的整体优势，实现马克思主义理论教育的整体发展。

（五）实现马克思主义理论教育的规律性发展

马克思主义理论教育既具有其他教育共同的教育规律，也有不同于其他教育的特殊规律。马克思主义理论教育既要遵循教育教学规律，也要遵循思想政治教育规律，还要遵循广大劳动人民群众与代表自己利益的理论相结合的规律，在马克思主义理论教育过程中，存在着多重规律的叠加效应。因此相比其他教育活动，马克思主义理论教育过程显得更加困难。在学校思想政治理论课教师座谈会上，习近平总书记提出八个相统一的规律，即要坚持政治性和学理性相统一，坚持价值性和知识性相统一，坚持建设性和批判性相统一，坚持理论性和实践性相统一，坚持统一性和多样性相统一，坚持主导性和主体性相统一，坚持灌输性和启发性相统一，坚持显性教育和隐性教育相统一。这八个规律既是指导思想政治理论课教育教学改革发展的基本原则，也是马克思主义理论教育遵循的规律。新时代马克思主义理论教育要遵循马克思主义理论教育规律，实现马克思主义理论教育的规律发展。

（六）实现马克思主义理论教育队伍的全员发展

新中国成立初期，我国建立了全面全员的马克思主义理论教育模式，既注重培养马克思主义教育专职人员，同时也强调对知识分子的思想改造；全体人员既是马克思主义学习者，也是马克思主义宣传教育人员，实现宣传教育的全员化。改革开放以后，马克思主义理论教育教学的专业化有了明显进展，但在专业教育的过程中，也形成了马克思主义理论教育与专业教育的分裂。新时代马克思主义理论教育应在专业化的基础上，向全员化发展，要全面提升非马克思主义理论专业人员的马克思主义理论水平，实现马克思主义理论教育队伍的全员发展。

第 十 一 章

社会主义核心价值观的常态化和制度化

社会主义核心价值观是当代中国精神的集中体现，凝结着全体人民共同的价值追求，体现社会主义核心价值体系的根本性质和基本特征，对当代中国精神构建具有重要引导作用。党的十八大以来，以习近平同志为核心的党中央把社会主义核心价值观建设作为铸魂育人的重大工程，大力培育和践行社会主义核心价值观，习近平总书记围绕社会主义核心价值观发表系列重要讲话，中共中央办公厅印发《关于培育和践行社会主义核心价值观的意见》系列配套相关文件，不断推进社会主义核心价值观的深入持久开展，社会主义核心价值观培育和践行在全社会广泛持久推进。本章我们把社会主义核心价值培育作为一种新时代思想政治教育活动，透过习近平总书记对社会主义核心价值观系列重要讲话，探讨新时代思想政治教育一些新的特征。

第一节　关于培育和弘扬社会主义核心价值观的重大意义

作为新时代主题明确的思想政治教育活动，社会主义核心价值观培育和践行具有重要的现实价值和深远的历史意义。习近平总书记在关于社会主义核心价值观的系列重要讲话中，深刻阐述了培育和弘扬社会主义核心价值观对国家、社会和个人发展的重要意义。

一、确保国家长治久安和社会和谐稳定

在主持十八届中央政治局第十三次集体学习时的讲话中，习近平总书记充分论述了社会主义核心价值观对提升国家文化软实力、对国家长治久安和社会和谐稳定的重要意义。他指出："核心价值观是文化软实力的灵魂、文化软实力建设的重点。这是决定文化性质和方向的最深层次要素。一个国家的文化软实力，从根本上说，取决于其核心价值观的生命力、凝聚力、感召力。"[①]"一个民族的文明进步，一个国家的发展壮大，需要一代又一代人接力努力，需要很多力量来推动，核心价值观是其中最持久最深沉的力量。"[②]他进一步指出："历史和现实都表明，构建具有强大感召力的核心价值观，关系社会和谐稳定，关系国家长治久安。"[③]构建具有强大感召力的社会主义核心价值观，既是提升国家文化软实力的需要，也关系到国家长治久安和社会和谐稳定。

二、构筑维系国家和民族的情感纽带

在文艺工作座谈会上，习近平总书记充分阐述了核心价值观对于构筑维系国家和民族情感纽带的重要意义。"核心价值观是一个民族赖以维系的精神纽带，是一个国家共同的思想道德基础。如果没有共同的核心价值观，一个民族、一个国家就会魂无定所、行无依归。"[④]在北京大学师生座谈会上的讲话中，他十分恳切地说："我国是一个有着13亿多人口、56个民族的大国，确立反映全国各族人民共同认同的价值观'最大公约数'，

① 《习近平谈治国理政》第一卷，外文出版社2018年版，第163页。
② 《习近平谈治国理政》第一卷，外文出版社2018年版，第180页。
③ 《习近平谈治国理政》第一卷，外文出版社2018年版，第163页。
④ 《十八大以来重要文献选编》（中），中央文献出版社2016年版，第133页。

使全体人民同心同德、团结奋进，关乎国家前途命运，关乎人民幸福安康。”①社会主义核心价值观是维系国家和民族的情感纽带，是共同的思想道德基础，能否形成广大人民群众共同认可的核心价值观，关乎国家前途命运，关乎人民幸福安康。

三、形成社会评判是非曲直的标准

在北京大学师生座谈会上的讲话中，习近平总书记总结人类社会历史发展的经验教训，指出：“人类社会发展的历史表明，对一个民族、一个国家来说，最持久、最深层的力量是全社会共同认可的核心价值观。核心价值观，承载着一个民族、一个国家的精神追求，体现着一个社会评判是非曲直的价值标准。”②他借中国古代“大学之道，在明明德”进一步阐释道：“核心价值观，其实就是一种德……国无德不兴，人无德不立。如果一个民族、一个国家没有共同的核心价值观，莫衷一是，行无依归，那这个民族、这个国家就无法前进。”③核心价值观对形成社会评判是非曲直的标准、团结凝聚最广泛共识具有重要意义。

四、抢占文化发展的制高点

当今世界科学技术发展迅猛，国际竞争日趋激烈。谁占据了文化发展的制高点，谁就能更好地在激烈的国际竞争中掌握主动权。改革开放以来，“我国综合国力和国际地位不断提升，国际社会对我国的关注前所未有，但中国在世界上的形象很大程度仍是‘他塑’而非‘自塑’，我们在

① 《习近平谈治国理政》第一卷，外文出版社 2018 年版，第 168 页。
② 《习近平谈治国理政》第一卷，外文出版社 2018 年版，第 168 页。
③ 《习近平谈治国理政》第一卷，外文出版社 2018 年版，第 168 页。

国际上有时还处于有理说不出、说了传不开的境地，存在着信息流进流出的‘逆差’、中国真实形象和西方主观印象的‘反差’、软实力和硬实力的‘落差’”①。这种局面极大地影响了我国的核心竞争力和文化凝聚力，正如习近平总书记所指出的：“没有先进文化的积极引领，没有人民精神世界的极大丰富，没有民族精神力量的不断增强，一个国家、一个民族不可能屹立于世界民族之林。”②因此，培育和弘扬社会主义核心价值观，抢占文化发展的制高点，对于我国在竞争激烈的国际社会中站稳脚跟、屹立于世界民族之林，具有重要意义。

第二节　关于社会主义核心价值观的基本内涵

如何理解社会主义核心价值观，是习近平总书记在不同场合、针对不同行业和不同群体讲述得最为丰富的内容。习近平总书记关于社会主义核心价值观基本内涵的论述主要包括以下几个方面。

一、社会主义核心价值观的时代维度

在北京大学师生座谈会上的讲话中，习近平总书记指出：“每个时代都有每个时代的精神，每个时代都有每个时代的价值观念。……在当代中国，我们的民族、我们的国家应该坚守什么样的核心价值观？这个问题，是一个理论问题，也是一个实践问题。经过反复征求意见，综合各方面认识，我们提出要倡导富强、民主、文明、和谐，倡导自由、平等、公正、

① 《习近平总书记重要讲话文章选编》，中央文献出版社、党建读物出版社 2016 年版，第 432 页。

② 《十八大以来重要文献选编》（中），中央文献出版社 2016 年版，第 121 页。

法治，倡导爱国、敬业、诚信、友善，积极培育和践行社会主义核心价值观。”[①]我们提出的社会主义核心价值观，是当代中国的核心价值观，它虽然传承了中华民族优秀传统文化的基因，寄托着近代以来中国人民上下求索、历经千辛万苦确立的理想信念，但从根本上说，它是当代中国的价值观念。“我们要在全社会牢固树立社会主义核心价值观，全体人民一起努力，通过持之以恒的奋斗，把我们的国家建设得更加富强、更加民主、更加文明、更加和谐、更加美丽，让中华民族以更加自信、更加自强的姿态屹立于世界民族之林。”[②]“建设富强民主文明和谐的社会主义现代化国家，是我们的目标，也是我们的责任，是我们对中华民族的责任，对前人的责任，对后人的责任。我们要保持战略定力和坚定信念，坚定不移走自己的路，朝着自己的目标前进。”[③]社会主义核心价值观本质上是当代中国的价值观，是中国特色社会主义的价值观，是中国特色社会主义道路自信、理论自信、制度自信、文化自信“四个自信”的价值支撑。

二、社会主义核心价值观的结构维度

社会主义核心价值观具有三个层次的内涵：“富强、民主、文明、和谐是国家层面的价值要求，自由、平等、公正、法治是社会层面的价值要求，爱国、敬业、诚信、友善是公民层面的价值要求。这个概括，实际上回答了我们要建设什么样的国家、建设什么样的社会、培育什么样的公民的重大问题。”[④]为了帮助大学生理解社会主义核心价值观的三个层次，在北京大学师生座谈会上的讲话中，习近平总书记借中国古代核心价值观的

① 《习近平谈治国理政》第一卷，外文出版社 2018 年版，第 168 页。
② 《习近平谈治国理政》第一卷，外文出版社 2018 年版，第 169 页。
③ 《习近平谈治国理政》第一卷，外文出版社 2018 年版，第 170 页。
④ 《习近平谈治国理政》第一卷，外文出版社 2018 年版，第 168 页。

层次性说明了社会主义核心价值观的层次性，他说："中国古代历来讲格物致知、诚意正心、修身齐家、治国平天下。从某种角度看，格物致知、诚意正心、修身是个人层面的要求，齐家是社会层面的要求，治国平天下是国家层面的要求。"①当然，这三个层次的划分并不是绝对的，习近平总书记在阐述的过程中也只是从便于接受和理解的角度，对三个层次的价值观内容进行了说明。事实上，社会主义核心价值观的三个层面的内容是一体的，所以在将其划分成三个层面后，又指出："我们提出的社会主义核心价值观，把涉及国家、社会、公民的价值要求融为一体，既体现了社会主义本质要求，继承了中华优秀传统文化，也吸收了世界文明有益成果，体现了时代精神。"②习近平总书记的这番话说明，尽管社会主义核心价值观具有层次性，但从总体来看三个层面是融为一体的。

三、社会主义核心价值观的思想资源维度

社会主义核心价值观是在继承和弘扬中华民族5000多年优秀文化传统的基础上，吸收世界文明有益成果，又在社会主义革命、建设和改革实践中升华提炼而形成的。"富强、民主、文明、和谐，自由、平等、公正、法治，爱国、敬业、诚信、友善，传承着中国优秀传统文化的基因，寄托着近代以来中国人民上下求索、历经千辛万苦确立的理想和信念，也承载着我们每个人的美好愿景。"③"我们倡导的富强、民主、文明、和谐，自由、平等、公正、法治，爱国、敬业、诚信、友善的社会主义核心价值观，体现了古圣先贤的思想，体现了仁人志士的夙愿，体现了革命先烈的理想，也寄托着各族人民对美好生活的向往。只要是中国人，就应该自觉

① 《习近平谈治国理政》第一卷，外文出版社2018年版，第169页。

② 《习近平谈治国理政》第一卷，外文出版社2018年版，第169页。

③ 《习近平谈治国理政》第一卷，外文出版社2018年版，第169页。

培育和践行社会主义核心价值观。”①

在社会主义核心价值观的思想资源中，习近平总书记特别重视中华优秀传统文化资源和爱国主义教育资源。“中华文明绵延数千年，有其独特的价值体系。中华优秀传统文化已经成为中华民族的基因，植根在中国人内心，潜移默化影响着中国人的思想方式和行为方式。”②“我们生而为中国人，最根本的是我们有中国人的独特精神世界，有百姓日用而不觉的价值观。我们提倡的社会主义核心价值观，就充分体现了对中华优秀传统文化的传承和升华。”③“中华民族有着5000多年的悠久历史和灿烂文化，而且中华文明从远古一直延续发展到今天。为什么中华民族能够在几千年的历史长河中顽强生存和不断发展呢？很重要的一个原因，是我们民族有一脉相承的精神追求、精神特质、精神脉络。今天我们使用的汉字同甲骨文没有根本区别，老子、孔子、孟子、庄子等先哲归纳的一些观念也一直延续到现在。这种几千年连贯发展至今的文明，在世界各民族中是不多见的。”④中华优秀传统文化是培育和弘扬社会主义核心价值观必须立足的根基。在思想资源的内容方面，习近平总书记十分重视爱国主义精神的培育和弘扬：“在社会主义核心价值观中，最深层、最根本、最永恒的是爱国主义。”⑤“爱国主义精神深深植根于中华民族心中，是中华民族的精神基因，维系着华夏大地上各个民族的团结统一，激励着一代又一代中华儿女为祖国发展繁荣而不懈奋斗。”⑥要把爱国主义教育作为永恒主题，贯穿于国民教育和精神文明建设的全过程，坚持爱国主义和社会主义相统一，维

---

① 《习近平谈治国理政》第一卷，外文出版社2018年版，第181页。

② 《习近平谈治国理政》第一卷，外文出版社2018年版，第170页。

③ 《习近平谈治国理政》第一卷，外文出版社2018年版，第171页。

④ 《习近平谈治国理政》第一卷，外文出版社2018年版，第180—181页。

⑤ 《十八大以来重要文献选编》(中)，中央文献出版社2016年版，第134页。

⑥ 《习近平在中共中央政治局第二十九次集体学习时强调　大力弘扬伟大爱国主义精神　为实现中国梦提供精神支柱》，《人民日报》2015年12月31日。

护祖国统一和民族团结，尊重和传承中华民族历史和文化，坚持立足民族又面向世界。“我们要虚心学习借鉴人类社会创造的一切文明成果。”①“我们强调弘扬社会主义核心价值观，继承和发扬中华民族优秀传统文化，坚持和弘扬中国精神，并不排斥学习借鉴世界优秀文化成果。”②只是我们在吸收人类一切文明成果的时候，“不能数典忘祖，不能照抄照搬别国的发展模式，也绝不会接受任何外国颐指气使的说教”③。在哲学社会科学工作座谈会上的讲话中，习近平总书记把国外哲学社会科学包括世界所有国家哲学社会科学取得的积极成果，作为构建中国特色哲学社会科学的三项重要资源之一。“要加强对中华优秀传统文化的挖掘和阐发，使中华民族最基本的文化基因与当代文化相适应、与现代社会相协调，把跨越时空、超越国界、富有永恒魅力、具有当代价值的文化精神弘扬起来。要推动中华文明创造性转化、创新性发展，激活其生命力，让中华文明同各国人民创造的多彩文明一道，为人类提供正确精神指引。”④

从习近平总书记关于社会主义核心价值观内容的系列重要讲话来看，他关于社会主义核心价值观的理解主要包括三个方面：一是社会主义核心价值观是社会主义的价值观，是中国特色社会主义的价值观，是当代中国的时代精神，具有时代性。二是社会主义核心价值观可以划分为国家、社会和个人三个层面的内容，这三个层面的价值内容是融为一体的，我们不能孤立地去看待这三个层面的内容。三是社会主义核心价值观是中国的价值观，它既与我国历史文化相契合，也与我国当下正在为之奋斗的事业相结合，同我国需要解决的时代问题相适应，因而烙上了鲜明的中国印记，同时也吸收了人类一切文明的优秀成果。

① 《习近平谈治国理政》第一卷，外文出版社 2018 年版，第 171 页。

② 《十八大以来重要文献选编》（中），中央文献出版社 2016 年版，第 136 页。

③ 《习近平谈治国理政》第一卷，外文出版社 2018 年版，第 171 页。

④ 习近平：《在哲学社会科学工作座谈会上的讲话》，人民出版社 2016 年版，第 17 页。

第三节 关于培育和弘扬社会主义核心价值观的途径

习近平总书记不仅充分阐述了社会主义核心价值观的重要意义和深刻内涵，而且指明了培育和弘扬社会主义核心价值观的途径，他提出："要切实把社会主义核心价值观贯穿于社会生活方方面面。要通过教育引导、舆论宣传、文化熏陶、实践养成、制度保障等，使社会主义核心价值观内化为人们的精神追求，外化为人们的自觉行动。"① 习近平总书记关于培育和弘扬社会主义核心价值观的途径的论述内容十分丰富，主要包括以下几个方面。

一、优秀传统文化途径

习近平总书记十分重视优秀传统文化在培育和弘扬社会主义核心价值观中的重要作用，他把中华优秀传统文化既看成培育和弘扬社会主义核心价值观必须立足的根基，同时也看成以文化人、以文服人、以文育人的载体。他常把培育和弘扬社会主义核心价值观与继承和弘扬中华优秀传统文化并列进行论述，谈中华优秀传统文化的目的是为了培育和弘扬社会主义核心价值观，谈社会主义核心价值观的培育和弘扬总是离不开中华优秀传统文化。在主持十八届中央政治局第十三次集体学习时，习近平总书记充分阐述了中华传统文化："牢固的核心价值观，都有其固有的根本。抛弃传统、丢掉根本，就等于割断了自己的精神命脉。博大精深的中华优秀传统文化是我们在世界文化激荡中站稳脚跟的根基。……对历史文化特别是先人传承下来的价值理念和道德规范，要坚持古为今用、推陈出新，有鉴

① 《习近平谈治国理政》第一卷，外文出版社 2018 年版，第 164 页。

别地加以对待，有扬弃地予以继承，努力用中华民族创造的一切精神财富来以文化人、以文育人。……要认真汲取中华传统文化的思想精华和道德精髓……使中华优秀传统文化成为涵养社会主义核心价值观的重要源泉。”①

在主持十八届中央政治局第十八次集体学习时的讲话中，习近平总书记着重阐述了培育和弘扬社会主义核心价值观问题：“要重视中华传统文化研究，继承和发扬中华优秀传统文化。实现中华民族伟大复兴的中国梦，必须要有中国精神，而中国精神必须在坚持社会主义核心价值体系的前提下，积极深入中华民族历久弥新的精神世界，把长期以来我们民族形成的积极向上向善的思想文化充分继承和弘扬起来，使之为培育和践行社会主义核心价值观服务，为建设社会主义先进文化服务，为党和国家事业发展服务。”②

习近平总书记还充分阐述了把中华优秀传统文化作为培育和弘扬社会主义核心价值观的途径的具体方法：“要使中华民族最基本的文化基因与当代文化相适应、与现代社会相协调，以人们喜闻乐见、具有广泛参与性的方式推广开来，把跨越时空、超越国度、富有永恒魅力、具有当代价值的文化精神弘扬起来，把继承传统优秀文化又弘扬时代精神、立足本国又面向世界的当代中国文化创新成果传播出去。要系统梳理传统文化资源，让收藏在禁宫里的文物、陈列在广阔大地上的遗产、书写在古籍里的文字都活起来。”③这为如何通过优秀传统文化培育和弘扬社会主义核心价值观提供了指导。

---

① 《习近平谈治国理政》第一卷，外文出版社 2018 年版，第 164 页。

② 《习近平在中共中央政治局第十八次集体学习时强调　牢记历史经验历史教训历史警示　为国家治理能力现代化提供有益借鉴》，《人民日报》2014 年 10 月 14 日。

③ 《习近平谈治国理政》第一卷，外文出版社 2018 年版，第 161 页。

二、教育引导途径

教育引导途径并不是特指学校教育，而是包括家庭教育、学校教育和社会教育等在内的全方位的教育途径。习近平总书记指出："让社会主义核心价值观在少年儿童中培育起来，家庭、学校、少先队组织和全社会都有责任。"①

一是家庭教育。"家庭是孩子的第一个课堂，父母是孩子的第一个老师。家长要时时处处给孩子做榜样，用正确行动、正确思想、正确方法教育引导孩子。要善于从点滴小事中教会孩子欣赏真善美、远离假丑恶。要注意观察孩子的思想动态和行为变化，随时做好教育引导工作。"②习近平总书记在2015年春节团拜会上的讲话中指出："家庭是社会的基本细胞，是人生的第一所学校。不论时代发生多大变化，不论生活格局发生多大变化，我们都要重视家庭建设，注重家庭、注重家教、注重家风，紧密结合培育和弘扬社会主义核心价值观，发扬光大中华民族传统家庭美德，促进家庭和睦，促进亲人相亲相爱，促进下一代健康成长，促进老年人老有所养，使千千万万个家庭成为国家发展、民族进步、社会和谐的重要基点。"③

二是学校教育。习近平总书记明确表示："学校要把德育放在更加重要的位置，全面加强校风、师德建设，坚持教书育人"④，"要从娃娃抓起、从学校抓起，做到进教材、进课堂、进头脑"⑤。"广大教师要用好课堂讲坛，用好校园阵地，用自己的行动倡导社会主义核心价值观，用自己的学

① 《习近平谈治国理政》第一卷，外文出版社2018年版，第184页。
② 《习近平谈治国理政》第一卷，外文出版社2018年版，第184页。
③ 习近平：《在2015年春节团拜会上的讲话》，《人民日报》2015年2月18日。
④ 《习近平谈治国理政》第一卷，外文出版社2018年版，第184页。
⑤ 《习近平谈治国理政》第一卷，外文出版社2018年版，第164—165页。

识、阅历、经验点燃学生对真善美的向往，使社会主义核心价值观润物细无声地浸润学生们的心田、转化为日常行为，增强学生的价值判断能力、价值选择能力、价值塑造能力，引领学生健康成长。”①“要把社会主义核心价值观教育融入各级各类学校课程，推广国家通用语言文字，努力培养爱党爱国的社会主义事业建设者和接班人。”②关于学校少先队组织，他指出：“少先队要坚持开展组织教育、自主教育、实践活动，更好为少年儿童培育和践行社会主义核心价值观服务，把广大少年儿童团结好、教育好、带领好。”③

三是社会教育。要营造有利于青少年健康成长、有利于孕育社会主义核心价值观的良好环境和氛围。他指出：“全社会都要了解少年儿童、尊重少年儿童、关心少年儿童、服务少年儿童，为少年儿童提供良好社会环境。对损害少年儿童权益、破坏少年儿童身心健康的言行，要坚决防止和依法打击。”④

三、舆论宣传途径

习近平总书记十分重视舆论宣传，把宣传思想工作、新闻舆论引导工作作为我国意识形态建设的重要组成部分，他对舆论宣传在培育和弘扬社会主义核心价值观中的重要作用进行了充分阐述，提出了明确要求。在全国宣传思想工作会议上的讲话中，他明确提出：“要深入开展中国特色社会主义宣传教育，把全国各族人民团结和凝聚在中国特色社会主义伟

① 习近平：《做党和人民满意的好老师——同北京师范大学师生代表座谈时的讲话》，《人民日报》2014 年 9 月 10 日。

② 《习近平在中央第六次西藏工作座谈会上强调　依法治藏富民兴藏长期建藏　加快西藏全面建成小康社会步伐》，《人民日报》2015 年 8 月 26 日。

③ 《习近平谈治国理政》第一卷，外文出版社 2018 年版，第 184 页。

④ 《习近平谈治国理政》第一卷，外文出版社 2018 年版，第 184—185 页。

大旗帜之下。要加强社会主义核心价值体系建设，积极培育和践行社会主义核心价值观，全面提高公民道德素质，培育知荣辱、讲正气、作奉献、促和谐的良好风尚。”①在主持十八届中央政治局第十二次集体学习时的讲话中，他进一步强调：“提高国家文化软实力，要努力传播当代中国价值观念。当代中国价值观念，就是中国特色社会主义价值观念，代表了中国先进文化的前进方向。”②在主持十八届中央政治局第十三次集体学习时，他进一步明确指出：“把培育和弘扬社会主义核心价值观作为凝魂聚气、强基固本的基础工程，继承和发扬中华优秀传统文化和传统美德，广泛开展社会主义核心价值观宣传教育，积极引导人们讲道德、尊道德、守道德，追求高尚的道德理想，不断夯实中国特色社会主义的思想道德基础。”③不仅如此，他还针对国际、国内宣传的不同特点，对国际、国内宣传社会主义核心价值观的具体原则方法进行了指导。在对外宣传中，“要加强国际传播能力建设，精心构建对外话语体系，发挥好新兴媒体作用，增强对外话语的创造力、感召力、公信力，讲好中国故事，传播好中国声音，阐释好中国特色”④。在对内宣传中，“要加大正面宣传力度，通过学校教育、理论研究、历史研究、影视作品、文学作品等多种方式，加强爱国主义、集体主义、社会主义教育，引导我国人民树立和坚持正确的历史观、民族观、国家观、文化观，增强做中国人的骨气和底气”⑤。这为通过舆论宣传途径传播社会主义核心价值观指明了原则和方法。

---

① 《习近平谈治国理政》第一卷，外文出版社 2018 年版，第 154 页。
② 《习近平谈治国理政》第一卷，外文出版社 2018 年版，第 161 页。
③ 《习近平谈治国理政》第一卷，外文出版社 2018 年版，第 163 页。
④ 《习近平谈治国理政》第一卷，外文出版社 2018 年版，第 162 页。
⑤ 《习近平谈治国理政》第一卷，外文出版社 2018 年版，第 162 页。

四、榜样示范途径

“榜样的力量是无穷的，广大党员、干部必须带头学习和弘扬社会主义核心价值观，用自己的模范行为和高尚人格感召群众、带动群众。”①在北京市海淀区民族小学主持召开座谈会时的讲话中，习近平总书记进一步论述了榜样的作用：“各行各业都有很多值得我们学习的榜样，包括航天英雄、奥运冠军、大科学家、劳动模范、青年志愿者，还有那些助人为乐、见义勇为、诚实守信、敬业奉献、孝老爱亲的好人，等等。榜样的力量是无穷的。大家要把他们立为心中的标杆，向他们看齐，像他们那样追求美好的思想品德。”②

在历次各行业模范和先进典型的表彰会议上，习近平总书记多次论述了榜样在社会主义核心价值观培育和践行中的作用。在会见第四届全国道德模范及提名奖获得者时，他说：“道德模范是社会道德建设的重要旗帜，要深入开展学习宣传道德模范活动，弘扬真善美，传播正能量，激励人民群众崇德向善、见贤思齐，鼓励全社会积善成德、明德惟馨，为实现中华民族伟大复兴的中国梦凝聚起强大的精神力量和有力的道德支撑。”③“我们要按照党的十八大提出的培育和践行社会主义核心价值观的要求，高度重视和切实加强道德建设，推进社会公德、职业道德、家庭美德、个人品德教育，倡导爱国、敬业、诚信、友善等基本道德规范，培育知荣辱、讲正气、作奉献、促和谐的良好风尚。”④

在给“郭明义爱心团队”的回信中，习近平总书记指出：“雷锋精神，人人可学；奉献爱心，处处可为。积小善为大善，善莫大焉。当有人需要

---

① 《习近平谈治国理政》第一卷，外文出版社 2018 年版，第 164 页。

② 《习近平谈治国理政》第一卷，外文出版社 2018 年版，第 182—183 页。

③ 《习近平谈治国理政》第一卷，外文出版社 2018 年版，第 158 页。

④ 《习近平谈治国理政》第一卷，外文出版社 2018 年版，第 159 页。

帮助时，大家搭把手、出份力，社会将变得更加美好。我国工人阶级应该为全社会学雷锋、树新风作出榜样，让学习雷锋精神在祖国大地蔚然成风。希望你们努力践行社会主义核心价值观，积极向上向善，从‘赠人玫瑰、手有余香’中感受善的力量，以实际行动书写新时代的雷锋故事，为实现中国梦有一分热发一分光。”①

在会见第五次全国自强模范暨助残先进集体和个人表彰大会受表彰代表时的讲话中，习近平总书记强调：“助残先进以及他们所代表的关心和帮助残疾人的社会各界人士，也堪称楷模，引领社会风气。……大爱无疆、仁者爱人。这种舍己为人、乐善好施的高尚品质，是社会主义核心价值观的具体体现，是中华民族传统美德的具体体现。”②

在庆祝“五一”国际劳动节暨表彰全国劳动模范和先进工作者大会上的讲话中，习近平总书记提出：“劳动模范和先进工作者是坚持中国道路、弘扬中国精神、凝聚中国力量的楷模，他们以高度的主人翁责任感、卓越的劳动创造、忘我的拼搏奉献，为全国各族人民树立了学习的榜样。”③

2015 年 10 月 13 日，习近平总书记对全国道德模范表彰活动作出重要批示：“要深入开展宣传学习活动，创新形式、注重实效，把道德模范的榜样力量转化为亿万群众的生动实践，在全社会形成崇德向善、见贤思齐、德行天下的浓厚氛围。”④

习近平总书记利用各种场合，对不同群体中的典型、劳模、志愿服务

---

① 《习近平总书记给“郭明义爱心团队”的回信》，《人民日报》2014 年 3 月 5 日。

② 《习近平在会见第五次全国自强模范暨助残先进集体和个人表彰大会受表彰代表时强调　更加勇敢地迎接生活挑战　更加坚强地为实现梦想努力》，《人民日报》2014 年 5 月 17 日。

③ 习近平：《在庆祝“五一”国际劳动节暨表彰全国劳动模范和先进工作者大会上的讲话》，《人民日报》2015 年 4 月 29 日。

④ 《习近平对全国道德模范表彰活动作出重要批示强调　更好构筑中国精神、中国价值、中国力量　为中国特色社会主义事业提供精神动力和道德滋养》，《人民日报》2015 年 10 月 14 日。

代表的模范带头作用进行了肯定和鼓励，充分阐述了榜样示范在培育和弘扬社会主义核心价值观中的重要作用。

五、文化艺术途径

文艺在培育和弘扬社会主义核心价值观方面具有独特的作用。习近平总书记指出："要润物细无声，运用各类文化形式，生动具体地表现社会主义核心价值观。"① 在文艺工作座谈会上的讲话中，他指出："文艺是铸造灵魂的工程，文艺工作者是灵魂的工程师。好的文艺作品就应该像蓝天上的阳光、春季里的清风一样，能够启迪思想、温润心灵、陶冶人生，能够扫除颓废萎靡之风。'凡作传世之文者，必先有可以传世之心。'广大文艺工作者要高扬社会主义核心价值观的旗帜，充分认识肩上的责任，把社会主义核心价值观生动活泼、活灵活现地体现在文艺创作之中，用栩栩如生的作品形象告诉人们什么是应该肯定和赞扬的，什么是必须反对和否定的，做到春风化雨、润物无声。"② 他既对文艺在培育和弘扬社会主义核心价值观中的特殊作用作了充分阐述，同时也对通过文艺途径培育和弘扬社会主义核心价值观提出了明确要求。

六、日常生活途径

"一种价值观要真正发挥作用，必须融入社会生活，让人们在实践中感知它、领悟它。要注意把我们所提倡的与人们日常生活紧密联系起来，在落细、落小、落实上下功夫。"③ 习近平总书记主要列举了以下一些日常

① 《习近平谈治国理政》第一卷，外文出版社 2018 年版，第 165 页。
② 《十八大以来重要文献选编》（中），中央文献出版社 2016 年版，第 134 页。
③ 《习近平谈治国理政》第一卷，外文出版社 2018 年版，第 165 页。

生活途径：其一，健全各行各业制度。“要按照社会主义核心价值观的基本要求，健全各行各业规章制度，完善市民公约、乡规民约、学生守则等行为准则，使社会主义核心价值观成为人们日常工作生活的基本遵循。”① 其二，建立和规范仪式活动。“要建立和规范一些礼仪制度，组织开展形式多样的纪念庆典活动，传播主流价值，增强人们的认同感和归属感。”② 其三，融入精神文明建设创建活动。“要把社会主义核心价值观的要求融入各种精神文明创建活动之中，吸引群众广泛参与，推动人们在为家庭谋幸福、为他人送温暖、为社会作贡献的过程中提高精神境界、培育文明风尚。”③ 其四，营造生活情景和社会氛围。“要利用各种时机和场合，形成有利于培育和弘扬社会主义核心价值观的生活情景和社会氛围”④。总之，要通过各种各样的途径，“使核心价值观的影响像空气一样无所不在、无时不有”⑤。

习近平总书记还充分论述了制度和政策保障对培育社会主义核心价值观的重要性，提出：“要发挥政策导向作用，使经济、政治、文化、社会等方方面面政策都有利于社会主义核心价值观的培育。要用法律来推动核心价值观建设。各种社会管理要承担起倡导社会主义核心价值观的责任，注重在日常管理中体现价值导向，使符合核心价值观的行为得到鼓励、违背核心价值观的行为受到制约。”⑥ 他把培育和弘扬社会主义核心价值观提升到国家制度层面，通过国家层面的制度设计，彰显国家核心价值。党的十八大以来，以习近平同志为核心的党中央将一些重大礼仪、纪念活动提升到国家层面，比如设立烈士纪念日、举行南京大屠杀

① 《习近平谈治国理政》第一卷，外文出版社 2018 年版，第 165 页。
② 《习近平谈治国理政》第一卷，外文出版社 2018 年版，第 165 页。
③ 《习近平谈治国理政》第一卷，外文出版社 2018 年版，第 165 页。
④ 《习近平谈治国理政》第一卷，外文出版社 2018 年版，第 165 页。
⑤ 《习近平谈治国理政》第一卷，外文出版社 2018 年版，第 165 页。
⑥ 《习近平谈治国理政》第一卷，外文出版社 2018 年版，第 165 页。

死难者国家公祭、设立国家宪法日和建立宪法宣誓制度、举办纪念中国人民抗日战争暨世界反法西斯战争胜利70周年大会和大阅兵仪式等。通过国家制度把仪式活动提升到宏观层面，起到了社会教化、传播主流价值观、增强人民群众认同感、营造培育和弘扬社会主义核心价值观之氛围的作用。

第四节　推进社会主义核心价值观常态化和制度化建设

党的十九大报告把培养担当民族复兴大任的时代新人作为培育社会主义核心价值观的着眼点，对社会主义核心价值观培育提出常态化和制度法治化的更高要求。新时代推进社会主义核心价值观常态化和制度化，要坚持社会主义核心价值观的导向作用，推进社会主义核心价值观融入社会生活，加强社会主义核心价值观法治化建设。

一、坚持以社会主义核心价值观引领文化建设制度

党的十九大后，制度建设成为治国理政的突出任务，党的十九届四中全会中提出："坚持以社会主义核心价值观引领文化建设制度。"[①] 社会主义核心价值观在新时代的价值引导力、文化凝聚力和精神推动力等重要作用更加凸显。坚持以社会主义核心价值观引领文化建设，要紧紧围绕举旗帜、聚民心、育新人、兴文化、展形象的使命任务，加强社会主义精神文明建设，繁荣发展文化事业和文化产业，不断提高国家文化

① 《中共中央关于坚持和完善中国特色社会主义制度　推进国家治理体系和治理能力现代化若干重大问题的决定》，《人民日报》2019年11月6日。

软实力，增强中华文化影响力，发挥文化引领风尚、教育人民、服务社会、推动发展的作用。要着重在推动理想信念教育常态化、制度化，完善弘扬社会主义核心价值观的法律政策体系，推进中华优秀传统文化传承发展工程，健全志愿服务体系，完善诚信建设长效机制等方面做好贯彻落实工作。要以贯彻落实《新时代公民道德建设实施纲要》《新时代爱国主义教育实施纲要》精神和“四史”学习教育为契机，搭建文化建设制度实践载体平台，有计划实施“中华优秀传统文化传承发展工程”、“公民道德建设工程”、“新文化建设工程”、“志愿者服务活动”、“诚信教育活动”、“青少年理想信念教育活动”等实践活动，将推进社会主义核心价值观的常态化建设和制度化建设落到实处，以此实现制度功能的现实转化，推动形成全社会共同价值追求，促进社会主义核心价值观深入发展。

二、推进社会主义核心价值观融入社会发展各方面

一种价值观要真正发挥作用，必须融入社会生活，让人们在实践中感知它、领悟它。要注意把我们所倡导的与人们日常生活紧密联系起来，在落细、落小、落实上下功夫。要推进社会主义核心价值观全方位贯穿、深层次融入社会发展各方面，就要注重推动社会主义核心价值观日常化、生活化、具体化、形象化，在实践中增强融入的自觉性、能动性和创造性，切实将社会主义核心价值观的践行转化为人们的情感认同和行为习惯。把社会主义核心价值观要求融入法治建设和社会治理，体现到国民教育、精神文明创建、文化产品创作生产传播全过程。要按照社会主义核心价值观的要求，“教育引导学生把国家、社会、公民的价值要求融为一体，提高个人的爱国、敬业、诚信、友善修养，自觉把小我融入大我，不断追求国家的富强、民主、文明、和谐和社会的自由、平等、公正、法治，将社会

主义核心价值观内化为精神追求、外化为自觉行动”①。把培育和践行社会主义核心价值观作为精神文明建设的根本任务，体现到文明城市、文明村镇、文明单位、文明家庭、文明校园创建活动各个方面。加强思想教育、道德教化，改进见义勇为英雄模范评选表彰工作，吸引群众广泛参与，推动人们在为家庭谋幸福、为他人送温暖、为社会作贡献的过程中提高精神境界、培育文明风尚。推动社会主义核心价值观融入文化产品创作生产传播全过程，广大文艺工作者要高扬社会主义核心价值观旗帜，不仅要身体力行践行社会主义核心价值观，更要围绕培育和践行社会主义核心价值观，运用各类文化形式，生动具体地表现社会主义核心价值观，坚定文化自信，讲好中国故事，将社会主义核心价值观渗透到精神文化产品创作生产传播各环节。

三、推进社会主义核心价值观制度化建设

坚持和巩固社会主义核心价值观制度化建设，完善和发展与之相适应的制度体系，严格遵守和执行相关制度，既是社会主义核心价值观建设的重要经验，也是培育和践行社会主义核心价值观的长效机制和根本保障。有效推进培育社会主义核心价值观的常态化和长效化发展，实现社会主义核心价值观制度化建设：一是要毫不动摇地坚持和巩固社会主义核心价值观的相关制度。要以习近平新时代中国特色社会主义思想为指导，坚持全面依法治国，坚持社会主义核心价值体系，着力将社会主义核心价值观融入法律原则、具体法规和公共政策的立改废释全过程，确保价值导向更加鲜明、要求更加明确、措施更加有力。二是与时俱进地完善和发展社会主

① 《教育部关于印发〈高等学校课程思政建设指导纲要〉的通知》，中华人民共和国教育部门户网：http://www.moe.gov.cn/srcsite/A08/s7056/202006/t20200603_462437.html。

义核心价值观的相关制度。完善和发展经济建设、政治建设、文化建设、社会建设和生态建设等方面的各项制度，将社会主义核心价值观的基本要求全方位深层次地融入各项路线方针政策。健全各行各业规章制度，完善市民公约、乡规民约、学生守则、行业规章、团体规章等行为准则，使社会主义核心价值观成为人们日常工作生活的基本遵循。三是不遗余力地遵守和执行社会主义核心价值观的相关制度。制度的生命力在于执行，必须强化社会主义核心价值观相关制度的执行力，加强对其制度执行的监督。要把社会主义核心价值观贯彻到依法治国、依法执政、依法行政实践中，各级党委和政府以及各级领导干部要切实强化培育和践行社会主义核心价值观的责任，注重在日常管理中坚持政策目标和价值导向的统一，将社会主义核心价值观落实到立法、执法、司法、守法和社会治理的各个方面，构建培育和践行社会主义核心价值观的长效机制。

第十二章
爱国主义教育的时代升华

爱国主义教育是社会主义教育的主旋律，是思想政治教育的核心内容。2019 年 11 月，中共中央、国务院印发《新时代爱国主义教育实施纲要》（以下简称《新时代纲要》）。2020 年 1 月，教育部党组下发《教育系统关于学习宣传贯彻落实〈新时代爱国主义实施纲要〉的工作方案》，对教育系统贯彻落实《新时代纲要》制定行动方案和路线图。《新时代纲要》是 1994 年中共中央印发《爱国主义教育实施纲要》（以下简称《纲要》）20 多年以后印发的指导新时代爱国主义教育的纲领性文件。《新时代纲要》既充分继承和丰富了《纲要》实施以来爱国主义教育的理论和实践成果，又在《纲要》基础上，根据中国特色社会主义进入到新时代的要求和党的创新理论创新发展，进行了新的概括和凝练，实现了爱国主义教育本质、内容和实施的时代升华。本章从两个文件对比角度，探讨新时代思想政治教育的深刻变化。

第一节　爱国主义本质的时代升华

爱国主义是一个历史的范畴，不同的历史发展时期、社会性质下，爱国主义具有不同的本质内涵。毛泽东指出："爱国主义的具体内容，看在什么样的历史条件之下来决定。有日本侵略者和希特勒的'爱国主义'，有我们的爱国主义。对于日本侵略者和希特勒的所谓‘爱国主义’，共产党员是必须坚决地反对的。”[①] 在改革开放新时期，江泽民对爱国主义本质内涵进行明确阐述：“爱国主义是一个历史范畴，在社会发展的不同阶段、不同时期有不同的具体内容。我们所讲的爱国主义，作为一种体现人民群众对自己祖国深厚感情的崇高精神，是同促进历史发展密切联系在一起的，是同维护国家独立和广大人民的根本利益密切联系在一起的。”[②] 因此，要开展爱国主义教育，首先需要明确爱国主义的性质，把握爱国主义的本质内涵。在爱国主义本质内涵方面，《纲要》与《新时代纲要》既有高度的一致性，又在本质内涵上实现了升华。

一、爱国主义的本质内涵

《纲要》对爱国主义本质内涵的界定是：“在当代中国，爱国主义与社会主义本质上是一致的”，从爱国主义与社会主义内在关系角度，深刻阐明了当代中国爱国主义的本质内涵，主要包括以下几个方面。

（一）爱国主义是一个历史概念

人类历史上存在着各式各样的爱国主义，从社会性质来看，有奴隶封建社会爱国主义、资本主义民族主义爱国主义和社会主义爱国主义；从国家体制来看，有共和爱国主义[③]，有宪政爱国主义[④]，还有独裁爱国主义（如毛泽东所说的日本侵略者和希特勒的“爱国主义”）。社会主义爱国主

---

① 《毛泽东选集》第二卷，人民出版社 1991 年版，第 520 页。

② 《江泽民文选》第一卷，人民出版社 2006 年版，第 121 页。

③ 参见［美］毛里奇奥·维多里：《关于爱国：论爱国主义与民族主义》，潘亚玲译，上海人民出版社 2016 年版，第 17 页。

④ 参见［德］扬—维尔纳·米勒：《宪政爱国主义》，邓晓菁译，商务印书馆 2012 年版，第 1 页。

义具有爱国主义与国际主义相结合的特点，是对资产阶级民族主义的爱国主义的一种超越，它消除了资产阶级民族主义爱国主义的狭隘性，提升了爱国主义的境界。显然，我们主张的爱国主义与上述形形色色爱国主义具有本质的不同。

（二）爱国主义具有特定的时空限定

我们爱国主义中的国是指社会主义新中国，不是抽象的国家。邓小平明确指出："有人说不爱社会主义不等于不爱国。难道祖国是抽象的吗？不爱共产党领导的社会主义的新中国，爱什么呢？港澳、台湾、海外的爱国同胞，不能要求他们都拥护社会主义，但是至少也不能反对社会主义的新中国，否则怎么叫爱祖国呢？至于对中华人民共和国领导下的每一个公民，每一个青年，我们的要求当然要更高一些。"①我们讲的爱国主义，具有明确的时空观念，就是指爱我们当下的中国。

（三）爱国主义具有明确的性质要求

我们所讲的爱国主义是社会主义爱国主义，它是以马克思主义为指导，在中国共产党领导下经过革命、建设和改革实践逐渐形成和积累升华的新型的爱国主义；我们所说的爱国主义在不同历史发展时期，也具有不同的内涵。在当代中国，就是建设中国特色社会主义，这既是爱国主义的时代主题，也是爱国主义的本质要求。

二、爱国主义本质内涵的升华

《新时代纲要》根据新时代我们对中国共产党执政规律、社会主义建

① 《邓小平文选》第二卷，人民出版社 1994 年版，第 392 页。

设规律、人类社会发展规律的认识，深化了爱国主义本质内涵的认识。《新时代纲要》明确指出：当代中国，爱国主义的本质就是坚持爱国和爱党、爱社会主义高度统一。把爱党与爱国和爱社会主义作为当代中国爱国主义的本质，实现了当代中国爱国主义本质的时代升华。

（一）爱党是爱社会主义的应有之义

《新时代纲要》指出：新中国是中国共产党领导的社会主义国家，祖国的命运与党的命运、社会主义的命运密不可分。在以往的文件和论述中，我们虽然没有直接明确论述爱党与爱社会主义的一致性，但社会主义特征中内在地包含了爱党的内容。因此，邓小平阐述得非常明确："不爱共产党领导的社会主义的新中国，爱什么呢？"① 从这个意义上讲，爱国就要爱社会主义，爱社会主义就必须爱中国共产党，这三者之间具有同构的关系，它们内在统一于现实、具体的新中国，这是当代中国爱国主义内在的特征。

（二）新时代凸显了爱党的必要性

新时代我们要推进中国特色社会主义伟大事业、实现中华民族伟大复兴中国梦和进行具有许多新的历史特点的伟大斗争，就必须推进党的建设伟大工程，新时代进一步凸显了党的领导在中国特色社会主义事业发展中的战略地位和作用。党的十九大报告明确了"中国特色社会主义最本质的特征是中国共产党领导，中国特色社会主义制度的最大优势是中国共产党领导"②，这充分说明党的领导与社会主义制度、与中国特色社会主义事业的内在一致性。因此，在十九届中央政治局第二十九次集体学习讲话中，

---

① 《邓小平文选》第二卷，人民出版社 1994 年版，第 392 页。

② 习近平：《决胜全面建成小康社会　夺取新时代中国特色社会主义伟大胜利——在中国共产党第十九次全国代表大会上的报告》，人民出版社 2017 年版，第 20 页。

习近平总书记指出，“只有坚持爱国和爱党、爱社会主义相统一，爱国主义才是鲜活的、真实的，这是当代中国爱国主义精神最重要的体现。今天我们讲爱国主义，这个道理要经常讲、反复讲”①，对新时代爱国与爱党、爱社会主义的内在一致性进行了充分阐述，明确了把爱党和爱国、爱社会主义相统一的道理在新时代凸显出来的必要性。《新时代纲要》也进一步凸显了中国共产党的主体地位，明确指出：中国共产党是爱国主义精神最坚定的弘扬者和实践者，90多年来，中国共产党团结带领全国各族人民进行的革命、建设、改革实践是爱国主义的伟大实践，写下了中华民族爱国主义精神的辉煌篇章。这凸显了新时代爱国主义内涵中明确爱党的必要性。

（三）爱党是爱国的更高要求

爱党虽然是爱社会主义的必然要求，爱社会主义内在包含了爱党的内容，但把爱党明确凸显出来，作为新时代爱国主义的本质内涵，是在爱社会主义的基础上明确增加爱党的内容，这对新时代爱国主义本质增加了新的更高的要求。在纪念五四运动100周年大会上的讲话中，习近平总书记在阐述当代中国爱国和爱党、爱社会主义的高度一致性后，对新时代青年提出更高的要求，“新时代中国青年要听党话、跟党走，胸怀忧国忧民之心、爱国爱民之情，不断奉献祖国、奉献人民，以一生的真情投入、一辈子的顽强奋斗来体现爱国主义情怀，让爱国主义的伟大旗帜始终在心中高高飘扬”②。2019年8月，中共中央、国务院下发《关于深化新时代学校思想政治理论课改革创新的若干意见》，其中关于大中小学思想政治理论课课程目标的规定中，针对不同层次学生在爱党方面提出了具有层次性的要求。比如，小学阶段的目标是“引导学生形成爱党、爱国、爱社会主义、

① 《习近平关于社会主义文化建设论述摘编》，中央文献出版社2017年版，第129页。

② 习近平：《在纪念五四运动100周年大会上的讲话》，人民出版社2019年版，第8页。

爱人民、爱集体的情感，具有做社会主义建设者和接班人的美好愿望”；初中阶段是“引导学生把党、祖国、人民装在心中，强化做社会主义建设者和接班人的思想意识”；高中阶段是“引导学生衷心拥护党的领导和我国社会主义制度，形成做社会主义建设者和接班人的政治认同”；而大学阶段是“引导学生矢志不渝听党话跟党走，争做社会主义合格建设者和可靠接班人”。从上述目标确定来看，爱党与爱国的教育目标贯穿于整个教育的全过程，随着年级的增高，对爱党的要求明显增强。从党和政府对新时代青年和大中小学学生的要求来看，在对新时代青年爱国要求中进一步明确提出爱党的要求，以及在小中大学不同阶段对学生爱党要求的提升，都体现了爱党是爱国的更高要求。

把新时代爱国主义本质提升到爱党、爱社会主义的高度统一，深化了爱国主义的时代内涵，实现了爱国主义本质内涵的新时代升华。

第二节　爱国主义教育主题的时代升华

中华民族是富有爱国主义光荣传统的伟大民族，爱国主义一直是团结和凝聚广大中华儿女为祖国发展繁荣而自强不息、不懈奋斗的精神动力。在不同时代、不同性质的社会，爱国主义存在着本质的不同，在社会发展的不同阶段，爱国主义的主题也存在着明显不同。正如江泽民所说：“在新民主主义革命时期，爱国主义主要表现为致力于推翻帝国主义、封建主义、官僚资本主义反动统治的斗争，把黑暗的旧中国改造成为光明的新中国。在现阶段，爱国主义主要表现为献身于建设和保卫社会主义现代化事业，献身于促进祖国统一事业。”①正是因为时代主题和发展任务不

① 《江泽民文选》第一卷，人民出版社 2006 年版，第 121 页。

同，《纲要》和《新时代纲要》中爱国主义教育的时代主题各有所侧重，《新时代纲要》在时代主题方面实现了升华。

一、爱国主义教育的时代主题

《纲要》制定的背景是在我国改革开放和社会主义现代化进入新时期，我国社会主要矛盾主要是人民日益增长的物质文化需要同落后的社会生产之间的矛盾，时代发展的主题是建设中国特色社会主义，大力发展社会主义市场经济，努力建设富强、民主、文明的社会主义现代化国家。具体而言，《纲要》中的时代主题主要围绕以下几个方面。

（一）爱国主义教育的指导思想

《纲要》明确爱国主义教育必须以邓小平建设有中国特色社会主义理论和党的基本路线为指导，必须有利于促进社会主义现代化建设，必须有利于促进改革开放，必须有利于维护国家和民族的声誉、尊严、团结和利益，必须有利于促进祖国统一的事业。这四个“必须”明确了爱国主义教育的基本原则，也明确了爱国主义教育的方向。

（二）爱国主义教育的时代特征

《纲要》明确建设中国特色社会主义是新时期爱国主义的主题，也就是新时期爱国主义教育活动要体现建设中国特色社会主义这个时代主题。正如邓小平指出，“中国人民有自己的民族自尊心和自豪感，以热爱祖国、贡献全部力量建设社会主义祖国为最大光荣，以损害社会主义祖国利益、尊严和荣誉为最大耻辱”①，对新时期爱国主义时代特征作了最精辟概括。

① 《邓小平文选》第三卷，人民出版社 1993 年版，第 3 页。

（三）爱国主义教育的时代内容

《纲要》围绕时代主题，明确十分广泛的教育内容，主要包括进行中华民族悠久历史的教育；进行中华民族优秀传统文化教育；进行党的基本路线和社会主义现代化建设成就教育；进行中国国情的教育；进行社会主义民主与法制教育；进行国防教育和国家安全教育；进行民族团结教育；进行"和平统一、一国两制"方针的教育等，明确了爱国主义教育的时代内容。

二、爱国主义时代主题的升华

《新时代纲要》制定的背景是在中国特色社会主义进入到新时代，我国社会主要矛盾已经转化为人民日益增长的美好生活需要和不平衡不充分的发展之间的矛盾，时代主题已经发展到实现中华民族的伟大复兴。我们比历史上任何时期都更接近、更有信心和能力实现中华民族伟大复兴的目标，处于我国努力建设富强、民主、文明、和谐、美丽的社会主义现代化强国的新时代。这就对新时代爱国主义教育提出了新的时代要求，《新时代纲要》在以下主题上实现了升华。

（一）对爱国主义教育指导思想的时代升华

《新时代纲要》明确指出："坚持以马克思列宁主义、毛泽东思想、邓小平理论、'三个代表'重要思想、科学发展观、习近平新时代中国特色社会主义思想为指导，增强'四个意识'，坚定'四个自信'，做到'两个维护'，着眼培养担当民族复兴大任的时代新人，始终高扬爱国主义旗帜，着力培养爱国之情、砥砺强国之志、实践报国之行，使爱国主义成为全体中国人民的坚定信念、精神力量和自觉行动。"与《纲要》比，《新时代纲要》着眼点发生了深刻变化：《纲要》着眼于国家和社会发展，强调维护国家和社会发展，维护国家尊严声誉和祖国统一大业，着力方向为国家和社会发展；《新时代纲要》着眼于培养担当民族复兴大任的时代新人，使爱国主义成为全体中国人民的坚定信念、精神力量和自觉行动，落脚到每一个公民的爱国主义思想、情感和行为上，是对每一个公民更为内在的要求。在指导思想上立足于每一个公民，着眼于培养担当民族复兴大任的时代新人，实现了指导思想从宏观对国家的义务到每个公民个体责任的时代升华。

（二）对爱国主义教育主题的时代升华

《新时代纲要》明确规定："坚持把实现中华民族伟大复兴的中国梦作为鲜明主题。"如今，我们比历史上任何一个时期都更接近、更有信心实现中华民族伟大复兴的伟大梦想。正是在这个特殊的时期，习近平总书记在党的十八大后不久，提出实现中华民族伟大复兴中国梦的伟大梦想。中共中央宣传部编《习近平总书记系列重要讲话读本(2016年版)》曾经这样概括：习近平总书记系列重要讲话，内涵丰富、思想深邃、博大精深，是一个系统完整的科学理论体系。在这个科学理论体系中，实现中华民族伟大复兴是居于引领地位的宏伟奋斗目标，凝结着13亿多中国人民的共同梦想，体现了我们党在理论和实践上的伟大创造。党的十八大以来，我们党的所有理论和实践，都是紧紧围绕着实现这个崇高奋斗目标精进展开。[①] 这充分阐明了实现中华民族伟大复兴的中国梦与党的十八大以来我们党所开展的理论与实践探索之间的内在关系，体现了中国特色社会主义进入到新时代以后，党的理论和实践的鲜明主题。因此，新时代爱国主义教育要围绕着实现中华民族伟大复兴这个鲜明主题，厚植家国情怀，培育精神家园，引导人们坚持中国道路、弘扬中国精神、凝聚中国力量，为实现中华民族伟

① 参见《习近平总书记系列重要讲话读本（2016年版）》，学习出版社、人民出版社2016年版，第2页。

大复兴的中国梦提供强大精神动力。与《纲要》相比，《新时代纲要》在时代主题方面更为明确、鲜明，其所激发的内在精神动力更为强烈和深厚。

（三）对爱国主义教育内容的时代升华

《新时代纲要》充分继承了《纲要》中爱国主义教育的内容，在对爱国主义教育内容的时代更新的基础上，又增加了新的时代内容。《新时代纲要》在继续保持中华悠久历史教育的同时，突出了党史、国史、改革开放史教育内容；在进行中华民族优秀传统文化教育的同时，强调推动中华文化创造性转化、创新性发展的内容；在进行中国国情和党基本路线方针政策教育的同时，强化了中国特色社会主义进入新时代和我国仍处于并长期处于社会主义初级阶段的基本国情和世界百年未有之大变局的形势与政策教育；在进行国防教育和国家安全教育的同时，强化了对总体国家安全观的教育内容；在进行祖国统一和民族团结教育的同时，把台湾同胞和祖国大陆各民族团结统一作为同一主题教育内容，把维护祖国统一和民族团结作为爱国主义教育的着力点。《新时代纲要》不仅明确了教育内容，提出了教育要达到的目标，而且还在这些教育内容中明确了应该反对的思想观点和内容倾向，提供了需要警示的负面清单，使得《新时代纲要》教育内容更加明确和旗帜鲜明。

三、爱国主义时代主题的新内容

《新时代纲要》还根据时代发展和爱国主义教育主题的深化，增加了顺应时代发展和党的思想理论创新的新内容。

（一）习近平新时代中国特色社会主义思想的教育内容

《新时代纲要》明确要坚持用习近平新时代中国特色社会主义思想武

装全党、教育人民，要紧密结合人们生产生活实际，推动习近平新时代中国特色社会主义思想进企业、进农村、进机关、进校园、进社区、进军营、进网络，真正使党的创新理论落地生根，并且转化为爱国报国的实际行动。

（二）中国特色社会主义和中国梦的教育内容

《新时代纲要》指出，“深入开展中国特色社会主义和中国梦教育，要用党领导人民进行伟大社会革命的成果说话，用改革开放以来社会主义现代化建设的伟大成就说话，用新时代坚持和发展中国特色社会主义的生动实践说话，用中国特色社会主义制度的优势说话”，不断增进“四个自信”。要“引导人们深刻认识中国梦是国家的梦、民族的梦，也是每个中国人的梦”，自觉在实现中国梦的过程中实现个人梦想。

（三）民族精神和时代精神的教育内容

《新时代纲要》明确要求，“大力弘扬民族精神和时代精神”，这是新时代对中国精神的时代升华，要“大力弘扬中国人民在长期奋斗中形成的伟大创造精神、伟大奋斗精神、伟大团结精神、伟大梦想精神，生动展示人民群众在新时代的新实践、新业绩、新作为”。

上述这些教育内容，构成新时代爱国主义教育鲜明的时代主题内容，《新时代纲要》在时代主题上实现了教育内容的主题升华。

第三节　爱国主义教育实施的时代升华

爱国是人类一种最传统、最深厚和最根本的社会性情感，爱国主义教育涉及社会生活的各个方面和领域，关涉个体情感、认知和行为等多个维度，牵涉人类社会历史的厚度和全球范围在空间的广度。因此，爱国主义教育实施的内容、范围和领域十分丰富广泛。在《纲要》实施实践的基础上，《新时代纲要》根据新时代发展和时代要求，在爱国主义教育实施方面实现新的时代升华。

一、爱国主义教育的实施体系

《纲要》依据改革开放新时期爱国主义教育要求，对爱国主义教育实施进行了全面系统的构建，形成系统全面整体多元的爱国主义教育实施体系。具体而言，主要包括以下几个方面的内容。

（一）关于爱国主义教育的实施对象

《纲要》明确："爱国主义教育是全民教育，重点是广大青少年。"基于这样的认识，《纲要》以青少年爱国主义教育实施为中心，从学校教育、社会教育、家庭教育和媒体环境教育内容等方面，营造了青少年爱国主义教育的实施系统，对每一个方面的爱国主义教育实施都提出明确要求。比如，对学校教育，提出要把爱国主义教育贯穿到幼儿园直至大学的教学、育人全过程中去，特别要发挥好课堂教学主渠道的作用；对社会教育，特别强调机关、企事业、乡村等基层单位直接负有培养社会主义"四有"新人的责任；对家庭教育，提出要重视发挥家庭在青少年教育中的特殊作用，把热爱祖国作为开展五好家庭、文明家庭活动和文明市（村）民教育的重要内容；对媒体环境教育，强调针对青少年的特点，注意运用影视、书刊、音乐、戏剧、美术、故事会等形式，为广大青少年提供丰富、生动的爱国主义教材。上述实施途径和方式，虽然涉及全体人员，但重点是青少年，围绕青少年成长的过程展开爱国主义教育。

（二）关于爱国主义教育的实施载体

载体是指承担教育的基本方式，凡是承担爱国主义教育的内容、渠道和单元，都可以归为爱国主义载体，从这个意义上，爱国主义教育实施载体是十分丰富和多元的。根据《纲要》对爱国主义教育载体的运用，我们把爱国主义教育载体分为四类：第一类是现实载体；第二类为环境载体；第三类是活动载体；第四类是人物载体。

关于现实载体，《纲要》在“搞好爱国主义教育基地”中，列出以下一些方面的载体建设。比如，各类博物馆、纪念馆、烈士纪念建筑物、革命战争中重要战役、战斗纪念设施、文物保护单位、历史遗迹、风景胜地和展示我国两个文明建设成果的重大建设工程、城乡先进单位；各级民政、文化、文物部门和各类专业博物馆、纪念馆等；各地的自然风光、文物古迹、名胜景点等，并对各方面如何利用好这些载体实施爱国主义教育提出具体要求。

关于环境载体，《纲要》明确：“要使爱国主义思想成为社会的主旋律，必须创造一种浓郁的爱国主义氛围，使人们在社会日常生活的各个方面，都能随时随处受到爱国主义思想和精神的感染、熏陶”。《纲要》提出的环境氛围主要包括媒体环境，特别是报纸、刊物、广播、电视等传媒环境；影视、文学等文化环境，特别是影视、文学作品等；节日环境，特别是重要法定节日、各民族传统节日等，并对利用各种环境载体营造爱国主义教育良好氛围提出具体要求。

关于活动载体，《纲要》指出：“进行爱国主义教育，需要提倡必要的礼仪，特别要提倡有助于培养对国旗、国歌、国徽崇敬感的必要礼仪，增强人们的爱国主义情感。”《纲要》特别明确关于升挂国旗、奏唱国歌、悬挂国徽的具体要求，营造爱国主义教育的仪式感。

关于人物载体，《纲要》提出：“进行爱国主义教育必须加强典型宣传，发挥榜样的示范作用。”《纲要》提出把中国历史上涌现过的无数的著名爱国者、民族英雄、革命先烈、杰出人物，新中国成立以后涌现出的许许多多的英雄模范人物，改革开放以来各条战线涌现出的具有爱国主义精神、作出突出贡献的先进模范人物等，作为爱国主义教育载体，使青少年接受先进典范教育。

（三）关于爱国主义教育的领导

《纲要》明确要求，各级党委和人民政府要切实加强对爱国主义教育的领导，要把这一工作列入重要议事日程，动员社会各方面力量，齐心协力抓好落实。各级党政机关要带头加强对全体工作人员特别是领导干部的爱国主义教育。各级党委宣传部门要在党委和政府统一领导下，切实担负起协调、指导的责任。要帮助有关部门建立工作联系，明确任务，抓好落实。要协同各方面的力量，形成爱国主义教育的合力。

二、爱国主义教育实施的时代升华

《新时代纲要》在《纲要》实施取得的成效基础上，根据新时代的要求和爱国主义教育的特点，在爱国主义教育实施方面实现理论和实践的升华，主要包括以下方面。

（一）在实施对象方面

在聚焦青少年的同时，把实施对象拓展到全体人民。在爱国主义教育实施对象中，青少年依然是爱国主义教育的重点，《新时代纲要》在聚焦青少年，聚焦学校教育、社会教育和家庭教育的同时，把爱国主义教育对象拓展到知识分子和社会各界人士。知识分子是新时代中国特色社会主义建设的一支特殊力量，党和政府历来高度重视知识分子在革命、建设和改革过程中的作用，在中国共产党历代领导人关于知识分子的论述中，都把知识分子的成长发展与爱国主义联系起来，通过纪念五四运动等重要场合来阐述爱国主义与知识分子的历史使命。《新时代纲要》专门针对知识分子开展爱国主义教育，提出在知识分子中弘扬爱国奋斗精神的要求。《新时代纲要》还专门对激发社会各界爱国热情提出要求，把爱国主义作为团结和凝聚最广泛社会力量的精神旗帜，对社会各界，特别是宗教人士与港、澳、台湾同胞和海外侨胞增进国家认同与维护国家统一和民族团结提出具体要求。对爱国主义教育对象不仅从年龄上进行延伸，而且在群体范围和领域上实现了拓展。

（二）在实施途径方面

在发挥学校教育、课堂教学主渠道作用的同时，凸显了思想政治理论课的作用和功能。在青少年爱国主义教育的各种渠道中，虽然家庭教育、社会教育对青少年爱国主义教育情感启蒙和思想提升方面具有重要作用，但在各种渠道中，学校教育是最为集中系统的教育方式，课堂教学是最基础、最稳定、最集中的爱国主义教育渠道，它具有把其他渠道开展的爱国主义教育活动进行思想理论整合和提升的功能。因此，在全国高校思想政治工作会议上，习近平总书记指出，学生获取知识的途径固然很多，但课堂学习更具基础性和系统性，“要用好课堂教学这个主渠道”①。《新时代纲要》更进一步具体化明确爱国主义贯穿课堂教学全过程的要求。在所有课堂教学的渠道中，思想政治理论课是直接、系统、全面进行爱国主义教育的课程，在爱国主义教育中发挥着关键作用。《新时代纲要》对思想政治理论课在爱国主义教育中的地位进行了新的定位，把思想政治理论课定位为爱国主义教育的主阵地，明确要求理直气壮开好思想政治理论课，并要求课程引导学生把爱国情、强国志、报国行自觉融入坚持和发展中国特色

① 《习近平谈治国理政》第二卷，外文出版社 2017 年版，第 378 页。

社会主义事业、建设社会主义现代化强国、实现中华民族伟大复兴的奋斗之中，进一步明确了课堂教学主渠道在爱国主义教育中的作用。

（三）在实施载体方面

在用好《纲要》中爱国主义实施载体的基础上，《新时代纲要》依据时代发展和中国特色社会主义事业的推进，增加了爱国主义教育实施的新载体。《新时代纲要》对传统载体进行系统归纳和梳理，把爱国主义教育载体归纳为实践载体和环境载体，强化了建好用好爱国主义教育基地和国防教育基地、依托自然人文景观和重大工程等现实载体；明确了注重运用仪式礼仪，组织重大纪念活动，发挥传统和现代节日的涵育功能等活动载体；用好报刊广播影视等大众传媒、创作生产优秀文艺作品等环境载体；发挥先进典型的引领作用等人物载体的作用，实现了对《纲要》中爱国主义教育实施载体的丰富和发展。《新时代纲要》根据时代发展，增加了三个方面的实施载体：一是关于互联网载体。这是中国特色社会主义进入到新时代以后，现代科学技术迅猛发展特别是网络信息的发展给新时代爱国主义教育提出的新挑战。《新时代纲要》明确提出“唱响互联网爱国主义主旋律”的要求。二是关于国民心态培养的内容。《新时代纲要》对“涵养积极进取开放包容理性平和的国民心态”提出明确要求，这是中国特色社会主义进入新时代，我国日益走近世界舞台中央，对中国特色社会主义爱国主义内容方面的新要求。三是关于法律保障的内容。《新时代纲要》提出“强化制度和法治保障”，要求“把爱国主义精神融入相关法律法规和政策制度，体现到市民公约、村规民约、学生守则、行业规范、团体章程等的制定完善中，发挥指引、约束和规范作用”。这是伴随着我国全面依法治国、建设社会主义法治国家的要求，对爱国主义教育实施提出的法治要求。

在所有爱国主义教育实施的要求中，《新时代纲要》不仅对各种教育内容、教育渠道、教育载体、教育因素在爱国主义教育中发挥的作用提出明确要求，而且从底线要求上对违背爱国主义教育的观念和行为提出明确限制。比如，在唱响互联网爱国主义主旋律的规定中，明确提出“加强网上舆论引导，依法依规进行综合治理，引导网民自觉抵制损害国家荣誉、否定中华优秀传统文化的错误言行，汇聚网上正能量”。在涵养国民心态的规定中，明确要求“倡导知行合一，推动爱国之情转化为实际行动，使人们理性表达爱国情感，反对极端行为”。在强化制度和法治保障中，明确要求“综合运用行政、法律等手段，对不尊重国歌国旗国徽等国家象征与标志，对侵害英雄烈士姓名、肖像、名誉、荣誉等行为，对破坏污损爱国主义教育场所设施，对宣扬、美化侵略战争和侵略等行为，依法依规进行严肃处理。依法严惩暴力恐怖、民族分裂等危害国家安全和社会稳定的犯罪行为”。这些规定，使《新时代纲要》在教育实施过程中更有力度。

（四）在爱国主义教育的领导方面

在明确爱国主义教育实施中党和政府领导责任的同时，《新时代纲要》强化调动广大人民群众的积极性主动性，对爱国主义教育活动实效性提出明确要求。《新时代纲要》进一步明确各级党委和政府在爱国主义教育中的主体责任，不仅要求“各级党委和政府要负起政治责任和领导责任，把爱国主义教育摆上重要日程，纳入意识形态工作责任制，加强阵地建设和管理，抓好各项任务落实”，而且从爱国主义教育体制机制方面作了制度安排，要求“进一步健全党委统一领导、党政齐抓共管、宣传部门统筹协调、有关部门各负其责的工作格局，建立爱国主义教育联席会议制度，加强工作指导和沟通协调，及时研究解决工作中的重要事项和存在问题”。同时，对调动广大人民群众的积极性主动性也作出具体规定，要求“各级工会、共青团、妇联和文联、作协、科协、侨联、残联以及关工委等人民团体和群众组织，要发挥各自优势，面向所联系的领域和群体广泛开展爱国主义教育。组织动员老干部、老战士、老专家、老教师、老模范等到广大群众特别是青少年中讲述亲身经历，弘扬爱国传统……把爱国主义教育融入到新时代文明实践中心建设、学雷锋志愿服务、精神文明创建之中，体现到百姓宣讲、广场舞、文艺演出、邻居节等群众性活动之中，引导人们自我宣传、自我教育、自我提高"，并且对爱国主义教育实效性提出要求。这些要求，使得爱国主义教育的领导管理和组织保障更加明确具体、多元丰富、双向互动，实现爱国主义教育实施领导制度和实现机制的升华。

总之，《新时代纲要》既继承了《纲要》颁布以来爱国主义教育实施的优秀传统和成功经验，又根据中国特色社会主义新时代发展和爱国主义教育的新要求，实现了对爱国主义教育本质、主题和实施的升华，应深刻把握《新时代纲要》在爱国主义教育理论和实践方面的新变化，认真学习体会《新时代纲要》在爱国主义思想观念、爱国主义教育内容和实施途径方面的理论和实践升华，以习近平总书记关于爱国主义教育重要系列讲话为指导，扎实推进新时代爱国主义教育活动。

第十三章
中国共产党精神谱系的传承与弘扬

中国共产党精神谱系是中国共产党带领人民在革命、建设和改革实践中积累起来的精神财富，是无数革命先烈、仁人志士、英雄模范用生命和鲜血铸就的精神丰碑，是激励广大中国人民前进的力量和不懈奋斗的精神动力。中国共产党精神谱系对广大青少年成长和发展具有重要的价值。充分了解中国共产党精神谱系生成过程，深入把握中国共产党精神谱系的思想内涵和特征，深刻掌握中国共产党精神谱系的精神实质，是用中国共产党精神谱系教育和引导青少年，传承和弘扬中国共产党精神谱系，促进青少年健康成长的重要内容。

第一节　中国共产党精神谱系的内涵与实质

中国共产党精神谱系并不是与生俱来的，也不是刻意为之，而是在中国共产党带领广大人民进行革命、建设和改革的实践中不断生成和发展起来的，是中国共产党和广大人民群众在迎接各种艰难险阻把事业不断推向前进过程中不断凝练和升华起来的。

一、中国共产党精神谱系的产生

中国共产党精神谱系的产生有着深厚的历史文化根源。中华民族是具有伟大创造精神、奋斗精神、团结精神和梦想精神的民族，在几千年的文明发展过程中，形成了以爱国主义为核心的团结统一、爱好和平、勤劳勇敢、自强不息的民族精神，创造了辉煌的中华文化和灿烂的中华文明。中华民族在历史发展中虽历经磨难却能够屹立于世界民族之林，其根本原因就在于中华民族有一脉相承的精神追求、有强大的民族精神支撑。但是，近代以来帝国主义的侵略和封建主义的压迫，使中华民族陷入灾难深重的发展境地。从鸦片战争以来，一代又一代中华儿女和仁人志士开始探寻民族独立和人民解放的道路，在与帝国主义、封建主义的一次次抗争过程中，中华民族的革命精神发扬起来。这是中国共产党精神谱系的根源。

毛泽东分析过中国人民革命精神产生的原因，他说："自从一八四〇年英国人侵略中国以来……所有这一切侵略战争，加上政治上、经济上、文化上的侵略和压迫，造成了中国人对于帝国主义的仇恨，使中国人想一想，这究竟是怎么一回事，迫使中国人的革命精神发扬起来，从斗争中团结起来。"① 近代以来这些抗争都遭到了失败，直到中国人"学得了一样新的东西，这就是马克思列宁主义。""自从中国人学会了马克思列宁主义以后，中国人在精神上就由被动转入主动。"② 从中国革命精神的来源看，中华民族几千年形成的伟大民族精神，中国近代以来中华民族不懈抗争精神，以及马克思主义传入中国以后给中国人精神结构带来的深刻变化，是中国革命精神生成的重要原因，而其中起决定作用的是中国共产党的产生。"中国共产党一经成立，就把实现共产主义作为党的最高理想和最终目标，义无反顾肩负起实现中华民族伟大复兴的历史使命，团结带领人民进行了艰苦卓绝的斗争，谱写了气吞山河的壮丽史诗。"③

① 《毛泽东选集》第四卷，人民出版社 1991 年版，第 1484 页。

② 《毛泽东选集》第四卷，人民出版社 1991 年版，第 1514、1516 页。

③ 习近平：《决胜全面建成小康社会　夺取新时代中国特色社会主义伟大胜利——在中国共产党第十九次全国代表大会上的报告》，人民出版社 2017 年版，第 13 页。

二、中国共产党精神谱系的构筑与赓续

从诞生的那一时刻开始，中国共产党就开始了精神谱系的构筑和赓续过程，中国共产党的先驱们在创建中国共产党的过程中，形成了坚持真理、坚守理想，践行初心、担当使命，不怕牺牲、英勇斗争，对党忠诚、不负人民的伟大建党精神，这是中国共产党的精神之源，是中国共产党革命精神谱系的起点。中国共产党革命精神发展经历了四个发展阶段。

第一个历史阶段是在新民主主义革命时期。中国共产党在坚守共产主义理想信念、探索中国革命道路、实现民族独立和人民解放而进行的艰苦卓绝的斗争中，孕育了井冈山精神、苏区精神、长征精神、遵义会议精神、延安精神、抗战精神、红岩精神、西柏坡精神、照金精神、东北抗联精神、南泥湾精神、太行精神（吕梁精神）、大别山精神、沂蒙精神、老区精神、张思德精神等，为中国共产党精神谱系打下鲜明的底色。

第二个历史阶段是在社会主义革命和建设时期。为了捍卫和保护新生的红色政权，开展社会主义革命和建设，投身改天换地伟大实践，构筑了以抗美援朝精神为代表的革命英雄主义精神、革命乐观主义精神、革命忠诚精神和国际主义精神；以红旗渠精神、大庆精神（铁人精神）、农垦精神、北大荒精神、塞罕坝精神、“两路”精神、老西藏精神（孔繁森精神）等为代表的艰苦奋斗精神；以铁人精神、雷锋精神、焦裕禄精神、王杰精神等为代表的无私奉献精神；以热爱祖国、无私奉献、自力更生、艰苦奋斗、大力协同、勇于登攀为内容的“两弹一星”精神、西迁精神等，绽放出丰富多彩、绚丽夺目的精神成果。

第三个历史阶段是在改革开放和社会主义建设新时期。中国共产党人发扬和赓续中国共产党革命精神，在翻天覆地重大变化中开拓中国特色社会主义新局面，勇敢面对各种风险挑战，铸就特区精神、改革开放精神等为代表的改革创新精神；以女排精神、载人航天精神、奥运精神、劳模精

神（劳动精神、工匠精神）、青藏铁路精神等为代表的时代先锋精神；以抗洪精神、抗震救灾精神、抗击“非典”精神等为代表的众志成城精神；以孔繁森精神、援外医疗队精神等为代表的贡献精神等，为中国共产党红色精神注入新的内容和时代色彩。

第四个历史阶段是中国特色社会主义进入新时代后。以习近平同志为核心的党中央高度重视中国共产党精神谱系的构筑和赓续，习近平总书记不仅对中国共产党红色精神谱系进行集中阐述，而且还根据新时代要求对中国共产党红色精神谱系进行新的概括凝练，并在中国共产党红色精神谱系中新增加了脱贫攻坚精神、抗疫精神、“三牛”精神、科学家精神、企业家精神、探月精神、新时代北斗精神、丝路精神等精神成果，为迈进新征程、奋进新时代鼓起了精气神。

中国共产党精神谱系的构筑与赓续，既坚守了中国共产党革命精神的红色底色，同时又根据时代发展和历史使命的不同，赋予新的时代内涵，增添日益丰富的精神成果，是中国共产党红色精神谱系永葆价值的内在动力。

三、中国共产党精神谱系的基本内容

中国共产党精神谱系具有丰富内涵，构成一个结构体系的完整谱系，有它的精神之渊源，这就是中华优秀传统文化、中国近现代革命传统、人类文明先进成果；有它的精神之果实，即中国共产党在各个不同历史时期形成和凝练的具体精神成果；有它的精神之内核，即共产主义理想信念、马克思主义政党性质、党的优良传统和作风；有它的精神之力量，它既包含马克思主义真理力量，又包含共产党人作风的人格力量，同时包含党推进伟大事业的实践力量。

中国共产党精神谱系内容十分丰富多元，贯穿中国共产党革命、建设、改革和新时代各个不同的历史时段，具有丰富多样的呈现样态。比如以时间为主轴的精神成果（如新民主主义革命时期，社会主义革命和建设时期，改革开放和社会主义现代化建设新时期，中国特色社会主义新时代）；以地域特色为主轴的精神成果（井冈山精神、苏区精神、延安精神、西柏坡精神等），以革命烈士、英雄人物、先进模范为主轴的精神成果(如雨花台英烈精神、董存瑞精神、黄继光精神、白求恩精神、张思德精神、邱少云精神、雷锋精神、王杰精神、焦裕禄精神、孔繁森精神等)，并且还包括特殊时间段和特定历史事件相结合为主轴的精神成果（如长征精神、抗美援朝精神、抗洪精神、抗震救灾精神、抗疫精神、脱贫攻坚精神等），还包括许多地域特征的精神成果（如大庆精神、大寨精神、红旗渠精神、塞罕坝精神、右玉精神等），这些精神成果既具有中国共产党精神特质中带有普遍性的精神因素，又在不同时间、地点和人物身上具有不同的表现形态；从其作用范围和重要程度来看，有贯穿于党的革命、建设和改革各个历史时期以及进入新时代以来的始终如一的精神成果；有与中国共产党时代主题和历史变化而形成的历史性和地域性成果；还有带有明显地方性、先进个人和时代特点的精神成果；这些成果表现多样，呈现出“大珠小珠落玉盘”的多姿多彩的特点，形成了一个内涵丰富、内容多元、形式多样、层次分明的精神谱系。

四、中国共产党精神谱系的实质

中国共产党精神谱系作为精神成果，它是以中国共产党为主体的实践活动的一种客观反映，是中国共产党理想信念、思想道德、工作作风、精神境界等的体现，集中体现了坚定理想信念、根本宗旨、优良作风，凝聚着中国共产党人艰苦奋斗、牺牲奉献、开拓进取的伟大品格。中国共产党精神谱系跨越时空、历久弥新，深深融入我们党、国家、民族、人民的血脉之中，是我们立党兴党强党的丰厚滋养。我们党之所以历经百年而风华正茂、饱经磨难而生生不息，就是凭着一股革命加拼命的强大精神。

中国共产党精神谱系像基因一样，深深融入当代中国人的精神血脉之中，成为当代中国人精神结构中最为鲜明的精神气质和特色。它是构筑当代中国人理想人格的内在组成部分，它导引着当代中国人的精神家园，决定着当代中国人灵魂归属。我们要不断从中国共产党精神谱系中汲取智慧和力量，发扬红色传统、传承红色基因，赓续共产党人精神血脉，构筑起新时代共产党人的精神品质和完整人格，为实现中华民族伟大复兴中国梦而鼓足砥砺前行的精神动力。

第二节 中国共产党精神谱系的丰富教育内容

中国共产党精神谱系是中国共产党百年历史发展过程中逐渐积累形成的精神成果，是在中国这片广阔的土地上和以亿为单位的人口当量的实践基础上形成的精神成果，是在追求共产主义这个人类最美好社会制度和伟大实践过程中形成的精神成果，中国共产党精神谱系具有足够的时间厚度、空间宽度和精神高度来滋养广大青少年成长和发展，中国共产党精神谱系为青少年教育提供丰厚教育资源。

一、理想信念教育的教育资源

理想信念是人成长和发展的精神支柱，对马克思主义的信仰，对共产主义终将实现的坚定信念，是中国共产党人的政治灵魂，是中国共产党人经受住任何考验的精神支柱。理想信念一旦树立起来，就有了精神上的

"钙"，骨头就会硬起来，形成激励前进的巨大动力。中国共产党的历史，就是一部为实现自己的理想而奋斗的历史。中国共产党精神谱系中最重要的一条就是坚定理想信念，中国共产党人无论遇到怎样的艰难险阻，都能始终挺立潮头，始终坚信共产主义远大理想能实现。坚定信念是中国共产党人的力量源泉和精神支柱。邓小平曾指出："为什么我们过去能在非常困难的情况下奋斗出来，战胜千难万险使革命胜利呢？就是因为我们有理想，有马克思主义信念，有共产主义信念。"① 习近平总书记指出："理想信念就是共产党人精神上的'钙'，没有理想信念，理想信念不坚定，精神上就会'缺钙'，就会得'软骨病'。"② 中国共产党人的革命精神，是无数革命先辈在克服重重艰难险阻，经过艰苦卓绝的伟大斗争而创造形成的。革命精神中所蕴含的崇高理想信念是新时代青少年团结奋进、奋发图强、勇攀高峰的强大精神力量和支柱，是青少年能够健康成长为社会主义的合格建设者和可靠接班人的动力之源。

二、树立正确人生观的教育资源

人生观是对人生目的、人生意义、人生价值等问题的基本观点和总的看法，在人生观中，为什么人的问题是人生观中的核心问题，它决定了人生发展的基本立场，对待人生的基本态度和人生价值评价的基本标准。青少年是世界观人生观价值观形成和发展的关键时期，要树立正确的人生观，把握共产党对待人民群众的基本立场观点和方法。中国共产党从建立之初，就秉持彻底地为人民的利益工作，"为人民的利益坚持好的，为人民的利益改正错的"③ 的信念。正如习近平总书记在党史学习教育动员

① 《邓小平文选》第三卷，人民出版社 1993 年版，第 110 页。
② 《习近平谈治国理政》第一卷，外文出版社 2018 年版，第 15 页。
③ 《毛泽东选集》第三卷，人民出版社 1991 年版，第 1004 页。

大会上指出：我们党的百年历史，就是一部践行初心使命的历史，就是一部与人民心连心、同呼吸、共命运的历史。中国共产党精神谱系中包含有丰富的立党为公、执政为民、依靠群众、一心为民、全心全意为人民服务、生命至上、不负人民等精神内容，为青少年树立正确人生观教育提供丰厚滋养。而无数共产党人、革命英烈、先进人物的人生故事，为启示青少年成长成才提供了人生楷模，这些都是取之不尽、用之不竭的人生观教育的资源。

三、保持昂扬精神状态的教育资源

精神状态是一个人所体现的一种整体的精神面貌。“人无精神则不立，国无精神则不强。精神是一个民族赖以长久生存的灵魂，唯有精神上达到一定的高度，这个民族才能在历史的洪流中屹立不倒、奋勇向前。”①中国共产党之所以能够在艰难困苦中坚持下来，把革命引向胜利，靠的就是一股子革命加拼命的精神。艰苦奋斗是党和人民宝贵的革命精神财富，是激励中国人民投身于中华民族伟大复兴事业的重要力量。革命道路始终是艰难曲折的，正是经过一百年的艰苦奋斗，正是中国共产党人凭借这种艰苦奋斗的强大意志力，我们党才能团结带领全国各族人民，把贫穷落后的旧中国变成日益走向繁荣富强的新中国，才能在新时代迎来了中华民族伟大复兴的光明前景。中国共产党人苦难辉煌的百年征程，也是一部开拓进取的伟大革命史。通过不断的开拓进取，中国共产党人充分发挥出自己独特的优势和潜力，以适应新形势和新环境，不断发展壮大自己，勇闯新路，创造出举世瞩目的伟大历史性成就。当代青少年要担当起新时代赋予的历史使命，就需要从中国共产党精神谱系

① 《十八大以来重要文献选编》（下），中央文献出版社2018年版，第395—396页。

中汲取智慧和力量，永远保持昂扬向上的精神状态。

四、塑造优良人格品质的资源

品格是个体人格的重要组成部分，是一个人的精神面貌和气质的综合体现。习近平总书记指出："我们党作为马克思主义执政党，不但要有强大的真理力量，而且要有强大的人格力量。"① 中国共产党在百年历史发展中形成了"三大法宝"：统一战线，武装斗争，党的建设；"三大作风"：理论和实践相结合的作风，和人民群众紧密地联系在一起的作风以及批评与自我批评的作风；"两个务必"：务必使同志们继续地保持谦虚、谨慎、不骄、不躁的作风，务必使同志们继续地保持艰苦奋斗的作风等，这都是中国共产党人工作作风所体现的伟大的人格力量。中国共产党人的自我革命精神是新时代中国共产党工作作风的现实体现。它由马克思主义政党的根本性质和中国优秀传统文化共同铸就，是在为初心和使命而不懈奋斗的伟大历程中创造形成的，体现了中国共产党人勇于自我革新的勇气和定力。中国共产党人为什么能够做到自我革命？中国共产党为什么能够始终坚持真理、修正错误，进而不断发展壮大？关键就在于拥有批评和自我批评这个自我革命的有力武器。中国共产党人之所以不怕别人批评，能够做到自我批评，正如习近平总书记所指出的，根本动力来自党性，来自对党和人民事业高度负责的精神。② 这就要求我们不断地增强党性修养，不断增进为人民服务的自觉。中国共产党精神谱系中所体现的精神品质和人格力量，不断导引着青少年品格的健康

① 《习近平关于全面从严治党论述摘编》，中央文献出版社2016年版，第157页。

② 参见《习近平在中央党校（国家行政学院）中青年干部培训班开班式上发表重要讲话强调 立志做党光荣传统和优良作风的忠实传人 在新时代新征程中奋勇争先建功立业》，《人民日报》2021年3月2日。

发展。

中国共产党精神谱系对青少年成长和发展的教育和滋养作用，对青少年成长和发展所激发的思想力量和道义力量，对青少年成长和发展的导向和激励作用远远不止列举的几个方面内容。中国共产党精神谱系是中国共产党的根和魂，决定着当代中国人精神发展的方向和灵魂的归宿，是青少年学习教育的无尽宝藏和永恒的无穷资源。

第三节　中国共产党精神谱系的传承与弘扬路径

中国共产党精神谱系是一个不断生成、发展的开放系统，具有跨越时空的永恒价值，是我们进行青少年教育的无穷的教育资源。要引导青少年发扬红色传统、传承红色基因，赓续共产党人的精神血脉，始终保持革命者大无畏的精神，鼓起迈进新征程、奋进新时代的精气神。

一、主动唤起中国共产党精神谱系的精神基因

中国共产党精神谱系作为党带领人民进行社会主义革命、建设和改革以及进入新时代以来全部历史的精神成果，是中国近现代历史、广大人民和时代的历史记忆，它像“基因”一样，深深根植在人们的精神结构之中。行为遗传学研究表明，“基因”作为一种遗传密码，客观存在于人的身体结构之中，对待基因不同的态度，决定着它对人的影响。基因作用于人有多种方式，有被动型参与，也有唤起型参与和主动型参与。被动型参与是指个体的基因优势是由于环境刺激而消极发挥作用。唤起型参与是指由于个体具有某种基因优势而恰恰具有唤醒的条件偶然发挥作用。主动型参与是指个体自觉主动地寻找适合条件使基因的功能作用最大

限度发挥。[1] 从基因的唤醒方式来看，主动型参与能够更好地发挥基因的功能。中国革命精神谱系作为一种客观存在的精神因素，消极地让这种精神因素存在，自然地发挥作用，对于中国革命精神谱系的弘扬和传承并没有积极功效，被动唤醒的方式也只能在特定条件下使精神“基因”发挥作用。只有主动唤醒中国革命精神基因，才能使它更好地发挥“基因”的积极功效。中国共产党成立以来，我们开展的一次又一次党的历史宣传教育活动，就是通过集中系统的主题宣传教育方式主动唤醒存在于广大人民精神深处的内在“基因”，使之转化为迎接现实生活的强大精神动力。要采取适当的主题教育活动，主动唤醒存在于青少年精神结构深处的红色基因，使它更主动地发挥在青少年成长和发展中的作用。

二、深入挖掘中国共产党精神谱系的精神因素

中国共产党精神谱系作为内涵丰富、层次多样、外延广泛、不断生成和发展的系统，其中包含着丰富青少年成长和发展的教育资源，要将中国共产党精神谱系中的教育资源转化为青少年教育内容，就需要深入挖掘中国共产党精神谱系中蕴含的适合青少年教育的内容和素材，使之成为可供青少年教育的教材、教学内容和教育内容。将中国共产党精神谱系中精神因素转化为教育内容：一是需要进一步提炼中国共产党精神谱系中的思想内容，使之更进一步系统化、明确化、层次化，使之形成系统完整的教育结构和教育内容。二是需要把中国共产党精神谱系中的精神内容与中国特色社会主义新时代所呼唤的精神因素进一步契合。当前中国特色社会主义进入新时代，我们所面临的国际国内环境和党的任务

① 参见［美］约翰·W. 桑特洛克：《毕生发展》，桑标等译，上海人民出版社 2009 年版，第 64 页。

与中国共产党精神谱系中许多精神产生的时代条件发生了深刻变化，但是中国共产党作为马克思主义政党的性质和宗旨并没有发生变化，中国共产党为中华民族独立和人民解放、国家富裕和人民幸福的初心和使命并没有发生变化，中国共产党通过自我革命推动社会革命所需要的态度和勇气并没有发生变化。因此，要进一步把中国共产党精神谱系中与新时代发展相契合的精神内容挖掘出来，使之成为激励青少年成长的思想因素。三是需要进一步把中国共产党精神谱系中与青少年成长和发展相适应的精神因素挖掘出来，使之成为青少年成长的教育资源。中国共产党精神谱系的生成和发展是以中国共产党作为主体和主脉整理出来的，当它作为青少年成长和发展的教育资源时，需要以青少年成长和发展为中心进行精神谱系的转化。中国共产党精神谱系中丰富的教育内容只有通过时代、教育者和青少年等多重的"筛选"，才能成为有效青少年教育的内容。

三、积极拓展中国共产党精神谱系的教育渠道

在青少年中传承和弘扬中国共产党精神谱系是一个复杂的系统工程，需要从整体上进行设计、系统推进、综合施策，才能形成整体教育效应。要发挥教育系统在青少年中国共产党精神谱系中的主渠道主阵地作用。在现代社会，青少年中进行中国共产党精神谱系教育的渠道固然有很多，但国民教育系统在青少年奠定中国共产党精神谱系中具有基础性作用，要将中国共产党精神谱系内容在思想政治课程中进行集中系统讲授，并且根据小中大学学生接受特点，不断循序渐进层层提升。要在其他课程中融入中国共产党精神谱系内容，使之与思想政治类课程同向同行，形成协同效应。要通过主题教育、团队活动、仪式活动等活动性教育使中国共产党精神谱系教育融入青少年日常生活；要加强校园文化建设，营造青少年开展

中国共产党精神谱系教育的浓厚氛围；要鼓励青少年参加校外实践活动，积极鼓励青少年参观考察红色革命教育基地、红色景点和革命老区，增强中国共产党精神谱系教育的实际感受；要充分利用网络等方式，使中国共产党精神谱系的教育活动不仅做到“面对面”，而且做到“键对键”；要积极营造良好的青少年开展中国共产党精神谱系教育的环境和氛围，形成课堂与课外、思政课与其他课程、理论与实践、学校与社会、现实与虚拟共同开展中国共产党精神谱系教育的环境和氛围，形成有利于中国共产党精神谱系传承和弘扬的整体价值导向和舆论氛围，共同促进青少年中国共产党精神谱系的传承与弘扬。

四、努力讲好中国共产党精神谱系的普世故事

中国共产党精神谱系的传承和弘扬，离不开对中国共产党精神谱系的宣传与教育，要学会讲好中国共产党精神谱系的故事。在讲解中国共产党精神谱系的过程中，对中国共产党精神谱系的历史特点、地域特色、时代特色、文化特色和生态特色等方面进行宣传讲解，深入挖掘其中的鲜活、独特、特殊故事是十分必要的，但是，更需要讲授中国共产党精神谱系中青少年成长和发展的故事，讲授时代发展的故事。在讲好中国共产党精神谱系故事方面，习近平总书记给我们做出了榜样。习近平总书记在党史教育动员大会上的讲话，对中国共产党革命精神的讲授，最终落脚点是一代代中国共产党人奋斗的故事。“在一百年的非凡奋斗历程中，一代又一代中国共产党人顽强拼搏、不懈奋斗，涌现了一大批视死如归的革命烈士、一大批顽强奋斗的英雄人物、一大批忘我奉献的先进模范，形成了井冈山精神、长征精神、遵义会议精神、延安精神、西柏坡精神、红岩精神、抗美援朝精神、‘两弹一星’精神、特区精神、抗洪精神、抗震救灾精神、

抗疫精神等伟大精神，构筑起了中国共产党人的精神谱系。”[①]这就赋予中国共产党精神谱系跨越时代、地域和历史人物局限的价值。要通过一代一代中国共产党人不懈奋斗的故事，把中国共产党精神谱系中的红色基因、精神因素在青少年中代代相传。最近几年，在面向青少年讲授中国共产党精神谱系的过程中，有些讲授方式提供了成功的典范，比如讲授中国共产党创建的“红船精神”过程中，对参加中国共产党第一次代表大会群体以及他们所代表的50多位党员的年龄结构的挖掘，对他们的人生选择和人物命运的挖掘，就引发了青少年共鸣；比如在讲授“雨花台英烈精神”的过程中，对雨花台英烈群体的人生命运和精神世界的挖掘，就更加贴近现代青少年对人生的思考；[②]还比如2021年热播的电视连续剧《觉醒年代》中一代青年为理想和事业奋斗的故事，也深深打动青少年。要使中国共产党精神谱系在青少年中传承和弘扬，就需要更加有针对性地讲好中国共产党精神谱系的故事，让广大青少年能够产生思想情感上的共鸣，进而产生强大的践行驱动力，为中国共产党精神谱系的赓续和发展作出新时代青年自己的贡献。

中国共产党带领人民在革命、建设和改革的伟大实践中锻造了一个又一个彪炳青史的伟大精神成果，这些精神成果集中体现了中国共产党人坚定理想信念、根本宗旨、优良作风，凝聚着中国共产党人艰苦奋斗、牺牲奉献、开拓进取的伟大品格，构成了一个系统完备、层次多样、内涵丰富、范围广阔的精神谱系，树立起人类发展史上的精神丰碑。中国共产党精神谱系并不是与生俱来的，也不是刻意为之，而是中国共产党人在近现代以来为改变国家前途和命运的过程中不懈奋斗、不断抗争中凝练和构筑的精神成果，是在实现中华民族由衰弱到根本扭转命运、持续走向繁荣富

① 习近平：《在党史学习教育动员大会上的讲话》，人民出版社2021年版，第19页。

② 参见陈晋：《中国共产党的“精神谱系”解读》，载《中国井冈山干部学院学报》2016年第4期。

强的历程中积累和升华的精神成果，是无数革命先烈、仁人志士、英雄模范用生命和鲜血铸就的精神丰碑，深深融入我们党、国家、民族、人民的血脉之中，成为中华民族的精神基因，是我们立党兴党强党的丰厚滋养，具有跨越时空、历久弥新的精神价值。中国共产党精神谱系形成、凝练、升华来之不易，要倍加珍惜，更要将它继承发展和弘扬光大。中国共产党精神谱系与青少年成长和发展具有内在的契合性，为青少年理想信念、人生观、思想品德和人格培养提供丰厚的教育资源。要主动唤起中国共产党精神谱系的精神基因，深入挖掘中国共产党精神谱系的精神因素，积极拓展中国共产党精神谱系的教育渠道，努力讲好中国共产党精神谱系的故事，让中国共产党精神谱系在青少年中赓续和发扬，让中国共产党精神谱系世代传承和发展。

结 语

在中国共产党建党百年之际，中共中央、国务院印发《关于新时代加强和改进思想政治工作的意见》（以下简称《意见》），《意见》从指导思想、方针原则、方式方法、教育内容、工作载体、工作领域、领导和管理等几个方面，对新时代思想政治工作进行整体谋划和构建，是新时代思想政治工作的纲领性文件。与1999年中共中央《关于加强和改进思想政治工作的若干意见》（以下简称《若干意见》）相比，两者在思想政治工作的地位作用、性质和功能、方式方法、载体领域以及领导管理等方面呈现出继承性和稳定性，但两者在思想政治工作面临的形势判断、解决的重点问题和领域，思想政治工作格局、思想政治工作规律的认识、思想政治工作着力点以及解决的举措等方面也呈现不同。对比《若干意见》和《意见》，《意见》在《若干意见》思想理论成果和实践推进的基础上，在以下几个方面实现了新的深化发展。

一、时代环境和社会背景的不同呈现的新境遇

《若干意见》是在党中央针对一段时期出现的问题，从思想和社会根源寻找原因，进而从源头开始进行思想政治工作的系统构建，具有对过去的失误进行纠偏的性质；同时，《若干意见》在进行整体设计的过程中，主要针对当时给党的思想政治工作提出的最紧迫的挑战，提出应对策略，

具有明显的补救性的特点。

《意见》是在《若干意见》下发二十多年后，经过党和政府加强与改进思想政治工作，思想政治工作得到明显加强，特别是中国特色社会主义进入到新时代以后，思想政治工作和意识形态领域形势发生全局性、根本性的转变的情况下，党中央、国务院根据统揽伟大斗争、伟大工程、伟大事业、伟大梦想的新要求，在我们党带领全国人民实现第一个百年奋斗目标，在中华大地上全面建成小康社会，正意气风发向着全面建成社会主义现代化强国的第二个奋斗目标迈进的关节点上，为全面建设社会主义现代化国家提供强大精神动力的背景下的积极主动作为。文件主要是在党的思想政治工作已经取得成绩的基础上，对面向社会主义现代化建设新征程的总体布局和全面谋划，具有前瞻性质。同时，《意见》对全面建设社会主义现代化国家新征程思想政治工作进行主动谋划，体现积极有为的主动性，具有前瞻性和主动性特点。

二、对思想政治工作的作用功能不同的新定位

《若干意见》把思想政治工作看成是党的优良传统和政治优势，提出“我们党领导革命和建设的全部历史证明，掌握思想教育，是团结全党进行伟大政治斗争的中心环节”；进一步明确“思想政治工作，是经济工作和其他一切工作的生命线。”对党的思想政治工作性质、地位和作用进行明确定位，总结和重申了党的思想政治工作“生命线”的基本观点，是党的思想政治工作定位在改革开放和社会主义现代化建设新时期的进一步确认。

《意见》在继承《若干意见》的基础上，把思想政治工作看成是党的优良传统、鲜明特色和突出政治优势，进一步凸显思想政治工作的地位和作用。《意见》在思想政治工作的地位中，重申思想政治工作是一切工作

的“生命线”的思想；在作用和功能上，从“三个事关”即事关党的前途命运，事关国家长治久安，事关民族凝聚力和向心力，对思想政治工作的作用和功能进行了新的定位，这个功能定位虽然在《若干意见》中有类似表述，但显然，《意见》对思想政治工作的功能更为开阔、更为长远，也更为全面。

三、对思想政治工作要着力解决的问题的新认识

《若干意见》提出要解决的思想政治工作问题主要是以下三个方面：一是“一手硬、一手软”的问题在相当一些地方和部门还没有根本解决，一些领导干部埋头业务工作，不注意研究社会思想政治动向；二是一些基层党组织处于软弱涣散状态，在思想教育方面没有发挥应有的作用；三是思想政治工作也存在着不适应社会生活变化、覆盖不到位、针对性不强及方法手段滞后的问题。这些问题有思想政治工作本身的问题，但更多是对思想政治工作的认识和思想政治工作建设的条件和基础问题，是属于思想政治工作宏观政策和外部建设问题。

《意见》提出要解决的思想政治工作问题包括两个层次，一是思想政治工作存在的总体问题，主要是“体制机制不顺、方式方法简单、基层基础薄弱、力量保障不足”等，这是对思想政治工作内部问题的关切；二是思想政治工作中的重点问题，认为有一些问题特别明显，即“一些地方和单位不同程度存在着不愿做不会做、忽视甚至削弱思想政治工作的现象”，“‘一手硬、一手软’的问题没有根本解决”，“应对各种困难局面的思想准备和工作准备还不够充分”等，这些问题既有思想认识问题，也有工作条件等问题。《意见》指出的思想政治工作问题是在思想政治工作外部政策环境问题得到一定程度解决以后，思想政治工作需要深入改革和发展的问题，主要着力解决思想政治工作内部体制机制、方式方法、基层基础和力

量保障等问题，并且从问题的性质来看，是面向未来有可能出现的应对各种困难的提前预案。

四、对思想政治工作指导思想方针原则的新确立

《若干意见》从必须坚持以马克思列宁主义、毛泽东思想和邓小平理论为指导，坚持党的基本路线和基本方针，必须坚持以经济建设为中心，为全党全国工作大局服务，必须坚持从实际出发，增强针对性和实效性，必须坚持教育与管理相结合，必须坚持解决思想问题与解决实际问题相结合，必须坚持在党的领导下，依靠全社会共同来做等方面，明确了思想政治工作要坚持的正确方针原则，并没有从总体性和建设性角度确立思想政治工作的指导思想。

《意见》在总体要求中把指导思想与方针原则作了区分，明确新时代思想政治工作指导思想，体现了新时代的特殊要求：一是总体指导思想，即以习近平新时代中国特色社会主义思想为指导；二是总体基调，即坚持稳中求进工作总基调；三是根本任务，即围绕巩固马克思主义在意识形态领域的指导地位、巩固全党全国人民团结奋斗的共同思想基础；四是责任使命，即自觉承担起举旗帜、聚民心、育新人、兴文化、展形象的职责使命；五是方式方法，即把思想政治工作作为治党治国的重要方式；六是主要着力点，即着力固根基、扬优势、补短板、强弱项，提高科学化规范化制度化水平；七是目标要求，即充分调动一切积极因素，团结一切可以团结的力量，为人民服务，为中国共产党治国理政服务，为巩固和发展中国特色社会主义制度服务，为改革开放和社会主义现代化建设服务。上述规定既是新时代思想政治工作总体指导思想，也是对新时代思想政治工作的总体规划设计。

在思想政治工作原则方针中，在继承《若干意见》服务党和国家工作

大局、把思想政治工作与经济建设和各项工作结合起来、增强思想政治工作针对性实效性等原则方针的基础上，《意见》进一步突出了党的领导、以人民为中心和遵循思想政治工作规律的原则方针，提升思想政治工作规律性认识，特别是把显性教育与隐性教育、解决思想问题与解决实际问题、广泛覆盖与分类指导结合起来的规律的认识，使党对思想政治工作的规律性认识提升到新的高度。

五、对思想政治工作方式方法的新创设

《意见》最突出的创新点在于把思想政治工作作为治党治国的重要方式，并专门列一个部分对思想政治工作作为治党治国重要方式提出明确规定和要求。《意见》要求强化党委（党组）主体责任，提出建立健全思想政治工作责任制，制定思想政治工作责任清单，明确落实措施和推进步骤。《意见》把思想政治工作作为全面从严治党的重要抓手。要求把思想政治工作贯穿党的建设始终，坚持党要管党、全面从严治党，以党的政治建设为统领，坚持思想建党和制度治党相统一，把思想政治工作落实到党的各项建设之中。《意见》把加强和改进思想政治工作作为加强党的领导、推进国家治理体系和治理能力现代化的根本方式，要求把思想政治工作贯穿国家治理始终，运用思想政治工作和体制制度优势，推动经济社会发展、管理社会事务、服务人民群众，不断提高党把方向、谋大局、定政策、促改革的能力；要求把思想教育同落实各方面制度规定结合起来，同各领域行政管理、行业管理、社会管理结合起来，抓好建章立制工作，使思想政治工作有章可循、有据可依。这些体现了新时代思想政治工作方式方法的新变化，也凸显新时代思想政治工作的重要性。

六、对思想政治工作内容和领域的新深化和具体化

《意见》深化和系统化教育内容，形成较为系统的思想政治教育内容体系。在《若干意见》重点把用邓小平理论武装全党、教育干部和人民作为思想政治教育的首要任务；加强马克思主义唯物论和无神论教育，大力提倡科学精神；加强形势与政策、民主法制和维护社会稳定的教育；加强以为人民服务为核心、以集体主义为原则的社会主义道德建设等教育内容的基础上，《意见》深化拓展到坚持用习近平新时代中国特色社会主义思想武装全党、教育人民，推动理想信念教育常态化制度化，培育和践行社会主义核心价值观，加强党史、新中国史、改革开放史、社会主义发展史和形势政策教育，加强社会主义法治教育，增强忧患意识、发扬斗争精神等方面，深化了马克思主义理论教育，特别是党的创新理论教育内容、理想信念教育内容、社会主义核心价值观教育内容、“四史”教育内容，增加了增强忧患意识、发扬斗争精神等教育内容。

《意见》拓展了思想政治教育载体。在《若干意见》明确提出的充分发挥新闻媒体在思想政治工作中的重要作用，把群众性精神文明创建活动作为思想政治工作的重要载体，重视发挥文化的社会教育功能，注重运用先进典型人物影响和带动群众等思想政治教育阵地的基础上，《意见》在拓展新闻媒体阵地，壮大主流思想舆论阵地；深化群众性文明创建活动，深化拓展群众性主题实践活动；深化发挥文化的社会教育功能，更加注重以文化人，以文育人；在注重运用先进典型人物影响的基础上，提出充分发挥先进典型示范引领作用等思想政治教育阵地；增加切实加强人文关怀和心理疏导内容，把人文关怀和心理疏导作为思想政治教育的重要阵地。

《意见》进一步拓展思想政治教育领域，在《若干意见》明确提出企业思想政治工作、农村思想政治工作、学校思想政治工作、社区思想政治工作、特殊群体思想政治工作和社团组织思想政治工作领域的基础上，深

化企业、农村、学校、社区、特殊人群和社团组织思想政治工作领域，并新增加强机关思想政治工作、网络思想政治工作领域，突出机关部门在思想政治教育中的带头作用，把网络这个最大的变量纳入思想政治工作领域，使互联网这个最大变量变成事业发展的最大增量。

《意见》具体化和细化了思想政治工作领导体制，提出构建思想政治工作的大格局的要求。进一步深化了《若干意见》对思想政治工作体制、思想政治工作队伍、思想政治工作阵地和评价体系的要求，《意见》提出党委统一领导、党政齐抓共管、宣传部门组织协调、有关部门和人民团体分工负责、全社会共同参与的思想政治工作大格局。提出以党务和宣传干部、学校思想政治理论课教师和辅导员班主任、机关企事业单位政工干部和群团干部、城乡社区工作者为主体的思想政治工作骨干队伍，充实优化以党员干部、学校教师、“五老人员”、英雄模范、公众人物及各行各业代表人士为主体的兼职工作队伍，不断壮大以文明实践志愿者为主体的志愿服务工作队伍；提出用好各级各类文化设施和阵地与建立科学有效的评价考核体系，具体明晰化了思想政治工作领导管理体制，队伍建设、阵地建设和考核体系建设，深化了新时代思想政治工作管理体制和评价保障机制。

综上分析，新时代对思想政治工作已经提出新的要求，而新时代的思想政治工作在目标定位、使命任务、教育内容、方式方法、途径载体和管理体制等方面也发生深刻变化，这些深刻变化从一个方面折射出党的创新理论、国家治国理政方式和思想政治工作模式的变迁，标示着新时代思想政治教育整体性、多样化、主导性、贯通性、法治化、全员化等发展趋势。

后　记

本书系本人探索新时代思想政治教育理论与实践的成果，也可以看成是本人学习习近平总书记关于宣传思想工作、思想政治工作重要论述的体会。2019 年中标教育部哲学社会科学重大课题攻关项目“习近平总书记关于宣传思想工作重要论述研究”（项目编号：19JZD002）课题以后，课题组围绕习近平总书记关于宣传思想工作重要论述进行了较为系统的学习研究、宣传阐释，本书也是课题研究的阶段性成果。

党的十八大以来，以习近平同志为核心的党中央把宣传思想工作提升到全局性重要地位，习近平总书记围绕宣传思想工作发表一系列重要讲话，提出一系列关于思想政治教育新思想新观点新论断，实现了思想政治教育理论的创新和发展，为新时代思想政治教育提供基本遵循。本书以习近平总书记关于宣传思想工作系列重要论述的研究阐释为主轴，以党的十八大以来党的宣传思想工作特别是思想政治教育理论创新和实践推进为线索，追踪新时代党的思想政治教育的原创性思想、变革性实践、突破性进展和标志性成果，探讨新时代思想政治教育理论实践发展的路径和未来发展走向。本书主要围绕以下几个方面展开：一是习近平总书记关于思想政治教育重要论述的学习研究；二是新时代思想政治教育理论创新和实践发展；三是新时代思想政治教育的深刻变化和发展走向；四是新时代思想政治教育改革和发展的新趋势。2021 年是中国共产党建党百年，本书把新时代宣传思想工作、思想政治教育放在党的百年波澜壮阔的历史发展画卷中，把握新时代思想政治教育的发展脉络和内在理路。

本书的一些核心观点先后在《思想理论教育导刊》《马克思主义理论学科研究》《思想理论教育》等刊发表。其中有些文章是以本人和学生共同署名方式发表，王军、汤桢子、张琪如、董梅昊、王珺颖、马桂馨、王弢、罗佳等参与了部分论文写作和整理，本书也吸收了诸多研究者研究成果，这里特作说明。在出版前，本人对本书进行修改补充和完善。

本书能够顺利出版，要感谢武汉大学马克思主义理论与中国实践协同创新中心、武汉大学马克思主义学院的大力支持，将本书列入“新时代马克思主义与中国实践研究”丛书，感谢人民出版社的精心编辑。由于本人水平有限，加之时间仓促，本书肯定有很多不足之处，敬请大家批评指正。

佘双好

2022 年 2 月

策划编辑：崔继新
责任编辑：李　航

图书在版编目（CIP）数据

新时代思想政治教育创新发展研究 / 佘双好 著 . — 北京：人民出版社，2023.10
ISBN 978 – 7 – 01 – 024990 – 2

I. ①新…　II. ①佘…　III. ①高等学校 – 思想政治教育 – 研究 – 中国　IV. ① G641

中国版本图书馆 CIP 数据核字（2022）第 148544 号

新时代思想政治教育创新发展研究
XINSHIDAI SIXIANG ZHENGZHI JIAOYU CHUANGXIN FAZHAN YANJIU

佘双好　著

人民出版社 出版发行
（100706　北京市东城区隆福寺街 99 号）

北京九州迅驰传媒文化有限公司印刷　新华书店经销

2023 年 10 月第 1 版　2023 年 10 月北京第 1 次印刷
开本：710 毫米 ×1000 毫米 1/16　印张：18.5
字数：250 千字

ISBN 978 – 7 – 01 – 024990 – 2　定价：98.00 元

邮购地址 100706　北京市东城区隆福寺街 99 号
人民东方图书销售中心　电话（010）65250042　65289539